PROFILAXIA DAS MANIPULAÇÕES CONSCIENCIAIS

Mabel Teles

PROFILAXIA DAS MANIPULAÇÕES CONSCIENCIAIS

Foz do Iguaçu, PR – Brasil
2011

1ª Edição – Tiragem 1.500 exemplares.
2ª Edição – Tiragem 1.000 exemplares.

Os originais desta edição foram produzidos e revisados através de editoração eletrônica e de impressão a laser (texto em *Times New Roman:* 429.927 caracteres, 69.475 palavras e 5.187 parágrafos).

Revisão: Erotides Louly e Helena Araujo.
Capa: Flavia Vianna.
Diagramação: Ana Flávia Magalhães.
Impressão: Edelbra Editora e Gráfica Ltda.

Dados Internacionais de Catalogação na Publicação (CIP):

M267p Teles, Mabel, 1966 –

Profilaxia das Manipulações Conscienciais / Mabel Teles. 2ª ed. – Foz do Iguaçu – PR; Associação Internacional Editares, 2011.

346 p.; 14 x 21cm

ISBN 978-85-98966-44-1

1. Teoria do conhecimento; 2. Conscienciologia; 3. Conviviologia; 4. Paraprofilaxia; I. Título

CDU: 316.62 CDD: 120

Associação Internacional Editares
Av. Felipe Wandscheer, 5.100, sala 107, Cognópolis
Foz do Iguaçu, PR – Brasil – CEP: 85856-530
Tel/Fax: 45 2102 1407
E-mail: editares@editares.org – *Website:* www.editares.org

Agradecimentos

Aos amparadores extrafísicos,
catalisadores de ideias fraternas e libertárias.

Aos leitores e revisores heterocríticos da primeira versão:
César Cordioli, Cristiane Ferraro,
Dulce Daou e Julio Almeida.

Às revisoras da segunda versão:
Cathia Caporali, Erotides Louly,
Giselle Razera e Rosemere Victoriano.

Aos colaboradores:
Ivo Valente, Rosa Nader e Antonio Pitaguari.

À colega Ana Flávia Magalhães,
pelo intercâmbio de ideias e auxílio ao longo
das principais fases de elaboração da obra.

Aos meus pais,
Silas Teles Filho e Níobe da Silva Teles,
pelo apoio incondicional
em todos os momentos da atual existência.

Ao professor Waldo Vieira,
exemplo cosmoético de interassistencialidade
e obstinação evolutiva.

Ao Flávio Buononato, dupla evolutiva,
pelo carinho, companheirismo, compreensão
e presença apaziguadora.

A autora

Índice Geral

Prefácio 09

Introdução 13

PARTE I – CONSCIENCIOLOGIA

01. CONSCIENCIOLOGIA 18
02. PERFIL CONSCIENCIOMÉTRICO 22
03. RELAÇÕES INTERCONSCIENCIAIS 27

PARTE II – PARAPATOLOGIA

04. MANIPULAÇÃO CONSCIENCIAL ANTICOSMOÉTICA 32
05. CONSCIÊNCIA MANIPULADORA ANTICOSMOÉTICA 43
06. CONSCIÊNCIA MANIPULÁVEL 51
07. CATALISADORES DA MANIPULAÇÃO CONSCIENCIAL 56
08. ARROGÂNCIA 58
09. CARÊNCIA INTRACONSCIENCIAL 63
10. TAXOLOGIA DAS CARÊNCIAS INTRACONSCIENCIAIS 66
11. *TRINÔMIO PODER-POSIÇÃO-PRESTÍGIO* 75
12. TAXOLOGIA DO PODER 80

PARTE III – COMUNICOLOGIA

13. COMUNICOLOGIA 92
14. ARGUMENTAÇÃO 97
15. *BINÔMIO CONTEÚDO-FORMA* 107
16. PERSUASÃO 110
17. ELOQUÊNCIA 113
18. SENSACIONALISMO 118
19. CENSURA 121
20. AUTORIDADE 125

PARTE IV – INTRAFISICOLOGIA

21. POLÍTICA ANTIUNIVERSALISTA 134
22. SEDUÇÃO PUBLICITÁRIA 141

23. IMPRENSA 147
24. DOUTRINAÇÃO RELIGIOSA 151
25. SEITAS 163
26. EDUCAÇÃO 171
27. DUPLA EVOLUTIVA 177

PARTE V – PARAPROFILAXIA

28. AUTOPESQUISA 184
29. AUTODISCERNIMENTO 188
30. JUÍZO CRÍTICO 191
31. AUTONOMIA CONSCIENCIAL 196
32. POSICIONAMENTO PESSOAL 201
33. DESASSÉDIO INTERCONSCIENCIAL 204
34. PROJEÇÃO CONSCIENTE 209
35. RECICLAGEM INTRACONSCIENCIAL 212
36. PRIORIZAÇÃO EVOLUTIVA 215
37. TAREFA DO ESCLARECIMENTO 220
38. RECICLAGEM ASSISTENCIAL 225
39. SENSO UNIVERSALISTA 230

PARTE VI – COSMOÉTICA

40. COSMOÉTICA 238
41. INTENCIONALIDADE 241
42. INCORRUPTIBILIDADE 244
43. EXEMPLARISMO COSMOÉTICO 252
44. TRAFORISMO 257

Bibliografia Específica 264
Filmografia 294
Glossário da Conscienciologia 298
Índice Remissivo 314

Prefácio

A Mulher Mentalsomática

Satisfação. Há exatamente 1 década, tive a satisfação benévola de conhecer a professora Mabel Teles, pesquisadora dedicada aos estudos da Conscienciologia, dentro e fora do Brasil. Desde então, vimos nos aproximando, tanto física quanto pensenicamente, em função do trabalho voluntário nas Instituições Conscienciocêntricas. É com imensa alegria que subscrevo às suas ideias claras e precisas quanto à Conformática descritas em *Profilaxia das Manipulações Conscienciais*.

Assistência. O objetivo central do livro é a assistência profilática racional às consciências tendentes às manipulações espúrias (diretores de consciências) e às subjugações anticosmoéticas (autovitimizados).

Denúncia. Tanto nas palavras (esclarecimento) quanto nas energias (autoridade moral), a autora denuncia a multiplicidade de travões inseridos em nossa sociedade quanto à livre expressão do pensamento.

Reflexão. A riqueza de detalhes sobre as manipulações sociais, faz o leitor pensar e *re*pensar sobre as ações humanas e suas consequências evolutivas (causa e efeito).

Ousadia. A ousadia esclarecedora de Mabel se faz presente em todo o texto ao explicitar as ações de guias cegos e de assediadores no âmbito social bem como nas intenções subjetivas de consciências mal-intencionadas. Segundo a autora, "*a sede de poder com interesses egóicos é condição de desvalorização e desrespeito ao livre-arbítrio das consciências*".

Verpon. Merece destaque a seção V da obra que ressalta a supremacia das ações cosmoéticas em detrimento das manipulações assediadoras a partir do entendimento das seguintes verpons:

1. Incentivo à incorruptibilidade.

2. Importância da autoassistência.

3. Ampliação do senso de responsabilidade.

4. Estímulo à autoconscienciometria (recin).

5. Fixação da lisura na conduta humana com racionalidade.

6. Desdramatização de traf*a*res (carências intraconscienciais) e reforço de traf*o*res (autossuficiência evolutiva).

Holopensene. Com os pés no chão e o mentalsoma no Cosmos a autora destaca ainda as responsabilidades de líderes sociais quanto à reeducação social mediante a liberdade de expressão questionadora. Eis o holopensene revolucionário da obra.

Pilares. De extrema relevância para os pesquisadores da Conscienciologia são os 2 pilares potencializadores do holopensene supracitado:

1. **Megatraf*o*r.** O megafoco da obra direcionado para a *qualificação* da conduta pessoal, visando a convivialidade sadia.

2. **Materpensene.** A *ruptura* entre a conduta-padrão das manipulações sociais e a conduta-exceção da tares conscienciológica embasada pela autoconscienciometria cosmoética.

Traf*o*res. Uma obra escrita, ainda que não autobiográfica, expõe a realidade do autor. Salta aos olhos os traf*o*res intraconscienciais da autora. Mabel é uma mulher autodeterminada, racional, crítica inata e tarefeira do esclarecimento em suas argumentações lógicas. Ao mesmo tempo em que elucida o valor da modéstia (reconhecimento das limitações pessoais) apresenta soluções para a autossuperação dos desafios existenciais objetivando o epicentrismo consciencial anônimo: *"na escola da vida, aprender a aprender é a primeira lição a ser aprendida"*.

Discernimento. Ciente de que as eventualidades, favoráveis ou desfavoráveis, procedem da condição evolutiva de cada consciência, encoraja o leitor à vivência do exemplarismo cosmoético fundamentado no parapsiquismo lúcido e no senso universalista da conscin predisposta à autopesquisa conscienciológica.

Confúcio. Durante a leitura da obra, em vários momentos, seus escritos me remeteram aos ensinamentos de Confúcio: *"Quando vires um homem digno siga seu exemplo. Quando vires um homem de caráter duvidoso, olhe para dentro de ti"*. A linearidade do discurso aproxima o leitor à autorreflexão e ao posicionamento pessoal frente às questões contidas no livro.

Mensagem. A obra oferece outra mensagem, tão relevante quanto seu conteúdo impactoterápico: à mulher mentalsomática não importa a época, a opinião pública ou mesmo as retóricas falaciosas de políticos, acadêmicos ou intelectuais. Quando a consciência quer, ela faz.

Exemplarismo. Almejo que o livro de Mabel Teles sirva de exemplo às mulheres e homens predispostos às produções intelectuais cosmoéticas.

Flavia Guzzi

Holociclo, Foz do Iguaçu, PR, 12 de fevereiro de 2007.

Introdução

Rendimento. A vida humana é oportunidade única para se aprender a aplicar satisfatoriamente os atributos e energias conscienciais a favor do maior rendimento consciencial possível, conforme o fôlego e momento evolutivo de cada um.

Interassistencialidade. Na intrafisicalidade, a interação compulsória entre consciências de diferentes níveis evolutivos, com distintas bagagens existenciais, cria condição ímpar para a interaprendizagem e a interassistencialidade.

Influências. Na ausência de discernimento razoável e respeito interconsciencial, estas interações inevitáveis podem acarretar influências negativas de consciências sobre outras, gerando os quadros de manipulações conscienciais anticosmoéticas.

Profilaxia. O objetivo desta obra é analisar o universo das manipulações conscienciais e suas implicações no processo evolutivo, partindo do princípio de que para se evitar o mal é preciso conhecê-lo profundamente.

Bússola. A bússola assistencial norteadora deste trabalho é o fato de que todos nós necessitamos, em algum nível, de reeducação consciencial, em especial, as consciências pré-despertas, maioria absoluta deste Planeta.

Contrapontos. Em toda a obra, buscou-se evidenciar não apenas os mecanismos patológicos e traf*a*res inerentes às manipulações conscienciais, mas também, *sempre que possível,* os contrapontos ou posturas antípodas a esta condição, de modo a fazer refletir sobre comportamentos mais maduros e congruentes ao fluxo evolutivo do Cosmos.

Reeducação. Deste modo, esta autora espera contribuir com a reeducação de todos os interessados, a começar pela própria, entendendo ser esta condição premente na agilização do processo evolutivo.

Análise. De modo geral, as manipulações conscienciais são analisadas aqui a partir de 5 abordagens:

1. **Atores.** O estudo dos atores e agentes catalisadores das manipulações em geral.

2. **Comunicologia.** A análise da manipulação nos contextos comunicacionais.

3. **Intrafisicalidade.** O estudo das manipulações em determinadas áreas da Sociedade intrafísica (Socin).

4. **Profilaxia.** A análise de posturas e posicionamentos maduros, úteis à profilaxia das manipulações anticosmoéticas.

5. **Cosmoética.** A reflexão sobre a Cosmoética ou Moral cósmica.

Ciência. As ideias presentes na obra estão fundamentadas nas teorias e práticas das ciências Conscienciologia e Projeciologia, propostas pelo pesquisador independente Waldo Vieira (1932–).

Técnica. Os capítulos apresentam a *definição, sinonímia, antonímia* e *etimologia* do tema estudado, de modo a ampliar a visão de conjunto. Importa ressaltar que as datas apresentadas na *etimologística* referem-se ao surgimento do termo no idioma Português.

Glossário. Os neologismos, conceitos e termos técnicos conscienciológicos utilizados estão detalhados no glossário ao final do livro.

Debate. Este trabalho conciso, diante de tema tão complexo e abrangente, não pretende, obviamente, esgotar o assunto, mas abrir novas possibilidades de debate e reflexão.

Heterocríticas. As heterocríticas e sugestões serão muito bem-vindas, no sentido de contribuir na construção de ideias libertárias afins ao clima de abertismo consciencial.

NÃO ACREDITE EM NADA, NEM MESMO NO QUE ESTÁ ESCRITO NESTA OBRA. PESQUISE, REFLITA, REFUTE E TENHA AS SUAS EXPERIÊNCIAS PESSOAIS.

(Adaptação do *Princípio da Descrença* proposto pela Conscienciologia)

A Autora
mabel@cybermais.net

Parte I

CONSCIENCIOLOGIA

01. Consciênciologia

Definição. A *consciência* é o princípio inteligente (*self,* ego), eu ou você, em constante evolução, capaz de utilizar veículos específicos para se manifestar nas diversas dimensões.

Etimologística. O termo *consciência* deriva do idioma Latim, *conscientia,* "conhecimento de alguma coisa comum a muitas pessoas; conhecimento; consciência; senso íntimo", e este do verbo *conscire,* "ter conhecimento de". Surgiu no Século XIII.

Sinonímia: 1. Alma; ego; psique; *self.* 2. Individualidade. 3. Ser multidimensional. 4. Agente pensenedor. 5. Conhecimento; sabedoria.

Antonímia: 1. Inconsciência. 2. Energia. 3. Matéria; soma. 4. Desconhecimento; insciência.

Definição. A *Conscienciologia* é a Ciência aplicada ao estudo da consciência de modo integral, além da realidade intrafísica, considerando os 4 veículos de manifestação consciencial (holossoma), a bioenergética, a multidimensionalidade e a multiexistencialidade.

Etimologística. O elemento de composição *logia* procede do idioma Grego, *lógos,* "Ciência; Arte; tratado; exposição cabal; tratamento sistemático de determinado tema".

Sinonímia: 1. Ciência da consciência integral; estudo da abordagem integral do ser humano. 2. Ciência conscienciocêntrica.

Antonímia: 1. Ciência materialista. 2. Ciência convencional. 3. Psicologia. 4. Psiquiatria. 5. Parapsicologia. 6. Filosofia.

Conhecimento. Em tese, todas as Ciências visam a ampliação do conhecimento e melhoria da vida humana.

A CONSCIENCIOLOGIA *SE DESTACA DAS DEMAIS* CIÊNCIAS *EM FUNÇÃO DOS OBJETIVOS ESSENCIAIS À EVOLUÇÃO CONSCIENCIAL.*

Questionamento. O que existe de mais prioritário além do estudo de nós mesmos? Como agilizar a própria evolução e, consequentemente, a evolução dos demais sem conhecer com detalhes a complexidade da consciência? Este é o desafio da Ciência *Conscienciologia*, proposta pelo pesquisador independente Waldo Vieira.

Metodologia. Estudar a realidade consciencial, objeto de pesquisa que extrapola a intrafisicalidade, requer metodologia específica.

Paradigma. O paradigma consciencial, teoria-líder da Conscienciologia, aponta a autopesquisa e a autoexperimentação enquanto caminhos insubstituíveis, pelo menos até o momento (Ano-base: 2007), ao descortino do microuniverso consciencial.

Participativa. Nas pesquisas conscienciológicas, o pesquisador é também cobaia, transformando as vivências pessoais em laboratório de autopesquisa.

Princípio. Importa ressaltar a relevância do *princípio da descrença,* norteador dos estudos conscienciológicos, indicando a autoexperimentação lúcida, aliada à refutação lógica e pertinente, enquanto recursos inarredáveis ao estudo da consciência e manifestações além do corpo físico.

AM. As técnicas propostas pela *Conscienciologia* visam ampliar a *autoconscientização multidimensional* (AM), de modo a libertar a conscin do restringimento intrafísico pós-ressomático.

Conceitos. Eis 8 conceitos fundamentais nas pesquisas da *Conscienciologia*:

1. **Parapsiquismo.** A *Parafenomenologia* é a especialidade da *Conscienciologia* dedicada ao estudo do parapsiquismo do ser humano, através da utilização do holossoma e do domínio das energias.

Multidimensionalidade. O desenvolvimento do parapsiquismo lúcido e sadio facilita o acesso a outras dimensões, evidenciando a própria realidade multidimensional e multiexistencial.

2. **Projeciologia.** A *Projeciologia* estuda o fenômeno da projeção da consciência, ou experiência fora do corpo, e decorrentes implicações evolutivas.

3. **Pensene.** A *Pensenologia,* outra especialidade da Conscienciologia, pesquisa o *pensene* – *pen*samento, *sen*timento e *ene*rgia – enquanto unidade indissociável de manifestação da consciência em qualquer dimensão consciencial.

4. **Autopensene.** O *autopensene* é o pensene da própria consciência, específico, diferente de todos os pensenes das outras consciências.

5. **Holopensene.** O *holopensene* é o conjunto dos pensenes predominantes da consciência, grupo de indivíduos, ambientes, cidades ou nações, produzidos de modo lúcido ou não.

6. **Holocarmologia.** A *Holocarmologia* pesquisa a conta corrente holocármica da consciência, ao longo da série de vidas humanas, englobando a egocarmalidade, a grupocarmalidade e a policarmalidade.

7. **Cosmoética.** A *Cosmoética* estuda a ética ou reflexão sobre a Moral cósmica, multidimensional, muito além da moral social, intrafísica, adstrita aos convencionalismos e limitações da Sociedade humana.

8. **Assistência.** A tares ou tarefa do esclarecimento é a técnica assistencial cosmoética e avançada proposta pela Conscienciologia, visando elucidar o microuniverso consciencial sem o uso de falácias, *dourações de pílula* ou qualquer outro tipo de argumento consolador.

Maturidade. Segundo a *Holomaturologia,* a meta prioritária desta Ciência é acelerar a conquista da holomaturidade por parte da consciência interessada na autoqualificação evolutiva, contribuindo assim com a melhoria da média evolutiva de conscins e consciexes, em bases universalistas e fraternas.

Tratados. Os fundamentos das Ciências *Projeciologia* e *Conscienciologia* encontram-se nos tratados *Projeciologia: Panorama das Experiências da Consciência Fora do Corpo Humano, 700 Experimentos da Conscienciologia* e *Homo sapiens reurbanisatus,* todos de autoria de Waldo Vieira.

02. Perfil Conscienciométrico

Definição. O *perfil conscienciométrico* é a descrição da pessoa ou consciência, a partir da análise acurada dos traços-força (talentos, qualidades) e traços-fardo (fissuras, defeitos), em determinado momento evolutivo.

Etimologística. O termo *perfil* vem do idioma Espanhol, *perfil,* "perfil; adorno sutil e delicado". Surgiu no Século XV. O vocábulo *consciência* deriva do idioma Latim, *conscientia,* "conhecimento de alguma coisa comum a muitas pessoas; conhecimento; consciência; senso íntimo", e este do verbo *conscire,* "ter conhecimento de". Apareceu no Século XIII.

Sinonímia: 1. Esboço conscienciométrico. 2. Retrato consciencial.

Antonímia: 1. Pessoa anônima. 2. Personalidade desconhecida. 3. Desconhecimento dos atributos conscienciais. 4. Anticonscienciometria.

Complexidade. A consciência é o objeto de estudo mais complexo de que se tem conhecimento.

Singularidade. Segundo a *Conscienciometria,* inexistem consciências idênticas.

Seriéxis. Consoante a *Conscienciologia,* somos o resultado da bagagem multiexistencial (paragenética), além da genética do corpo físico adquirido em nova vida humana e da mesologia.

Taxologia. Do ponto de vista das dimensões conscienciais, as consciências dividem-se em 3 categorias básicas:

1. **Conscins:** ou consciências intrafísicas, ressomadas, portadoras de corpo físico (soma).

2. **Consciexes:** ou consciências extrafísicas, dessomadas, desprovidas de soma.

3. **Projetadas:** as conscins projetadas, quando se libertam temporariamente dos somas.

Nível. Segundo a *Evoluciologia,* as consciências apresentam diferentes níveis evolutivos, conforme o grau de autodiscernimento, autoconsciência multidimensional, cosmoética aplicada e assistencialidade prática.

Empatia. Sob a ótica da *Extrafisicologia,* as comunidades extrafísicas são compostas de consciências afins, conectadas pela empatia pensênica e nivelamento evolutivo.

Materpensene. Qual regra geral, quanto mais avançado e universalista for o materpensene predominante no holopensene de determinada comunidade, mais evoluída será.

Admissão. A admissão a estes ambientes evoluídos depende exclusivamente do holopensene e da *ficha evolutiva pessoal* (FEP).

Autoexclusão. Nestes ambientes, inexiste a exclusão imposta por terceiros, mas a autoexclusão decorrente da incompatibilidade pensênica da consciência em relação à média grupal daquela comunidade.

Intrafisicologia. Já na intrafisicalidade, encontram-se consciências ressomadas provenientes de diferentes comunidades extrafísicas, tanto das evoluídas, quanto das atrasadas.

Maturidade. A partir da *Holomaturologia,* as consciências podem ser *genericamente* classificadas em duas grandes categorias:

1. **Maduras.** São consciências de maior nível de autodiscernimento, equilíbrio íntimo e *inteligência evolutiva* (IE). Costumam ser doadoras e altruístas, segundo os princípios da Cosmoética e megafraternidade.

2. **Imaturas.** São consciências de menor nível de autolucidez e priorização evolutiva, quase sempre submissas à instintividade do subcérebro abdominal. Apresentam tendências egoísticas e autocorruptoras, vivendo automimeses dispensáveis e robotizações existenciais. A esta categoria pertencem os manipuladores e manipulados anticosmoéticos, tema de pesquisa deste livro.

Carentes. Conforme a *Assistenciologia,* as consciências imaturas, carentes de razoável evolução, necessitam mais de assistência interconsciencial, e sobretudo, de reeducação evolutiva.

Traf*ar*. Estas consciências atuam prioritariamente através dos traços-fardo (traf*ar*es), infligindo prejuízos a si, e eventualmente, aos colegas de evolução.

Categorias. Quanto ao universo das manipulações anticosmoéticas, merecem análises estas 14 categorias de conscins imaturas, enumeradas na ordem alfabética do tema:

01. **Conscin acrítica:** a preguiça de pensar.

02. **Conscin condicionada:** a submissa às repressões sociais.

03. **Conscin crédula:** o exemplo de ingenuidade infantil.

04. **Conscin dependente:** a carente de autossuficiência evolutiva.

05. **Conscin doutrinadora:** quem impõe verdades absolutas.

06. **Conscin energívora:** a carente de energias conscienciais.

07. **Conscin fanática:** a portadora da síndrome da ectopia afetiva (SEA).

08. **Conscin genuflexa:** a submissa ilógica.

09. **Conscin idólatra:** a levada pelas paixões irracionais.

10. **Conscin impressionável:** a escrava de suscetibilidades e medos generalizados.

11. **Conscin inculcadora:** a lavadora de cérebros.

12. **Conscin influenciável:** a submissa à satelitização consciencial de outra conscin.

13. **Conscin irracional:** a embotada mentalsomaticamente.

14. **Conscin persuasora:** quem deseja convencer a qualquer custo.

Traf*o*rismo. Consciências experientes buscam manifestar-se, prioritariamente, a partir dos traf*o*res (traços-força) pessoais identificados, buscando qualificar-se para doar o melhor de si em favor de todos.

Racionalidade. Pela *Mentalsomática,* optam por ser consciências refutadoras e com criticidade cosmoética, a fim de superar os instintos do subcérebro abdominal rumo à autoevolução programada.

Maturidade. Quanto ao estudo da *Holomaturologia,* merecem também análises estas 14 categorias de conscins com predominância traf*o*rista, enumeradas na ordem alfabética do tema:

01. **Conscin assistencial:** a autoabnegada lúcida.

02. **Conscin autocoerente:** quem vivencia a *Verbaciologia.*

03. **Conscin autocrítica:** a autoimperdoadora.

04. **Conscin autodiscernidora:** quem sabe fazer opções evolutivas.

05. **Conscin autolúcida:** quem almeja a hiperacuidade.

06. **Conscin autônoma:** quem busca a autossuficiência evolutiva.

07. **Conscin desrepressora:** quem promove deslavagem cerebral.

08. **Conscin esclarecedora:** a amplificadora do discernimento consciencial.

09. **Conscin incorrupta:** quem busca acertar sempre.

10. **Conscin incrédula:** quem utiliza com discernimento o *princípio da descrença*.

11. **Conscin parapsíquica:** quem vivencia cosmoeticamente a multidimensionalidade.

12. **Conscin racional:** quem demonstra juízo ponderado.

13. **Conscin refutadora:** quem pratica o omniquestionamento.

14. **Conscin universalista:** a antissectária.

NINGUÉM QUALIFICA A MANIFESTAÇÃO PESSOAL COM PALIATIVOS OU PLACEBOS. AS AUTOSSUPERAÇÕES EXIGEM RACIONALIDADE E DISCERNIMENTO COSMOÉTICO.

03. Relações Interconscienciais

Definição. As *relações interconscienciais* são os vínculos ou conexões estabelecidas entre as consciências, podendo ser cosmoéticas ou anticosmoéticas perante a evolução.

Etimologística. O termo *relação* deriva do idioma Latim, *relatio,* "ação de dar em retorno; relação, relatório, discussão, proposta; ação de relatar, narração, exposição". Surgiu em 1390. O prefixo *inter* vem também do idioma Latim, *inter,* "no interior de dois; entre; no espaço de". A palavra *consciência* procede do mesmo idioma Latim, *conscientia,* "conhecimento de alguma coisa comum a muitas pessoas; conhecimento; consciência; senso íntimo", e este do verbo *conscire,* "ter conhecimento de". Apareceu no Século XIII.

Sinonímia: 1. Relações interpessoais. 2. Interatividade consciencial; intercâmbio pensênico. 3. Reciprocidade consciencial.

Antonímia: 1. Autoencapsulamento; repulsa interconsciencial. 2. Incompatibilidade pensênica. 3. Autismo; incomunicabilidade.

Compulsoriedade. Consoante a *Conviviologia,* ninguém evolui sozinho. As relações interpessoais, grupais e coletivas são compulsórias e inarredáveis no contexto evolutivo.

Interação. A evolução ocorre através dos intercâmbios conscienciais. No entanto, a interatividade consciencial só será cosmoética se for intrinsecamente assistencial, altruística, com resultados profícuos para todos os envolvidos.

Independência. Importa lembrar que os intercâmbios conscienciais independem do tempo e espaço intrafísicos.

Afinidade. De acordo com a *Pensenologia,* a afinidade pensênica é o elo de conexão entre conscins, entre consciexes e entre conscins e consciexes, regendo, portanto, as interações entre as Sociedades extrafísicas e a Sociedade intrafísica.

Qualidade. A qualidade das interações entre pessoas e grupos pode unir consciências de modo sadio, se pautadas em princípios universalistas, ou de maneira patológica, se fundamentada em posturas egoísticas e imorais.

Comprometimento. A interprisão grupocármica é o comprometimento interconsciencial coercitivo estabelecido em função de ações conjuntas anticosmoéticas, sendo em tese, condição regressiva ao processo evolutivo.

A INTERPRISÃO GRUPOCÁRMICA É A IMPOSIÇÃO DA AFINIDADE PATOLÓGICA, FUNDAMENTADA NO ACUMPLICIAMENTO DOENTIO E NA ANTICOSMOÉTICA GRUPAL.

Ignorância. Infelizmente, a grande maioria da humanidade ignora os resultados multidimensionais das próprias ações, agindo de modo impulsivo e displicente quanto à lei de causa e efeito.

Manipuladores. Este é o caso dos manipuladores conscienciais aéticos que, ao buscarem a dominação e o controle de terceiros, transgridem os direitos conscienciais dos mesmos, acrescendo a interprisão grupocármica e a dívida holocármica pessoal.

Interprisão. Em tese, tanto a consciência manipuladora quanto a consciência manipulada sofrem algum nível de interprisão grupocármica.

Hipolucidez. Em geral, tais interprisões são produzidas por falta de lucidez dos envolvidos, levando alguns a se sentirem *donos* *de verdades absolutas, acima do bem e do mal,* com direitos desmedidos sobre os colegas de evolução.

Inseparabilidade. Há também quem almeje tirar vantagens ou proveito de companheiros de jornada, ampliando a inseparabilidade patológica a ponto de comprometer o rendimento pessoal e os passos libertários rumo à evolução continuada.

Reflexão. Consoante a *Mentalsomática,* cedo ou tarde, nesta dimensão ou no período extrafísico, toda consciência irá refletir sobre os resultados das próprias ações, deslindando as minúcias de sua conta corrente holocármica e respectivos efeitos no processo evolutivo.

Melancolia. Do sopesamento dos erros e acertos pessoais surge a euforin (euforia intrafísica) e a euforex (euforia extrafísica), ou a melin (melancolia intrafísica) e a melex (melancolia extrafísica), conforme a qualidade e abrangência das ações pessoais.

Reciclagem. Da condição de melin ou melex pode nascer a *viragem da mesa* ou reciclagem intraconsciencial, quando a consciência reformula os valores, código de ética e objetivos existenciais, passando a buscar a reconciliação interconsciencial através da assistência às vítimas do passado.

Tempo. Tal processo chega a perdurar vidas, inclusive séculos, de acordo com o grau de envolvimento pessoal e nível de repercussão grupocármica das ações pessoais.

Ideal. Logo, o ideal é começar os acertos grupais o quanto antes, no aqui-agora multidimensional, a partir dos atributos pessoais e contextos intrafísicos disponíveis nesta vida humana.

Paraprofilaxia. Melhor ainda é pautar a manifestação pessoal com intencionalidade qualificada e discernimento cosmoético, a fim de se evitar novos comprometimentos interconscienciais doentios.

Parte II

PARAPATOLOGIA

04. Manipulação Consciencial Anticosmoética

Definição. A *manipulação consciencial anticosmoética* é a ação ou efeito de manipular, influenciando, de modo inadequado, indivíduos ou a coletividade através de meios de pressão, mistificando e adulterando a realidade segundo interesses próprios.

Etimologística. O termo *manipulação* vem do idioma Francês, *manipulation,* "manejar uma substância ou um instrumento para fins científicos ou técnicos; exercer influência sobre alguém; exercício do ilusionismo", derivado do verbo *manipuler,* e este do idioma Latim, *manipulus,* "manípulo, punhado". Surgiu no início do Século XIX. A palavra *consciência* procede do idioma Latim, *conscientia,* "conhecimento de alguma coisa comum a muitas pessoas; conhecimento; consciência; senso íntimo", e este do verbo *conscire,* "ter conhecimento de". Apareceu no Século XIII. O prefixo *anti* provém do idioma Grego, *antí,* "de encontro, contra, em oposição a". Apareceu no Século XVI. O elemento de composição *cosmo* procede também do idioma Grego, *kósmos,* "ordem, organização; mundo, universo". Surgiu, no idioma Português, a partir do Século XIX. A palavra *ética* deriva do idioma Latim, *ethica,* "ética; moral natural; parte da filosofia que estuda a moral", e esta do idioma Grego, *éthikós.* Apareceu no Século XV.

Sinonímia. Eis, na ordem alfabética das especialidades da *Conscienciologia,* 10 áreas da progressão sinonímica da manipulação consciencial anticosmoética:

01. **Assistenciologia:** demagogia assistencial; assistencialismo.

02. **Comunicologia:** anti-informação; censura; falsa notícia; fofoca; golpe publicitário; heterossugestão anticosmoética; inculcação; propaganda enganosa; sensacionalismo.

03. **Conviviologia:** assédio moral; *bullying;* coerção; exploração interpessoal; *mobbing;* repressão.

04. **Cosmoética:** artimanha; contravenção; corrupção; fraude; golpe; manobra de assediador interconsciencial; mentira; suborno.

05. **Holomaturologia:** bifrontismo; demagogia; dissimulação; imprecisão; superficialidade.

06. **Mentalsomática:** falácia lógica; lavagem cerebral; lavagem paracerebral.

07. **Parapedagogia:** antididatismo; catequese; doutrinação; tradução infiel.

08. **Parapercepciologia:** fascinação grupal; fraude parapsíquica; mistificação de fenômenos parapsíquicos.

09. **Politicologia:** demagogia política; despotismo; ditadura; patrulhamento; *politicagem;* populismo; totalitarismo.

10. **Psicossomática:** birra; chantagem emocional; guerra psicológica; manipulação de emoções; tortura emocional.

Antonímia. Eis, na ordem alfabética das especialidades da *Conscienciologia,* 10 áreas da progressão antonímica da manipulação consciencial anticosmoética:

01. **Assistenciologia:** acareação; *impactoterapia;* tares.

02. **Comunicologia:** coerência informativa; informação esclarecedora; informação precisa; informação relevante.

03. **Conviviologia:** equanimidade; liberdade de expressão; respeito interconsciencial.

04. **Cosmoética:** articulação de amparador; integridade; lisura; retidão.

05. **Holomaturologia:** abertismo consciencial; transparência; autoexposição.

06. **Mentalsomática:** deslavagem cerebral; verdade relativa de ponta.

07. **Parapedagogia:** antidogmatismo; educação esclarecedora; desenvolvimento do senso crítico dos educandos; ensinar a pensar.

08. **Parapercepciologia:** maturidade parapsíquica; parapsiquismo cosmoético.

09. **Politicologia:** defesa dos direitos conscienciais; democracia cosmoética; Estado Mundial; política universalista.

10. **Psicossomática:** afetividade sadia.

Coloquialismo. No universo da *Comunicologia,* eis 15 coloquialismos capazes de expressar nuanças da manipulação anticosmoética:

01. ***A santinha do pau oco.***

02. ***Conversa mole.***

03. ***Criar dificuldades para vender facilidades.***

04. ***Dar nó em pingo d'água.***

05. ***Dourar a pílula.***

06. ***Fazer a cabeça de alguém.***

07. ***Fazer maquilagem.***

08. ***Levar alguém no bico.***

09. ***Mexer os pauzinhos.***

10. ***Papo para boi dormir.***

11. ***Passar a perna em alguém.***

12. ***Passar o conto do vigário.***

13. ***Pregar o falso pelo verdadeiro.***

14. ***Usar boi de piranha.***

15. ***Vender gato por lebre.***

Relacionamentos. Os relacionamentos interconscienciais pressupõem, pela própria natureza, certo nível de influência entre as pessoas.

Pensene. A manifestação consciencial se dá através da união indissociável de pensenes, gerados pela impulsão da vontade pessoal e da qualidade da intenção, a partir do mentalsoma.

Ininterrupto. A consciência não pára; logo produz pensenes ininterruptamente.

Qualificação. Cada pensene sintetiza qualificação específica quanto à ideia, ao sentimento e à energia. Os animalizados estão calcados prioritariamente nas emoções e instintos; os mais avançados são produzidos pelo mentalsoma. Inexiste pensene completamente neutro e imparcial.

Repercussões. Tal fato evidencia a impossibilidade de manifestação consciencial totalmente isenta, sem consequências ou repercussões. Todo pensene repercute em conscins e consciexes afins àquele padrão, independente do tempo e do espaço.

Multidimensionalidade. A existência multidimensional implica naturalmente a participação de trama conjunta de influências interdimensionais.

Compartilhamento. A contínua interação pensênica proporciona às consciências oportunidade de compartilhar o microuniverso consciencial, contribuindo com a evolução do outro.

Oportunidade. Conforme a *Assistenciologia,* as consciências lúcidas buscam tirar partido das influências mútuas e intercâmbios inevitáveis, auxiliando, dentro do possível, o maior número de consciências.

Assistência. De modo geral, o auxílio ou ajuda avançada é entendida enquanto ação capaz de atender às necessidades do assistido, sem criar dependências ou subjugações.

Articulação. Nos trabalhos assistenciais de ponta, a *articulação cosmoética* das variáveis assistenciais é bem-vinda, respeitando-se os direitos conscienciais e o livre-arbítrio das demais consciências.

Discernimento. Neste contexto, importa ressaltar a relevância do emprego do discernimento para se evitar apriorismos, *favoritismos,* tendenciosidades inadequadas ou qualquer outro procedimento capaz de ferir os direitos e os princípios norteadores da Ética Cósmica e do Universalismo.

Educador. Na *Parapedagogia,* o educador cosmoético é aquele capaz de manipular positivamente o conteúdo do aprendizado e os recursos parapedagógicos, de modo a facilitar a aprendizagem e o desenvolvimento do raciocínio lúcido do educando.

Histrionismo. Dentre os recursos parapedagógicos, vale ressaltar o emprego oportuno do histrionismo e *jogo de cena,* inadvertidamente aplicados nas artes cênicas e no campo político para fascinar o público, capaz de impactar favoravelmente certos educandos, mantendo sua atenção e interesse nas aulas ministradas.

Parapedagogia. Nas relações parapedagógicas sadias, há necessariamente a influência do educador sobre o educando, no sentido de auxiliá-lo a aprender a pensar por si.

Diplomacia. Do ponto de vista da *Paradiplomacia,* há também o exemplo do diplomata cosmoético, articulando informações, interesses e variáveis contextuais, na busca do consenso viável e da alternativa inteligente capaz de atender aos anseios e necessidades do maior número de pessoas.

Acobertamento. No universo da *Comunicologia,* existe a possibilidade do acobertamento positivo de informações, quando a consciência mais lúcida priva a menos lúcida do acesso a informações capazes de desestabilizá-la, evidenciando exemplo de manipulação cosmoética de conteúdo.

Desassédio. Há ainda o exemplo da conscin desassediadora assistencial, com razoável autoconscientização multidimensional (AM), capaz de manipular as energias imanentes e conscienciais, além de técnicas de desassédio, encaminhando consciexes energívoras e desestabilizadas para tratamento extrafísico.

Inspirações. Igualmente existem as inspirações extrafísicas de amparadores, capazes de alterar o curso do pensamento do assistido, ampliando a cosmovisão do mesmo através de sugestões e *insights* esclarecedores.

Caracterização. O que caracteriza e diferencia a manipulação anticosmoética da articulação lúcida assistencial é o antidiscernimento e a intencionalidade patológica: o interesse em atender a desejos egoicos, sendo o único beneficiado o próprio manipulador, ou, no máximo, um grupo ou causa eleitos.

Desrespeito. A unidade de medida da manipulação anticosmoética é o desrespeito interconsciencial, estando este diretamente vinculado ao nível de egoísmo pessoal.

Tipos. Na *Experimentologia,* existem 2 tipos de manipulações anticosmoéticas:

1. **Explícitas.** São manipulações com uso de métodos explícitos de dominação, próprios dos atos coercitivos e de violência.

2. **Implícitas.** São manipulações encobertas e mascaradas, difíceis de serem detectadas, e estrategicamente planejadas segundo técnicas específicas, quer seja no plano das ideias, emoções ou energias. Neste caso, o manipulador usa de artimanhas para,

discretamente, levar o outro a pensar e agir segundo os interesses pessoais.

Poder. Em ambos os casos, a questão em jogo refere-se ao uso do poder sobre pessoas ou situações a fim de ludibriá-las ou subjugá-las, quer seja pela aplicação da força, ou através de atitudes ardilosas e sorrateiras.

Intimidação. A manipulação com métodos explícitos de dominação usa o poder de modo concentrado, intimidando e aterrorizando o outro para melhor dominar.

Modelagem. Neste caso, a modelagem do comportamento da vítima se dá pela reincidência das intimidações. Uma vez cessados os métodos coercitivos, é possível ao manipulado retroceder ao padrão normal de conduta.

Camuflagem. Já a manipulação ardilosa camufla o desejo de controle, envolvendo sorrateiramente a vítima, sem que ela necessariamente perceba essa realidade.

Resultados. Os resultados podem ter efeitos devastadores, pois tal manipulação é capaz de impelir a consciência a certa manifestação pensênica, agindo sobre a vontade da mesma enquanto catalisador negativo ou patológico.

O ÁPICE DA MANIPULAÇÃO ANTICOSMOÉTICA É A SUGESTÃO CAPCIOSA CAPAZ DE ALTERAR, PARA PIOR, A INTENCIONALIDADE DA VÍTIMA.

Pensenologia. Sob a ótica da *Pensenologia,* eis, na ordem alfabética, por exemplo, 8 pensenes inerentes ao universo das manipulações anticosmoéticas (V. **Vieira,** Waldo; ***Homo sapiens reurbanisatus;*** 2003, página 467):

1. **Betapensene:** unidade de medida da segunda intenção.

2. **Exopensene:** unidade de medida da intrusão interconsciencial.

3. **Glicopensene:** unidade de medida da linguagem melíflua, *água com açúcar,* diabética.

4. **Patopensene:** unidade de medida da pensenidade patológica.

5. **Pseudopensene:** unidade de medida da falácia, mentira.

6. **Semipensene:** unidade de medida da desinformação.

7. **Tropopensene:** unidade de medida da linguagem figurada.

8. **Xenopensene:** unidade de medida do assédio interconsciencial.

Holossoma. Pela *Holossomática,* eis 3 possíveis alvos de atuação da manipulação anticosmoética, enumerados na ordem decrescente de complexidade:

1. **Mentalsoma.** A *manipulação mentalsomática* age diretamente no processo cognitivo, a partir da imposição de raciocínios distorcidos, ideias e constructos deslocados e falácias lógicas de difícil detecção. Exemplos: as inculcações de toda ordem; as heterossugestões doentias; as mentiras dissimuladas; a informação aliciadora; as falsas hipóteses; a sofística; a doutrinação; a catequese; a verdade absoluta inquestionável; o dogma. Nos casos profundos e duradouros, provoca a lavagem cerebral e paracerebral, alterando para pior a parafisiologia e os atributos mentaissomáticos da vítima.

2. **Psicossomática.** A *manipulação afetiva,* a partir da exploração e exaltação de manifestações instintivas do subcérebro abdominal (umbilicochacra) e emocionalismos diversos (cardio-

chacra). Exemplos: a chantagem emocional; a birra; a vitimização; a tortura psicológica; a violência emocional; o sensacionalismo; a sedução; a exaltação do sentimento de culpa; a exaltação do medo.

3. **Energossomática.** A *manipulação energossomática,* através do uso e exploração indevida das energias da vítima, provocando, em alguns casos, acidentes de percurso e macro-PKs destrutivas. Exemplos: a vampirização; a sedução holochacral aética; a imposição da força energética no intuito de subjugação anticosmoética; o magnetismo pessoal aliciador; o carisma para fins escusos; a fascinação grupal.

Objetivos. Manipulações anticosmoéticas exploram os tra*fa*res das vítimas a fim de alcançar objetivos escusos, iguais a estes 3, enumerados na ordem funcional do tema:

1. **Falsificação:** o adultério; o engano; a deturpação; a dissimulação; o mascaramento da realidade.

2. **Influência:** a insinuação ardilosa; a sedução doentia; a incitação irracional; a *marionetagem;* a inculcação e a imposição de ideias antagônicas à vontade das pessoas.

3. **Controle:** o domínio; a ascendência; a supremacia; a hegemonia; o pastoreio e o poder sobre consciências, capaz de minar a livre iniciativa, a criatividade e a liberdade de expressão das consciências subjugadas.

Procedimentos. Segundo a *Conviviologia,* eis, pelo menos, 4 procedimentos técnicos anticosmoéticos, relacionados à manipulação consciencial planejada, enumerados na ordem funcional do tema:

1. **Liberdade.** Enganar o interlocutor, fazendo-o crer que se respeita sua liberdade de decisão.

2. **Redução.** Reduzir seu juízo crítico e a possibilidade de discutir ou resistir às ideias e emoções propostas, quase sempre através da exploração de traf*a*r(es) específico(s).

3. **Resistências.** Identificar possíveis resistências e maneiras de sobrepujá-las.

4. **Mascaramento.** Mascarar as trajetórias e os métodos manipuladores.

Traf*o*res. Há também manipulações acionadas a partir do traf*o*r da vítima, onde se exaltam qualidades e talentos pessoais, a fim de se alcançar objetivos egoísticos encobertos.

Exemplo. É o caso daquela conscin capaz de engrandecer as habilidades da outra de modo a comprometê-la *forçosamente* em determinada tarefa, mesmo contrária a sua vontade.

Passionalidade. Neste caso, a exaltação do traf*o*r dispara na conscin carente sentimentos de vaidade, amor-próprio e entusiasmo insensato, capazes de levá-la a assumir posturas e compromissos indesejáveis de modo passional.

Traf*a*r. Logo, é possível cogitar que toda manipulação anticosmoética se concretiza a partir dos traf*a*res da vítima, mesmo quando deflagrada através dos traf*o*res.

Desviacionismo. Mediante a *Parapatologia,* a manipulação consciencial pode ser desencadeada a partir do uso anticosmoético dos atributos conscienciais, evidenciando o desviacionismo patológico da conscin que não sabe empregar produtivamente as habilidades e conquistas pessoais.

Traços. Não raro, nestas situações, ocorre a combinação infrutífera de traf*o*res e traf*a*res pessoais simples, culminado em megatraf*a*res compostos, iguais a estes 10 exemplos, enumerados na ordem alfabética do tema:

TABELA 1

Megatraf*ar* Composto

Minitraf*or* simples	**Minitraf*ar* simples**	**Megatraf*ar* composto**
Carisma	Carência Afetivo-sexual	Sedução holochacral com base sexual
Carisma	Desonestidade; tendência a mistificação	Charlatanice
Comunicabilidade	Demagogia	Populismo fascinador; *Engodologia.*
Comunicabilidade	Astúcia aliciadora	Persuasão, convencimento
Intelectualidade	Prepotência	Subjugação; humilhação
Intelectualidade	Autocorrupção	Falácia lógica
Liderança	Arrogância	Despotismo consciencial
Parapsiquismo	Sedução espúria	Fascinação grupal
Perspicácia	Anticosmoética	Manipulação através do traf*ar* alheio
Taquipsiquismo	Hipocrisia	Trapaça ou abuso da credulidade alheia
Taquipsiquismo	Ganância	Golpes; *Lei de Gerson* (levar vantagem em tudo)

Questionamento. Você se sente cosmoeticamente tranquilo(a) quanto aos resultados da aplicação dos seus atributos conscienciais?

05. CONSCIÊNCIA MANIPULADORA ANTICOSMOÉTICA

Definição. A *consciência manipuladora anticosmoética* é aquela capaz de utilizar de artimanhas e técnicas desleais para falsear a realidade e influenciar indivíduos, contra a vontade dos mesmos, a fim de controlá-los.

Etimologística. O vocábulo *consciência* deriva do idioma Latim, *conscientia,* "conhecimento de alguma coisa comum a muitas pessoas; conhecimento; consciência; senso íntimo", e este do verbo *conscire,* "ter conhecimento de". Apareceu no Século XIII. O termo *manipulação* vem do idioma Francês, *manipulation,* "manejar uma substância ou um instrumento para fins científicos ou técnicos; exercer influência sobre alguém; exercício do ilusionismo", derivado do verbo *manipuler,* e este do idioma Latim, *manipulus,* "manípulo; punhado". Surgiu no início do Século XIX. O prefixo *anti* provém do idioma Grego, *antí,* "de encontro, contra, em oposição a". Apareceu no Século XVI. O elemento de composição *cosmo* procede também do idioma Grego, *kósmos,* "ordem, organização; mundo, universo". Surgiu, no idioma Português, a partir do Século XIX. A palavra *ética* deriva do idioma Latim, *ethica,* "ética, moral natural, parte da Filosofia que estuda a Moral", e esta do idioma Grego, *éthikós.* Apareceu no Século XV.

Sinonímia: 1. Catequizador; doutrinador; inculcador. 2. Déspota; dominador; tirano. 3. Golpista; oportunista. 4. Chantagista; torturador emocional. 5. *Marionetador.* 6. Enganador; falsificador; farsante; mistificador. 7. Lavador de cérebro. 8. Assediador interconsciencial.

Antonímia: 1. Desrepressor; esclarecedor; professor. 2. Democrata; cidadão liberal; estadista policármico. 3. Conscin íntegra; pessoa honesta. 4. Antiescravagista. 5. Agente da tares. 6. Amparador interconsciencial.

Homo. A conscin *expert* em manipulações interconscienciais anticosmoéticas é o *Homo sapiens manipulator.*

Autoconscientização. Consoante o nível de autoconscientização pessoal, existem 2 tipos de manipuladores:

1. **Inconscientes.** São os indivíduos habituados a interferir irrefletidamente no livre-arbítrio alheio, sem sopesar a qualidade e os efeitos da influência pessoal. Nestes casos, não há má intenção explícita, mas insciência quanto à própria condição.

2. **Conscientes.** São os indivíduos calculistas, capazes de planejar antecipadamente as estratégias de manipulação eficazes e viáveis em determinada situação.

Conscienciometria. No campo da *Conscienciometria,* eis listadas na ordem alfabética do tema, por exemplo, 15 possíveis características ou traf*a*res capazes de compor o perfil da consciência manipuladora anticosmoética:

01. **Aliciamento.** Na âmbito da *Conviviologia,* usa a sedução, o envolvimento e a tentação para aliciar e/ou recrutar outros indivíduos para fins escusos.

02. **Amoralidade.** Perante a *Cosmoética,* apresenta tendências amorais, sendo não raro, *profissional* de contravenções anticosmoéticas, fraudes e engodos sociais.

03. **Antiassistencialidade.** À vista da *Assistenciologia,* é consciência antifraterna, agrilhoada aos instintos egóicos do subcérebro abdominal e porão consciencial. Costuma exaltar os *pseudo*direitos em contraposição aos deveres pessoais.

04. **Arrogância.** Frente à *Egocarmalogia,* verificam-se traços de arrogância e prepotência, menosprezando a inteligência e os interesses de terceiros.

05. **Bifrontismo.** Considerando a *Holomaturologia,* encontram-se traços de dissimulação, inautenticidade e bifrontismo, trocando de ego de acordo com os interesses pessoais da ocasião. Na defesa dos próprios interesses, evita o posicionamento peremptório, a transparência, a franqueza e o debate aberto. Quando se sente ameaçada, costuma *sair de fininho,* ou assume a postura de *murista,* sopesando os prós e os contras sem definir-se. Prefere as estratégias sub-reptícias ou *de bastidor,* de modo a não criar antipatias e garantir o *status quo* junto ao grupo, mantendo as portas abertas para futuras ações.

06. **Carência.** Conforme a *Parapatologia,* na intimidade do microuniverso consciencial, não raro encontram-se carências e inseguranças generalizadas, levando-a a buscar no domínio e controle do outro a satisfação e acalmia dos distúrbios pessoais.

07. **Chantagem.** Como esclarece a *Psicossomática,* usa a chantagem emocional, manipulando através da imposição do sentimento de culpa, senso de obrigação e medos irracionais.

08. **Doutrinação.** Na análise da *Parapedagogia,* pode ser consciência doutrinadora, impondo verdades absolutas inquestionáveis, em função da acriticidade e subjugação a dogmas multisseculares.

09. **Energívora.** Quanto à *Holochacralogia,* não raro é consciência energívora, apresentando insaciabilidade em relação às energias conscienciais (ECs), atuando enquanto vampiro energético nas relações interconscienciais.

10. **Eufemismo.** Segundo a *Comunicologia,* pode apresentar tendências para o eufemismo, manipulando palavras e expressões de modo a acobertar a realidade.

11. **Hipocrisia.** Ainda nas pesquisas da *Comunicologia,* apresenta discurso melífluo e hipócrita, enganando consciências desavisadas.

12. **Liderança.** Segundo a *Parassociologia,* quando na posição de líder anticosmoético, comanda centenas ou milhares de consciências, através da tirania ou fascínio carismático, quer seja na dimensão intrafísica ou extrafísica.

13. **Perspicácia.** Sob o enfoque da *Conscienciometria,* usa a perspicácia para entender as motivações da vítima, usando este conhecimento para os fins que lhe interessam.

14. **Persuasão.** Na *Intrafisicologia,* pode ser exímia nas negociações ou vendas, usando suas habilidades para convencer indivíduos incautos.

15. **Promiscuidade.** No estudo da *Sexossomática,* pode apresentar tendências promíscuas, na ânsia de vampirizar os parceiros sexuais a partir da manipulação das energias do sexochacra.

O MANIPULADOR ANTICOSMOÉTICO PERCEBE O COLEGA EVOLUTIVO ENQUANTO MEIO E SUPRIMENTO ÚTIL PARA ATENDER NECESSIDADES EGOICAS.

Manipuladores. Eis, em ordem alfabética, a título de exemplos a serem evitados, 52 tipos de manipuladores anticosmoéticos, em muitos casos falseadores da realidade ou inculcadores profissionais:

01. **Advogados:** quando conduzem o juiz a decisões equivocadas, fundamentadas em fatos distorcidos e irreais.

02. **Agiotas:** os especuladores aéticos.

03. **Atores:** quando entorpecem o juízo crítico do espectador ao manipular as emoções.

04. **Belicistas:** os profissionais da morte.

05. **Blefadores:** os enganadores profissionais.

06. **Candidatos políticos:** quando fazem promessas falsas.

07. **Chantagistas:** os torturadores psicológicos para ganhos pessoais.

08. **Comerciantes:** quando capazes de negociatas anticosmoéticas.

09. **Comunicólogos:** quando deturpam informações.

10. **Crianças:** quando birrentas e chantagistas.

11. **Demagogos:** os interesseiros dissimulados.

12. **Editores:** quando exaltam o lucro acima da informação útil e ética.

13. **Eminências pardas:** quando *marionetam* pelos bastidores.

14. **Empresários do jogo:** os exploradores das fragilidades pessoais.

15. **Espiões:** conscins bifrontes por profissão.

16. **Falsificadores:** o corrupto por excelência.

17. **Fanáticos:** quando sucumbem a um ideal de modo cego.

18. **Farmacêuticos:** quando submissos à ganância capitalista.

19. **Gurus:** os fascinadores por natureza.

20. **Hipócritas:** conscins fingidas e falaciosas.

21. **Hipnotizadores:** quando criam dependentes.

22. **Homens:** o *Don Juan* derrubador de mulheres.

23. **Humoristas:** quando vampirizam a plateia através do riso.

24. **Ideólogos:** quando advogam ideias egoicas, anticosmoéticas, segundo interesses pessoais.

25. **Indústria tabagista:** os assassinos legalizados.

26. **Jornalistas:** quando da imprensa sensacionalista.

27. ***Laranjas:*** os profissionais da contravenção anticosmoética.

28. **Líderes de Opinião Pública:** quando conduzem a massa impensante de modo aético.

29. **Lobistas:** quando abusam do poder de influência.

30. **Mães:** quando controladoras de filhos.

31. **Megainvestidores:** quando praticam golpes no mercado.

32. **Mendigos:** quando usam crianças para esmolar.

33. **Místicos:** os *experts* em abstrusismo.

34. **Mulheres:** quando monopolizam o sexochacra para seduzir.

35. **Narcotraficantes:** os assediadores intrafísicos.

36. **Oportunistas:** quando adeptos da *Lei de Gerson.*

37. **Pacientes:** quando almejam ganhos secundários a partir de sua condição.

38. **Parapsíquicos:** quando falsificam os fenômenos paranormais.

39. **Pesquisadores da Opinião Pública:** quando manipulam as estatísticas.

40. **Policiais:** quando *criminosos legalizados.*

41. **Políticos:** quando executam manobras ilícitas.

42. **Professores:** quando usam o poder pedagógico de modo inescrupuloso.

43. **Profissionais de *Marketing:*** quando exploradores do subcérebro abdominal.

44. **Promotores de Venda:** quando subornam o cliente através de brindes e outras facilidades.

45. **Psicólogos:** quando mantêm os pacientes sob dependência psíquica.

46. **Publicitários:** na propaganda enganosa.

47. **Recrutadores:** quando aliciadores anticosmoéticos.

48. **Religiosos:** quando usam a credulidade alheia para catequizar.

49. **Terapeutas:** quando ludibriam os pacientes através de terapias milagrosas sem respaldo científico.

50. **Terroristas:** os inculcadores anticosmoéticos.

51. **Torturadores:** os *experts* na guerra psicológica.

52. **Vendedores:** quando vendem *gato por lebre.*

Esforço. Mudar o holopensene pessoal exige esforço, no sentido da consciência imatura despertar para a interassistencialidade no processo reconciliador com antigas vítimas.

Desafios. Através da *Recexologia,* eis listados em ordem alfabética, 11 megaprioridades evolutivas quanto aos desafios da conscin manipuladora anticosmoética, interessada em investir na reciclagem intraconsciencial:

01. **Assistencialidade:** tarefa assistencial do esclarecimento.

02. **Comunicologia:** objetividade e clareza.

03. ***Confor:*** exaltação do conteúdo.

04. **Conscienciometria:** autocrítica crescente.

05. **Convivialidade:** respeito interconsciencial.

06. **Holomaturologia:** autodiscernimento.

07. **Ideologia:** Cosmoética vivida.

08. **Intrafisicalidade:** reciclagem existencial.

09. **Mentalsomática:** abertismo consciencial.

10. **Pensenologia:** predominância do *pen*.

11. **Sexossomática:** sexo diário monogâmico.

Princípio. Eis um princípio evolutivo: não se conquista amparador extrafísico através do carisma, sedução, persuasão ou qualquer outra artimanha.

Amparo. O amparo só chega à conscin bem intencionada, com tendências assistenciais e sincero propósito de renovações intraconscienciais.

06. Consciência Manipulável

Definição. A *consciência manipulável* é aquela que apresenta tendência a se submeter às influências, dominação ou controle de outros indivíduos, perdendo a autonomia pessoal e a capacidade do uso racional do livre-arbítrio, vivendo tal qual escrava ou satélite de outras consciências.

Sinonímia: 1. Conscin genuflexa; personalidade submissa; pessoa subalterna; ser subjugado. 2. *Carneirinho; vaca de presépio.* 3. Cúmplice anticosmoético; interprisioneiro grupocármico.

Antonímia: 1. Conscin autossuficiente do ponto de vista evolutivo; ser com autonomia consciencial. 2. Personalidade forte; pessoa autodeterminada. 3. Conscin interdependente. 4. Soberania consciencial. 5. Teleguiado autocrítico.

Homo. A consciência manipulável é o *Homo sapiens submissus.*

Dimensão. Do ponto de vista das dimensões conscienciais, existem 2 tipos de indivíduos manipuláveis: os intrafísicos e os extrafísicos.

Autoconscientização. Consoante o nível de autoconscientização, há ainda outros 2 tipos:

1. **Inconscientes.** As conscins e consciexes incautas quanto às influências intrafísicas e extrafísicas.

2. **Conscientes.** As consciências lúcidas quanto à condição de manipuladas, mantendo-se nesta condição por interesses pessoais (ganhos secundários) ou por falta de experiência e *know-how* para superar a situação.

Influências. Os manipuláveis estão predispostos às influências prejudiciais de 2 tipos de consciências:

1. **Assediadores-líderes:** intrafísico ou extrafísico.
2. **Guias cegos-líderes:** intrafísico ou extrafísico.

Satélites. Em ambos os casos, eles se prezam ao auxílio de ações anticosmoéticas, servindo enquanto inocentes-úteis ou satélites de assediadores e guias cegos multidimensionais.

Pensenes. A partir da *Pensenologia,* a manifestação pensênica da consciência manipulável recai no carregamento do *sen* dos sentimentos exacerbados e emoções. Qualquer emoção intensa obscurece o juízo crítico e o raciocínio lógico, predispondo a consciência a influências negativas.

Tipos. Eis 6 tipos de emoções, enumeradas em ordem alfabética, predisponentes a manipulações anticosmoéticas:

1. **Culpa.**
2. **Entusiasmo.**
3. **Ilusão.**
4. **Inveja.**
5. **Medo.**
6. **Paixão.**

Conexão. Das emoções expostas, quase sempre são o medo e a culpa os elos de maior conexão e controle de assediadores extrafísicos sobre as vítimas.

Regressão. Ao insuflar o medo e sentimentos de culpa, em alguns casos, infundados, os assediadores e guias cegos levam a conscin-vítima a regredir consciencialmente, passando a manifestar-se de modo tacanho e tímido, bem aquém das reais potencialidades.

Autoestima. Nos casos de assedialidade recorrente, sem autoenfrentamentos sinceros e despojados, a vítima passa a duvidar de si, minando a autoestima e a autoconfiança necessárias à realização de empreendimentos magnos.

Resultados. Os resultados são sempre negativos, comprometendo a produtividade e o rendimento consciencial, e consequentemente, a execução da proéxis.

Tolice. No universo da *Proexologia,* a maior tolice ou *gol contra* é a condição da conscin manipulada consciente que delega a autonomia de suas ações a terceiros, acreditando isentar-se das próprias responsabilidades. *A submissão voluntária pode ser fuga à responsabilidade do próprio livre-arbítrio* (V. **Vicenzi,** Luciano; ***Coragem para Evoluir;*** Rio de Janeiro, RJ; 2001; página 95).

Cosmoética. A partir da *Cosmoética,* a consciência manipulável, quando consciente, precisa descobrir os princípios da ética universal, para não se acumpliciar a líderes aéticos, numa relação de dependência patológica.

Tipos. Eis, em ordem alfabética, a título de exemplos a serem evitados, 19 tipos de personalidades subjugadas às manipulações interconscienciais e sociais:

01. **Adeptos:** os adeptos irracionais aos movimentos de massa, quer seja de cunho político, religioso ou ideológico.

02. **Alunos:** quando incitados a pensar de acordo com a ideologia vigente.

03. **Assediados crônicos:** vivendo sob o jugo de possessões malignas e semipossessões.

04. **Conscins-bomba:** a criança-bomba; o homem-bomba; a mulher-gestante-bomba; o eleitor-bomba.

05. **Consumidores:** quando consumistas irrefreáveis, passíveis aos estímulos da mídia e modismos passageiros.

06. **Eleitores de cabresto:** os ingênuos e crédulos.

07. **Fanáticos:** as legiões de fãs dominadas pelo subcérebro abdominal.

08. **Fiéis:** os genuflexos às verdades absolutas das doutrinas de todo tipo.

09. **Inocentes-úteis:** as presas interconscienciais; a isca inconsciente.

10. **Investidores:** quando manipulados por especulações econômicas desleais.

11. **Leitores:** quando acríticos frente às informações adquiridas.

12. ***Macacas(os) de auditório:*** massa de manobra midiática.

13. **Místicos:** conscins crédulas, sujeitas às muletas irracionais.

14. **Paciente:** quando dependente excessivo do médico ou terapeuta.

15. **Radiotas:** quando matam autopensenes úteis ao som das baladas musicais.

16. **Soldados:** submissos aos mandos de tiranos despóticos.

17. **Teoterroristas:** as consciências lavadas cerebralmente.

18. **Videotas:** perdendo tempo e energia com os olhos grudados na *telinha.*

19. **Vítimas de golpes:** os inocentes ingênuos.

Paraprofilaxia. Na pesquisa da *Paraprofilaxia,* eis na ordem alfabética do tema, 12 recursos técnicos úteis à prevenção cosmoética das manipulações conscienciais, passíveis de serem vivenciados por qualquer pessoa motivada à conquista de maior maturidade consciencial:

01. **Abertismo consciencial.** Optar pelo abertismo consciencial, evitando ideias fixas e radicalismos irracionais.

02. **Autocontrole.** Buscar, o máximo possível, o domínio dos próprios pensenes, energias, impulsos e emoções generalizadas.

03. **Autodeterminação.** Ser conscin resoluta quanto às ações a serem praticadas. *Quando a conscin não decide, alguém decide por ela.*

04. **Autodiscernimento.** Buscar no autodiscernimento a profilaxia dos erros evitáveis.

05. **Autoincorruptibilidade.** Combater, sinceramente, as autocorrupções passíveis de manipulações.

06. **Autopensenidade.** Optar, sempre, pelo carregamento no *pen* dos pensenes.

07. **Bionergética.** Buscar o autodomínio energético.

08. **Criticidade.** Esforçar-se na manutenção da auto e heterocrítica cosmoética em todas as circunstâncias.

09. **Intencionalidade.** Manter a bússola consciencial apontada para o mais prioritário e cosmoético do ponto de vista evolutivo.

10. **Perspicácia.** Aprender a *ler nas entrelinhas,* a fim de perceber a intencionalidade oculta.

11. **Reflexão.** Investir na autorreflexão permanente, em busca da racionalidade vivida.

12. **Universalismo.** Erradicar toda postura sectária e contrária à universalidade do Cosmos.

QUEM ASSUME, DE FATO, E COM LUCIDEZ, AS RÉDEAS DA PRÓPRIA CONDUTA E EVOLUÇÃO, MINIMIZA A POSSIBILIDADE DE SER CONSCIN MANIPULÁVEL.

07. CATALISADORES DA MANIPULAÇÃO CONSCIENCIAL

Definição. O *catalisador da manipulação consciencial* é o agente ou traço-*fa*rdo capaz de impelir ou encorajar a consciência a manipular ou a deixar-se manipular por outros indivíduos.

Etimologística. O termo *catálise* deriva do idioma Francês, *catalyser,* e este do idioma Grego, *katálysis,* "dissolução, decomposição". Surgiu em 1873, sendo adotado pelo químico sueco Jöns Jacob Berzelius (1779–1848). O vocábulo *catalisador* apareceu no Século XX.

Sinonímia: 1. Indutor da patopensenidade. 2. Potencializador da intenção anticosmoética. 3. Disparador da interprisão grupocármica. 4. Indutor de estupros evolutivos.

Antonímia: 1. Indutor da ortopensenidade. 2. Impulsor da intenção qualificada. 3. Propulsor evolutivo. 4. Indutor de recins.

Vontade. A rigor, a vontade é o maior poder consciencial, propulsionando as atuações conscienciais em geral.

Catálise. A vontade vigorosa, quando lúcida e cosmoética, é capaz de catalisar a evolução pessoal e grupal, a níveis, a princípio, inimagináveis.

Erradicação. Do ponto de vista da *Paraprofilaxia,* a vontade ferrenha, somada à intenção qualificada, erradica instintos trafarísticos pessoais indutores de manifestações anacrônicas, automiméticas e deslocadas ao bom encaminhamento da programação existencial.

Traf*a*res. No estudo e profilaxia das manipulações conscienciais, importa pesquisarmos os catalisadores patológicos de tal situação, de modo a evitarmos a manifestação de posturas tra*fa*rísticas, iguais a estas 3, enumeradas na ordem alfabética do tema:

1. **Arrogância.**

2. **Carências intraconscienciais generalizadas.**

3. ***Trinômio poder-posição-prestígio,* quando anticosmoético.**

QUEM EVITA OS CATALISADORES CONSCIENCIAIS ANTICOSMOÉTICOS AGILIZA A CONQUISTA DE MELHORES NÍVEIS DE MATURIDADE INTEGRAL.

08. ARROGÂNCIA

Definição. A *arrogância* é a qualidade de quem, por suposta superioridade moral, social, intelectual, cultural, étnica, financeira ou parapsíquica, assume atitude prepotente ou de desprezo em relação aos outros.

Etimologística. O termo *arrogância* deriva do idioma Latim, *adrogantia* ou *arrogantia,* "arrogância; bravata; insolência; pretensão orgulhosa". Surgiu no Século XV.

Sinonímia: 1. Empáfia; jactância; orgulho ostensivo; soberba. 2. Atrevimento; despudor; insolência; petulância. 3. Avania; afronta; prepotência. 4. Desapreço; descaso; desconsideração; desdém; menosprezo.

Antonímia: 1. Apreço; brandura; consideração. 2. Modéstia; naturalidade; simplicidade. 3. Acolhimento; compreensão. 4. Respeito consciencial. 5. Fraternismo; universalismo.

Megapensene. Eis megapensene trivocabular capaz de sintetizar o assunto: *arrogância predispõe humilhação.*

Exacerbação. Do ponto de vista da *Egocarmalogia,* a arrogância apresenta-se sob a forma de exacerbação do orgulho e amor próprio, resultando em atitude de autoelevação desmedida ou *hipertrofia do eu.*

Desrespeito. Por falta de autocrítica, os arrogantes costumam considerar-se acima da média da população e, não raro, desrespeitam a individualidade e o livre-arbítrio alheio, em nome de alguma tarefa assumida na condição de missão especial.

Justificativa. Julgam-se, muitas vezes, *donos do mundo,* com direitos e deveres *acima do bem e do mal,* e, portanto *justi-*

ficadamente preparados e autorizados a agir de maneira tirânica e ditatorial se assim se fizer necessário.

QUEM SE ACHA SUPERIOR À MÉDIA PODE COMETER O ERRO CRASSO DE SENTIR-SE NO DIREITO DE MANIPULAR E DOMINAR OS DEMAIS A SEU BEL-PRAZER.

Aprendizagem. Do ponto de vista da *Parapedagogia,* a carência de autocrítica leva o arrogante a considerar os julgamentos e opiniões pessoais como definitivos, fechando-se para novas aprendizagens e experiências enriquecedoras.

Holopensene. Consoante a *Pensenologia,* não raro, evitam debates, perpetuando holopensene anacrônico, avesso às reciclagens e renovações conscienciais.

Superioridade. Conforme a *Intrafisicologia,* a arrogância pode expressar-se na Sociedade intrafísica através do sentimento de superioridade, igual a estes 11 exemplos, expressos na ordem alfabética do tema:

01. **Superioridade científica.**
02. **Superioridade cultural.**
03. **Superioridade econômica.**
04. **Superioridade étnica.**
05. **Superioridade ideológica.**
06. **Superioridade intelectual:** a arrogância do saber.
07. **Superioridade militar.**
08. **Superioridade moral.**
09. **Superioridade política.**

10. **Superioridade profissional.**

11. **Superioridade religiosa.**

História. Na História da Humanidade encontram-se eventos bárbaros e guerras intermináveis decorrentes da arrogância de líderes despóticos e da soberania cultural, econômica, militar de certos povos.

Colonização. A crença na superioridade da cultura ocidental europeia, durante os Séculos XV e XVI, justificou as barbáries executadas pelos colonizadores europeus sobre os povos colonizados da América Latina, por serem estes considerados primitivos e inferiores à civilização europeia.

Ideologia. Implícita nesta ideologia encontrava-se a ideia de que a civilização moderna e a religião vigente, o Cristianismo, eram as verdadeiras, devendo portanto serem impostas, mesmo contra a vontade do colonizado. O conquistador aparece enquanto figura indulgente e piedosa, em missão especial para inserir os colonizados no *sistema civilizado* (V. **Cardoso,** Clodoaldo Meneguello; ***Tolerância e seus Limites: Um Olhar Latino-americano sobre Diversidade e Desigualdade;*** 2003; páginas 81 a 95).

Neocolonialismo. A missão de levar o progresso da ciência e da tecnologia a povos supostamente despreparados para alcançarem o desenvolvimento por si mesmos, foi a desculpa encontrada por superpotências europeias e pelos Estados Unidos (EUA) para dominar e explorar países subdesenvolvidos da Ásia e da África, no período histórico chamado neocolonialismo (Século XIX).

EUA. A versão atualizada da arrogância do poder e instinto missionário deslocado é a guerra entre os EUA e Iraque (2002–), na qual a bandeira maniqueísta do *bem* contra o *mal* (valores ocidentais x valores orientais) não tem poupado vítimas e nem sofrimento a milhares de consciências, na tentativa de garantir a hegemonia econômica e militar norte-americana.

Carência. A arrogância evidencia carência de senso de fraternismo e de assistencialidade.

Vislumbre. O pré-serenão lúcido quanto à realidade intraconsciencial, além de identificar os traf*o*res pessoais, apresenta modéstia inteligente e comoética, vislumbrando, com lógica e racionalidade, o longo caminho a ser percorrido na evolução planificada.

Paraterapêutica. Pela *Paraterapêutica,* eis, por exemplo, 11 recursos ou procedimentos úteis à qualificação consciencial, capazes de auxiliar qualquer conscin motivada a minimizar, ou mesmo superar, o traf*ar* da arrogância:

01. **Abertismo consciencial.** Ampliar ao máximo a cultura pessoal e as associações de ideias, a fim de desenvolver o abertismo consciencial e a cosmovisão.

02. **Admiração-discordância.** Aplicar o *binômio admiração-discordância* em todas as relações interconscienciais, buscando burilar a criticidade cosmoética e o senso de fraternismo.

03. **Autocrítica.** Fazer da autocrítica realista e profunda, conduta padrão diária, e da heterocrítica explícita, conduta exceção necessária e justificada nos empreendimentos francamente assistenciais.

04. **Autoconhecimento.** Empreender o máximo de esforços na busca pelo autoconhecimento, para tornar-se capaz de compreender, pacificamente, conscins e consciexes (intercompreensão).

05. **Assistencialidade.** Buscar ser conscin acolhedora, ampliando a assistência interconsciencial, a fim de imprimir neossinapses rumo à implementação de autopensenidade fraterna.

06. **Convivialidade.** Aprender a fazer concessões diárias através da constituição de dupla evolutiva avançada e duradoura.

07. **Interdependência.** Buscar viver através do princípio da interdependência consciencial, evitando todo mecanismo social gerador de dependências ou independências alienantes.

08. **Nomadismo.** Investir no nomadismo consciencial lúcido, no intuito de erradicar a xenofobia e o desprezo por outros povos e raças.

09. **Parapsiquismo.** Desenvolver o parapsiquismo com o propósito de sair de si, ampliando a intercompreensão e a interassistencialidade.

10. **Respeito.** Aprender a respeitar os direitos e livre-arbítrio de conscins e consciexes.

11. **Traf*o*rismo.** Esforçar-se para ser conscin traf*o*rista, exaltando o melhor de todos por onde passa.

Ilogicidade. Do ponto de vista da *Evoluciologia,* a arrogância é postura ilógica, decorrente de visão restrita da multidimensionalidade e da multiexistencialidade.

Interassistencialidade. A conscin *francamente* lúcida descarta toda postura capaz de humilhar os demais, partindo para a interassistencialidade de modo fraterno e acolhedor.

Minipeça. À conscin madura já não lhe interessa a exacerbação do próprio ego, pois aprendeu que ser minipeça no maximecanismo assistencial é condição mais evoluída e inteligente.

09. Carência Intraconsciencial

Definição. A *carência intraconsciencial* é o desajuste íntimo caracterizado pela privação, falta ou necessidade de algo, acometendo, em geral, conscins inexperientes e imaturas, gerando dependências patológicas.

Etimologística. O termo *carência* deriva do idioma Latim, *carentia*, "falta de; privação". Surgiu em 1589.

Sinonímia: 1. Ausência de autossuficiência evolutiva; autoinsegurança. 2. Autoassédio; baixa autoestima. 3. Incompetência evolutiva. 4. Antidiscernimento.

Antonímia: 1. Autossuficiência evolutiva; autossegurança. 2. Autocentramento consciencial; autoconfiança. 3. Competência evolutiva. 4. Autodiscernimento.

Manipulação. A constante necessidade de suprir carências pode levar a consciência a manipular ou deixar-se manipular, no intuito de preencher, mesmo que temporariamente, fissuras pessoais.

Patologia. Tal realidade pode ser evidenciada através do desencadeamento de condições patológicas, iguais a estas duas, enumeradas na ordem funcional do tema:

1. **Intencionalidade.** O desvio ou desvirtuamento da intencionalidade pessoal, passando a explorar outras consciências, na busca de autocompensações e satisfação das insaciabilidades.

Autocorrupção. O carente se autocorrompe com facilidade, negligenciando o código moral pessoal em troca de afeto, energia, ou qualquer outro recurso capaz de atender às insuficiências individuais.

2. **Dependência.** A descompensação intraconsciencial predispõe a instalação de interprisões calcadas na dependência in-

terconsciencial, onde duas ou mais consciências se *apoiam* e se *complementam* de modo patológico, evitando renovações individuais e grupais.

Posições. Nas relações de dependência doentia verificam-se duas posições bem definidas:

A. **Dominadores.** Usam da força presencial, autoridade, conhecimento ou posição social para dominar as demais consciências, geralmente fazendo exigências excessivas.

B. **Dominados.** Aninham-se ou se escondem à sombra do dominador, permutando o livre-arbítrio por um pouco de afeto, energia ou para usufruir indiretamente do *brilho do líder.*

Acordo. Instala-se assim acordo tácito anticosmoético, onde o dominador satisfaz a carência de amor-próprio a partir da manipulação dos súditos e imposição da vontade, enquanto estes se contentam em se alimentar da energia e posição do mais forte.

Energia. Em geral, a moeda de troca implícita neste contexto é a energia dos envolvidos, onde os mais fracos saem dos relacionamentos, quase sempre, com defasagens energéticas.

Resultado. A relação de dependência, quando patológica, traz resultados anticosmoéticos, iguais a estes 3, enumerados na ordem alfabética do tema:

1. **Fuga.** A fuga às reciclagens intraconscienciais e existenciais necessárias ao processo evolutivo.

2. **Irresponsabilidade.** Não assumir os atos ou omissões, colocando no outro a responsabilidade pelo curso da própria vida e evolução.

3. **Ônus.** A fuga ao ônus do posicionamento pessoal, em função de traços de pusilanimidade, torna o dependente incapaz de discordar do *status quo* estabelecido.

Condições. De acordo com a *Conscienciometria,* a carência intraconsciencial evidencia, pelo menos, duas situações inoportunas ao bom desenvolvimento consciencial:

1. **Traf*a*l:** a carência de predicados ou qualidades específicos – traf*a*is (traço faltante) – capazes de imprimir autossuficiência e articulação evolutiva à conscin pré-serenona.
2. **Traf*o*r:** o desconhecimento e possível negligência quanto aos traf*o*res pessoais, inclusive quanto ao uso do megatraf*o*r, capaz de eliminar traf*a*res indesejáveis.

Análise. Segundo a *Conscienciometria,* a análise racional e acurada dos traf*o*res, traf*a*res e traf*ais* é extremamente relevante na pesquisa da estrutura consciencial da conscin, principalmente da carente.

Compensações. Conforme a *Paraterapêutica,* o ideal será identificar e aplicar os traços-força de modo produtivo, a fim de compensar satisfatoriamente os distúrbios de personalidade.

Neotraf*o*r. Todo o esforço no sentido de adquirir neotraf*o*res será bem-vindo, preenchendo as lacunas do microuniverso consciencial e dinamizando a execução da programação existencial.

O CARENTE CRONICIFICADO COSTUMA APONTAR O DEDO PARA AS DEFICIÊNCIAS PESSOAIS, AO INVÉS DE BUSCAR SOLUÇÕES PRÁTICAS E ÚTEIS À AUTOEVOLUÇÃO.

Questionamento. Você está lúcido quanto à responsabilidade única e intransferível pela própria evolução?

10. Taxologia das Carências Intraconscienciais

Análise. Os diversos tipos de carência intraconsciencial podem agir simultaneamente sobre a conscin, formando quadro nosológico abrangente.

Tipos. No entanto, para efeito de análise e estudo didático, eis selecionados 5 tipos de carências intraconscienciais relacionadas às manipulações anticosmoéticas:

I. **Carência Afetiva.** A carência afetiva é a necessidade incessante de receber afeto, estima e consideração de terceiros.

Interpretações. Além da afeição e carinho, o afeto também pode ser interpretado por aceitação, acolhimento, aprovação, ou qualquer outra manifestação de reconhecimento capaz de minimizar a baixa autoestima e reforçar a autoimagem claudicante.

Loc. Por medo da solidão, rejeição ou de perder o poder sobre alguém, o carente afetivo transfere para o outro *(loc externo)* a base de sua manifestação, fazendo da consideração alheia a bússola norteadora das ações.

Fontes. O *aplauso,* o reconhecimento e a sensação de ser aceito tornam-se fonte vital, tal qual o oxigênio que respira.

Táticas. A *barganha afetiva* é fonte de manipulação consciencial, gerando, pelo menos, 4 táticas aéticas, aqui listadas em ordem alfabética:

1. **Birra.**
2. **Chantagem emocional.**
3. **Insinuação de culpa.**
4. **Somatização; hipocondria.**

II. **Carência Energética.** A carência energética é a insuficiência ou insaciabilidade quanto às energias conscienciais, podendo acometer consciências lúcidas ou não quanto à realidade bioenergética.

Energossoma. A consciência está além da energia. No entanto, intrafisicamente, vive a partir das energias conscienciais (ECs) derivadas do energossoma.

Conquistas. Conhecer e dominar as ECs é um dos êxitos mais relevantes na vida humana.

Inconsciência. A grande maioria da população planetária não despertou ainda para o contexto bioenergético em que está inserida, chegando à dessoma sem nunca ter se dado conta dos milhares de intercâmbios energéticos vivenciados.

Etiologia. A insuficiência energética pode ser gerada por ignorância quanto à holossomática e à bioenergética, ou em função de parapatologias enraizadas.

Parapatologia. Segundo a *Parapatologia,* a fome por energias é a base de grande parte dos assédios interconscienciais deste Planeta.

Consener. A consener, ou consciência energívora, é termo proposto pela *Conscienciologia* para caracterizar a condição de consciência vampirizadora das energias de conscins, consciexes e animais subumanos.

Tipos. As conseneres podem ser consciências intrafísicas ou extrafísicas, sendo ainda classificadas em duas outras categorias (V. **Vieira,** Waldo; ***Homo sapiens reurbanisatus;*** Foz do Iguaçu; 2003; página 646):

1. **Carecedoras.** Consciências energívoras *light,* conhecidas enquanto pessoas carentes.

2. **Vampirizadoras.** Consciências energívoras *hard,* conhecidas enquanto vampirizadoras.

Situações. Através da *Intrafisicologia,* eis 6 situações de vampirização energética presentes nos relacionamentos interconscienciais, condizentes de modo direto ou indireto ao contexto manipulador:

1. **Aplauso.** O artista, quando se *alimenta* do aplauso e *frenesi* do público.

2. **Comunicador.** O comunicador anticosmoético, quando explora o subcérebro abdominal do interlocutor, minando a autocrítica e o discernimento.

3. **Deprimido.** A pessoa deprimida, de patopensenidade aguda, ao atrair atenção para as dificuldades e sofrimentos pessoais.

4. **Humorista.** O humorista quando suga as energias da plateia fascinada.

5. **Sedutor.** A conscin sedutora, homem ou mulher, ao manipular a vítima através de galanteios e insinuações de cunho sexual.

6. ***Papa-passes.*** O assíduo *papa-passes* de sessões mediúnicas, quando avesso às reciclagens intraconscienciais.

III. **Carência Sexual.** A carência sexual é a falta, privação ou insaciabilidade quanto às energias afetivo-sexuais.

Bloqueios. A carência sexual, quando permanente, bloqueia as energias do sexochacra, provocando desequilíbrios holossomáticos.

Fundamentos. A carência sexual pode ser de base afetiva, energética, ou patrocinada pelo desejo de autoafirmação e prestígio dentro do grupo.

Machismo. Nos países latinos é comum a mitificação do amante fatal, *derrubador de mulheres,* que desfruta de posição privilegiada na Sociedade local.

Evocações. A carência sexual atrai consciexes desequilibradas, onde o carente pode ocupar as seguintes posições:

1. **Vítima.** É vítima de vampirizações extrafísicas em função da compatibilidade pensênica.

2. **Vítima-algoz.** É vítima-algoz, agindo intrafisicamente enquanto *predador sexual,* porém sendo sugado extrafisicamente pelas conseneres.

Retroalimentação. A contínua insatisfação sexual é fator de retroalimentação pensênica de assédios interconscienciais. Neste caso, o ideal é a conscin investir na reciclagem sexual e pensênica, eliminando as evocações de cunho sexual, e consequentemente, a conexão com consciexes patorlógicas.

IV. **Carência Intelectual.** A carência intelectual é a deficiência na aplicação dos atributos mentaissomáticos, gerando baixo conhecimento, cultura e informação, e dificuldade na produção de gestações conscienciais avançadas.

Otimizações. Conforme a *Experimentologia,* eis, a título de estudo, 11 variáveis úteis no estudo da carência intelectual:

01. **Autodesorganização:** incapacidade de organizar condições de trabalho e rotinas úteis ao mentalsoma.

02. **Bloqueios:** bloqueios energéticos nos hemisférios cerebrais.

03. **Deficiência:** deficiências ou dificuldades cerebrais irreversíveis.

04. **Dispersão:** má priorização de tempo e energias, com dispersões inúteis e infrutíferas.

05. **Energia:** inexperiência ou descontrole energético, dificultando os desassédios necessários.

06. **Fogo-fátuo:** inconstância quanto ao continuísmo dos trabalhos mentaissomáticos.

07. **Inflexibilidade:** rigidez de ideias; monoideísmo.

08. **Preguiça:** acomodação ou preguiça mental.

09. **Neofobia:** medo ou aversão às neoideias e renovações.

10. **Subcérebro abdominal:** exaltação da instintividade, irracionalidade e emoções grosseiras.

11. **Traf*a*rismo:** autoimagem traf*a*rista, decorrente de baixa recuperação de cons ou autocorrupções.

Soma. De todas as variáveis apresentadas, somente a deficiência cerebral irreversível é condição justificável para a perpetuação da carência intelectual cronicificada.

Efeitos. A carência intelectual acarreta, em geral, baixa autoestima e sensação de inferioridade perante consciências cultas, de pensamento complexo e criativo.

Fugas. Quase sempre o carente intelectual evita confrontações, debates, gestações conscienciais ou qualquer outra situação capaz de expor sua realidade.

Manobras. Na busca da preservação da autoimagem, quando mal intencionado, o carente intelectual pode apelar para manobras aéticas, iguais ao menosprezo da intelectualidade alheia ou a procura de companhias menos preparadas intelectualmente, de modo a garantir sua posição de superioridade.

V. **Carência de Coragem.** A carência de coragem é a ausência de autoconfiança e destemor perante as decisões existenciais críticas.

Subcérebro. As conscins pusilânimes manifestam-se predominantemente sob o jugo das reações subumanas, próprias do subcérebro abdominal, onde o instinto de autodefesa sobrepuja a possibilidade de manifestações avançadas, de cunho mentalsomático.

Miopia. A imaturidade das conscins inseguras dificulta a percepção das potencialidades e ferramentas úteis ao próprio desenvolvimento consciencial, prejudicando a assunção do comando da própria evolução.

Submissão. Costumam render-se à submissão, servilismo e sujeição, tornando-se presas fáceis de engodos.

Evidências. No campo da *Conscienciometria,* eis 14 traços conscienciais evitáveis, capazes de evidenciar a carência de coragem, enumerados na ordem alfabética do assunto:

01. **Autoconhecimento.** O medo de se conhecer de modo integral e multidimensional.

02. **Consciexes.** O medo de ver consciexes através da clarividência e outros fenômenos parapsíquicos.

03. **Decidofobia.** A reação de evitamento frente às decisões, posicionamentos e o uso do livre-arbítrio; *murismo.*

04. **Desaprovação.** O medo de ser desaprovado socialmente.

05. **Exposição.** O medo de se expor à crítica e ao julgamento dos outros.

06. **Fragilidade.** A vulnerabilidade; o descontrole.

07. **Hipegiafobia.** O medo da responsabilidade; o medo de amadurecer e evoluir.

08. **Insegurança.** A falta de confiança pessoal; o autodesconhecimento; o autoderrotismo.

09. **Neofobia.** A repulsa ao novo e às renovações conscienciais.

10. **Perfeccionismo.** O medo de errar.

11. **Pusilanimidade.** A frouxidão; a timidez; a apatia.

12. **Protagonismo.** O receio de ser o centro das atenções.

13. **Reciclagens.** O medo de enfrentar reciclagens existenciais.

14. **Tanatofobia.** O medo da morte.

Cons. A baixa recuperação de cons e simultânea subjugação à genética e ao restringimento intrafísico potencializam a falta de confiança pessoal. Sem visão ampliada e acurada das próprias potencialidades, a conscin afunda-se em autoderrotismos estagnadores da própria evolução.

Recuperação. No universo da *Intrafisicologia,* acerta mais quem investe na recuperação de unidades de lucidez, de preferência, desde cedo, buscando ampliar os níveis de hiperacuidade e de autodiscernimento.

Paraprofilaxia. Eis 7 variáveis capazes de otimizar a recuperação de *cons,* listados na ordem alfabética do tema:

1. **Autocrítica.**
2. **Cultura.**
3. **Curiosidade.**
4. **Estudo.**
5. **Leitura.**
6. **Parapsiquismo.**
7. **Viagens.**

Projeciologia. No âmbito da *Projeciologia,* a projetabilidade lúcida descortina a multidimensionalidade, sendo recurso inestimável na recuperação de *cons* e superação do maior de todos os medos da Humanidade: a tanatofobia ou o medo da morte.

Autossuperação. A maturidade consciencial é consequência de constantes reciclagens intraconscienciais e existenciais. Acerta sempre mais quem busca autossuperações contínuas, sem autocorrupções e pusilanimidade.

Paraprofilaxia. Sob a ótica das especialidades da *Conscienciologia,* eis, por exemplo, 10 procedimentos capazes de minimizar carências, conforme a predisposição e a intencionalidade da conscin interessada:

01. **Conscienciometria.** Pela *Conscienciometria,* a erradicação das carências pessoais inicia-se a partir da análise realista do microuniverso consciencial, descortinando aspectos pessoais passíveis de superação, a partir dos trafores identificados.

02. **Consciencioterapia.** Consoante a *Consciencioterapia,* o processo terapêutico perfaz 4 procedimentos: a autoinvestigação, o autoenfrentamento, a autossuperação e a autocura.

03. **Paraterapêutica.** Através da *Paraterapêutica,* a *impactoterapia,* quando acionada de modo lúcido e cosmoético, é ferramenta útil, despertando os brios e o orgulho sadio da consciência autovitimizada.

04. **Recexologia.** Mediante a *Recexologia,* toda autossuperação nasce de reciclagens existenciais e intraconscienciais, acionadas a partir da recuperação de cons e assunção de trafores pessoais.

05. **Pensenologia.** Tendo em vista a *Pensenologia,* a manutenção da ortopensenidade é instrumento indispensável na erradicação dos autoassédios e heteroassédios dos carentes em geral.

06. **Energossomática.** No universo da *Energossomática,* o domínio das ECs é recurso inestimável na autossuperação das dificuldades pessoais em direção à autonomia consciencial com vistas à assistencialidade interconsciencial.

07. **Mentalsomática.** A partir da *Mentalsomática,* todo investimento na aquisição de neossinapses magnas e neotrafores será útil no combate às carências de todos os tipos.

08. **Experimentologia.** Como esclarece a *Experimentologia,* a união da teoria à prática – téatica – promove a experiência ou o *know-how* insubstituível à conscin interessada na conquista do autodomínio e da autoconfiança.

09. **Intencionologia.** Através da *Cosmoética,* pouco valem os esforços empreendidos sem a manutenção da intenção qualificada, capaz de agilizar a conquista da saúde consciencial e a condição da homeostase holossomática.

10. **Assistenciologia.** De acordo com a *Assistenciologia,* abrir mão de si mesmo em favor dos outros é conduta *sine qua non* aos interessados na erradicação das carências. Eis um princípio evolutivo: *quem doa, de modo cosmoético e desinteressado, recebe o dobro, ou mais.*

A SUPERAÇÃO CONSCIENTE DAS CARÊNCIAS INTRACONSCIENCIAIS TRAZ A AUTOCONFIANÇA DA CONSCIN COM MELHORES NÍVEIS DE AUTODOMÍNIO CONSCIENCIAL.

11. Trinômio Poder-Posição-Prestígio

Definição. O *poder* é a capacidade ou possibilidade do indivíduo decidir, agir e ter voz de mando, podendo influenciar a si mesmo ou aos outros de modo cosmoético ou anticosmoético perante a evolução.

Etimologística. O termo *poder* deriva do idioma Latim, *possum,* "poder, ser capaz". Surgiu no Século XIII.

Sinonímia: 1. Aptidão; faculdade. 2. Potência; vigor. 3. Controle; domínio.

Antonímia: 1. Inaptidão; incapacidade. 2. Abatimento; debilidade; fraqueza.

Definição. A *posição* é o posto, cargo, lugar ou função ocupado por determinada pessoa na família, empresa, organização ou contexto social.

Etimologística. A palavra *posição* vem do idioma Latim, *positio,* "ação de pôr, de colocar; posição, situação". Apareceu no Século XIII.

Sinonímia: 1. Atribuição; encargo. 2. Campo de atuação. 3. Local de comando.

Antonímia: 1. Inatividade; ociosidade.

Definição. O *prestígio* é o valor sóciocultural positivo atribuído a um indíviduo ou grupo de indivíduos, capaz de dar-lhes a possibilidade de se imporem sobre os demais.

Etimologística. O vocábulo *prestígio* procede do idioma Latim, *praestigium,* "charlataneria; embuste". Surgiu no Século XVII.

Sinonímia: 1. Admiração; consideração; predileção. 2. Fama; glória.

Antonímia: 1. Desconsideração; desprezo; desvalorização. 2. Anonimato; desconhecimento.

Definição. O *trinômio poder-posição-prestígio* (3 *pês*) é a conjunção da força pessoal, *status quo,* respeito e notoriedade capaz de influenciar outras consciências de modo cosmoético ou anticosmoético.

Etimologística. O vocábulo *trinômio* procede do idioma Latim, *trinomius,* "que tem três nomes". Apareceu em 1676.

Sinonímia: 1. Consideração; notoriedade; renome; *status* pessoal. 2. Autoridade moral; força presencial; presença marcante. 3. Capacidade de influência; liderança. 4. Poder consciencial. 5. Epicentrismo consciencial.

Antonímia: 1. Fraqueza pessoal; insegurança. 2. Desânimo; pusilanimidade; timidez. 3. Subalternação; subordinação; subserviência. 4. Personalidade apagada.

Taxologia. Segundo a *Experimentologia,* os 3 *pês* podem ser classificados em 2 categorias:

1. **Cosmoéticos.** Quando emergem naturalmente em função da superioridade evolutiva de determinada consciência, e são vivenciados em favor da interassistencialidade lúcida, e não por interesses egóicos ou sectários.

Silencioso. Os 3 *pês,* quando cosmoéticos, não forçam, ludibriam ou impõem. Eles se apresentam silenciosamente através da autoridade moral e exemplarismo da conscin lúcida, portadora de *ficha evolutiva pessoal* (FEP) superior à média dos componentes do grupocarma.

Holopensene. Segundo a *Pensenologia,* os 3 *pês* cosmoéticos manifestam-se através das ideias, sentimentos e energias fraternas, lúcidas e assistenciais. A simples presença da conscin dotada do trinômio cosmoético melhora os ambientes por onde passa.

Força. A força presencial decorrente dos 3 *pês* cosmoéticos afasta da conscin intrusões indesejadas, sendo poderosa ferramenta assistencial. Esta é a condição do epicentrismo consciencial avançado, rumo à conquista da desperticidade.

Amparadores. Os 3 *pês* cosmoéticos, aplicados de modo policármico, atraem a atenção dos amparadores, fazendo com que a conscin desfrute de prestígio extrafísico, apesar, de muitas vezes, manter-se no anonimato intrafísico.

2. **Anticosmoético.** Os 3 *pês* são anticosmoéticos quando vivenciados a partir de interesses exclusivamente pessoais, satisfazendo, em geral, necessidades narcísicas.

Fascinação. Os 3 *pês* anticosmoéticos fascinam e corrompem facilmente consciências ignorantes quanto aos efeitos holocármicos das posturas pessoais.

Imediatismo. A visão monodimensional e imediatista conduz tais conscins a priorizações equivocadas, enaltecendo o sucesso intrafísico – sempre efêmero e superficial – o reconhecimento do grupo e a conquista do poder *temporal.*

Ganância. Infelizmente a ganância pelo *trinômio poder-posição-prestígio anticosmoético* é a razão existencial de milhares de conscins deste Planeta, sendo inclusive, o fator desencadeante de grande parte das manipulações conscienciais.

Efeitos. Tal fato tem gerado ditadores, algozes e manipuladores anticosmoéticos, capazes de realizar atos corruptos na busca da satisfação das ambições pessoais.

Impossibilidade. A avidez cega por dinheiro, fama, prestígio, poder, *status* social, defesa da autoimagem ou qualquer outra situação de base egocêntrica, ofusca o juízo crítico, dificultando a possibilidade de conduta anticorrupta.

Afrodisíaco. Segundo o psicanalista Paulo Sternick, "o poder é afrodisíaco e traz falsa ideia de satisfação, dando ao sujeito finito, mortal e barrado em seu desejo, a ilusão de completude". (V. **Pinto,** Marcus Barros; ***O Poder é um Terremoto na Vida;*** *Jornal do Brasil;* Rio de Janeiro, RJ; 22.04.01; página 12).

Consequências. Os *3 pês* apresentam 2 resultados antípodos em essência: a euforin e a euforex, ou a melin e a melex. Tudo depende da intencionalidade e discernimento ao empregá-los.

Comparações. Eis, para efeito de estudo e análise, quadro comparativo estabelecendo confronto entre nuanças da natureza dos 3 pês cosmoéticos e dos 3 pês anticosmoéticos:

TABELA 2

Contraposição dos 3 pês cosmoéticos e dos 3 pês anticosmoéticos

Temas Identificadores	**3 pês cosmoéticos**	**3 pês anticosmoéticos**
Bens	Intraconscienciais permanentes	Materiais efêmeros
Biografia	Retratação evolutiva (holobiográfica)	Defesa da autobiografia
Consequências	Euforex	Melex
Elenco	Amparadores	Aduladores; vampirizadores
Ética	Cosmoética	Antiética
Expoentes	Epicentro Consciencial	Celebridade intrafísica
Extensão	Policarmalidade	Egocarmalidade
Ganhos	Ganhos evolutivos duradouros	Satisfação imediata
Meta	Lucidez; discernimento	Dinheiro; força; *status*
Modelo	*Homo sapiens serenissimus*	Personalidade famosa
Paradigma	Paradigma consciencial	Paradigma intrafísico
Repercussões	Assistencialidade	Assedialidade
Triunfo	Compléxis	*Status* intrafísico

NÃO SE COMPRAM NEM SE FORJAM OS 3 PÊS COSMOÉTICOS, POR SEREM CONQUISTAS DE CONTÍNUO ESFORÇO PESSOAL AO LONGO DE SÉRIE DE VIDAS HUMANAS.

12. Taxologia do Poder

Poder. Segundo Fernandes, o poder nasce nas relações sociais em função da assimetria e desigualdade das interações humanas, pressupondo a existência de Sociedade heterogênea, onde se desenvolvem graus diversos de autonomia e se exercem papéis distintos e complementares (V. **Fernandes**, António Teixeira; ***Os Fenómenos Políticos: Sociologia do Poder;*** Porto, Portugal; 1998).

Relações. No universo da *Parassociologia,* constituem-se relações de poder as interações de força presentes no interior dos grupos, associações e Sociedade global.

Binômio. Eis duas sínteses capazes de expressar relações de poder: *binômio mando-obediência; binômio imposição-dependência.*

Fontes. Consoante a *Intrafisicologia,* eis 4 fontes de poder presentes na Sociedade intrafísica, enumeradas na ordem alfabética do tema:

1. **Conhecimento.** Competências específicas e raras.
2. **Informação.** As relevantes e originais.
3. **Economia.** O monopólio do dinheiro.
4. **Belicismo.** Seja a força física ou armamentista.

Consciencial. No estudo da *Evoluciologia,* acerta mais quem se esforça para conquistar o *poder consciencial* cosmoético – com objetivos policármicos – a partir da autodeterminação lúcida e do emprego máximo da hiperacuidade e lucidez pessoal já conquistadas, rumo à evolução consciente.

Questionamento. Eis questionamento oportuno: de que adianta valorizar o poder temporal ou o poder sobre outras consciências, se do ponto de vista evolutivo, a maior conquista consciencial é a capacidade de usar a vontade lúcida e inquebrantável na condução da própria vida e destino evolutivo, com vistas à dinamização consciencial de todos?

Agenciamento. O agenciamento do poder sobre outras pessoas ou determinados contextos se dá através de *ordens, comandos* ou qualquer outra estratégia capaz de influenciar a vontade e a ação do outro.

Fatores. A obediência depende do contexto e predisposição do receptor, ocorrendo, basicamente, em função de 4 fatores:

1. **Gratificação.** A busca por gratificações, recompensas ou ganhos secundários.

2. **Penalidade.** A evitação de penalidades ou sanções decorrentes da desobediência.

3. **Desconforto.** A evitação de constrangimentos pessoais, quase sempre subjetivos, em função da transgressão de valores ou crenças previamente introjetadas.

4. **Legitimidade.** O reconhecimento da superioridade consciencial do agente do poder, ou em função das exigências do bem comum.

Tipologia. De acordo com Epstein (*apud* Bachrach e Baratz; 1992; página 37), a tipologia concernente à obediência pode ser classificada em 5 tipos, enumerados na ordem alfabética do tema:

1. **Autoridade:** quando a obediência se dá de modo racional e lógico, em função da superioridade evolutiva do outro.

2. **Coerção:** quando a obediência se assenta na ameaça de privação ou punição de várias naturezas.

3. **Força:** quando a obediência ocorre em função da falta de opção entre obedecer e desobedecer.

4. **Influência:** quando o agente do poder muda o curso do pensamento e ação do outro, sem apelar para ameaças tácitas ou de privação.

5. **Manipulação:** quando existe a obediência, sem se reconhecer de modo claro, por parte do obediente, a exata natureza da demanda sobre ele.

Taxologia. Eis, a título de análise e estudo, por exemplo, 100 categorias de poder presentes nas relações interconscienciais da Socin, enumeradas na ordem alfabética do assunto:

01. **Poder absoluto:** o poder indivisível; a autocracia.

02. **Poder androssomático:** a testosterona; a força física.

03. **Poder anônimo:** a *eminência parda;* o assistente multidimensional anônimo.

04. **Poder aquisitivo:** o poder de compra; a capacidade de se adquirir bens ou serviços.

05. **Poder argumentativo:** a habilidade argumentativa; os debates; os contrapontos.

06. **Poder armado:** a rendição da vítima; a intimidação pelas armas.

07. **Poder arquitetônico:** as obras monumentais; os templos faraônicos.

08. **Poder arrogante:** a humilhação.

09. **Poder assistencial:** a capacidade assistencial; os trafores aplicados; os recursos pessoais a favor dos outros.

10. **Poder autossugestivo:** a força da autossugestão; a auto-hipnose; a autolavagem cerebral.

11. **Poder bélico:** a hegemonia armamentista; a superintendência bélica.

12. **Poder bioenergético:** a potência das próprias ECs; a intensidade das energias conscienciais; a capacidade de auto e heterodesassédio bioenergético.

13. **Poder burocrático:** as regras de convivência social sistematizadas em leis ou constituições às quais todo cidadão deve se submeter, aplicadas por funcionários com saber específico.

14. **Poder capitalista:** a mais-valia.

15. **Poder carismático:** a força do carisma pessoal; a fascinação irresistível; o líder carismático.

16. **Poder científico:** os títulos; as amarras da ciência convencional.

17. **Poder civil:** o poder fundamentado no consenso.

18. **Poder coercitivo:** as ameaças físicas e materiais; as penalidades; o castigo.

19. **Poder compensatório:** o poder fundamentado na recompensa; as premiações.

20. **Poder condicionado:** o poder adquirido por mecanismos de convencimento; a lavagem cerebral; a lavagem paracerebral; a doutrinação.

21. **Poder consciencial:** o autodomínio consciencial; a homeostase consciencial; o *trinômio vontade-intencionalidade-auto-organização.*

22. **Poder contrário:** o contra-ataque; o contra-estímulo.

23. **Poder corporal:** o soma acima da média; o *pitboy*; o bigoréxico.

24. **Poder cosmoético:** a força do exemplarismo cosmoético; a força presencial cosmoética; a autoridade moral.

25. **Poder cultural:** a força da indústria cultural; a hegemonia ideológico-cultural; a indústria do entretenimento; a mídia.

26. **Poder da fé:** a crença cega e absoluta.

27. **Poder da genética:** a imposição da genética sobre a paragenética; a herança cromossômica.

28. **Poder da imagem:** a personalidade de renome; a marca da empresa ou produto.

29. **Poder da imprensa:** o *quarto poder;* o poder midiático.

30. **Poder da informação:** o valor da informação oportuna; a Sociedade do conhecimento.

31. **Poder da interprisão:** as interprisões grupocármicas; o determinismo; as reconciliações grupocármicas impostas.

32. **Poder da lábia:** o palavreado vão; a logomaquia; o palavrório astuto.

33. **Poder da máfia:** a terra sem lei; a força dos grupúsculos aéticos.

34. **Poder da mentira:** os boatos; a *plantação* da informação falsa.

35. **Poder da Natureza:** as catástrofes naturais; os furacões; as erupções vulcânicas; as enchentes.

36. **Poder da palavra:** a força da palavra exata e bem colocada; a eloquência; o discurso; a prece; o hino.

37. **Poder da própria vivência:** a autoexperimentologia.

38. **Poder da química:** as reações químicas.

39. **Poder da sedução:** o fascínio; o encantamento.

40. **Poder das emoções:** a instabilidade emocional; a emoção dominadora; as fobias desestabilizadoras.

41. **Poder das multidões:** as revoluções populares; as invasões de terras; a força do clamor público.

42. **Poder de barganha:** os negócios cavilosos; o *toma lá dá cá.*

43. **Poder de contaminação:** as infecções; as epidemias; o ataque de vírus cibernéticos.

44. **Poder de crítica:** o juízo crítico; o exame racional; o *binômio admiração-discordância;* a liberdade de expressão; a *interação critério-discernimento.*

45. **Poder de cura:** o sensitivo ectoplasta de efeitos físicos; a capacidade de autorregeneração.

46. **Poder de decisão:** a autodeterminação.

47. **Poder de defesa:** a capacidade de resistir a ataques; os instrumentos de segurança; as munições de defesa; a paraprofilaxia.

48. **Poder de esclarecimento:** a parapedagogia.

49. **Poder de influência:** a autoridade, prestígio ou crédito desfrutado por alguém em sociedade ou determinado campo; o lobismo; os grupos de pressão social.

50. **Poder de polícia:** a segurança pública; a manutenção da ordem.

51. **Poder de venda:** a força de vendas de determinada empresa; os monopólios; os cartéis; a Dardanologia.

52. **Poder democrático:** a divisão do poder; o igualitarismo; o antiautoritarismo.

53. **Poder despótico:** o poder arbitrário, fundamentado no castigo e opressão.

54. **Poder ditatorial:** o excesso de poder nas mãos de pessoa ou grupo de pessoas; o autoritarismo.

55. **Poder divino:** o poder vindo de Deus; a *monarquia de direito divino.*

56. **Poder do choro:** a autovitimização; a chantagem emocional.

57. **Poder do gesto:** o gesto capaz de concentrar, potencializar e direcionar as energias conscienciais; a exteriorização de ECs pelo movimento dos braços; o gesto de abençoar.

58. **Poder do local:** o local de poder em determinado ambiente onde as ECs fluem com maior vigor, auxiliando a manifestação da consciência; a cabeceira da mesa; a poltrona bem posicionada; o palco ou o palanque do comício.

59. **Poder do mito:** os ídolos; o *pop star*.

60. **Poder do mantra:** as expressões codificadas; a hipnose pelos sons repetitivos.

61. **Poder do objeto:** o cetro e a coroa do rei; os objetos do altar; a espada do guerreiro; o trono; as roupas do ídolo internacional; as jóias da realeza; os bagulhos energéticos; os objetos de *rapport* interconsciencial.

62. **Poder do olhar:** a força energética do olhar; o magnetismo.

63. **Poder do riso:** o contágio do bom humor; o relaxamento das tensões.

64. **Poder do traf*o*r:** o megatraf*o*r; as autossuperações; o arrimo intraconsciencial.

65. **Poder do vício:** a sujeição aos traf*a*res; a dependência química.

66. **Poder econômico:** a força do dinheiro e da posse de bens e recursos; a riqueza.

67. **Poder educacional:** a recuperação de cons; as recins sucessivas.

68. **Poder egoico:** o egotismo; a força usada para fins pessoais.

69. **Poder energético:** os recursos energéticos de determinado país.

70. **Poder estatal:** os Três Poderes.

71. **Poder ginossomático:** a gestação humana; a propensão à assistência.

72. **Poder hierárquico:** as relações de subordinação e graus sucessivos de poderes e responsabilidades.

73. **Poder holopensênico:** a imposição do holopensene local sobre o holopensene pessoal e vice-versa; a forma holopensênica.

74. **Poder ideológico:** os conceitos filosóficos, sociais, políticos ou religiosos.

75. **Poder institucionalizado:** o poder de direito, fundamentado no processo de adaptação dos regulamentos à necessidade de um grupo.

76. **Poder intelectual:** a influência do conhecimento; o capital intelectual; o poder da sabedoria.

77. **Poder jurídico:** a normatização; a sanção.

78. **Poder legitimado:** o poder fundamentado na lei ou no reconhecimento a certa autoridade.

79. **Poder liberatório:** a faculdade que tem a moeda de não ser recusada como meio de pagamento.

80. **Poder máximo:** o omnipoder.

81. **Poder medicamentoso:** o poder de cura farmacológica; os efeitos dos fármacos.

82. **Poder mental:** a força do pensamento positivo; o ato de pensar; as evocações conscientes e inconscientes.

83. **Poder militar:** o conjunto de recursos armamentistas e de soldados para defender a pátria.

84. **Poder mnemossomático:** a supermemória; a holomemória.

85. **Poder musical:** a musicoterapia; meloterapêutica.

86. **Poder nacional:** a capacidade do país em perseguir objetivos permanentes, a partir da conjuntura concreta de recursos e de dificuldades com que se defronta.

87. **Poder paragenético:** a força dos retrossomas; a paragenética superior à genética.

88. **Poder paralelo:** os narcotraficantes; as narcoguerrilhas.

89. **Poder parapsíquico:** as habilidades extrassensoriais; a paranormalidade.

90. **Poder político:** a estrutura do Estado e a eficácia em organizar e planejar a utilização de recursos humanos e naturais para a realização dos objetivos nacionais.

91. **Poder público:** o sistema de organismos, órgãos e funções, que revestidos de autoridade, realizam os fins do Estado.

92. **Poder religioso:** a imposição de doutrinas; a força das verdades absolutas.

93. **Poder simbólico:** os mantos; as medalhas; os retratos; os rituais.

94. **Poder sindical:** os sindicatos nacionais; a Liga das Nações.

95. **Poder soberano:** a hegemonia; a supremacia.

96. **Poder social:** o prestígio; a fama; o *status;* o cargo de posição; a chefia.

97. **Poder tecnológico:** as reservas tecnológicas.

98. **Poder temporal:** as instituições intrafísicas.

99. **Poder tradicional:** a obediência no respeito à longa tradição; a herança cultural; o legado de crenças.

100. **Poder volitivo:** a vontade inquebrantável; a autodeterminação; a *Voliciologia.*

O PODER DE VENCER AS PRÓPRIAS MAZELAS É PRIMEIRA PRIORIDADE RUMO ÀS SUPERAÇÕES NECESSÁRIAS NA CONQUISTA DA AUTOSSUFICIÊNCIA EVOLUTIVA.

Parte III

COMUNICOLOGIA

13. Comunicologia

Definição. A *Comunicologia* é a especialidade da Conscienciologia aplicada à comunicabilidade da consciência de todas as naturezas e formas, inclusive a comunicação interconsciencial entre as dimensões conscienciais, considerando a projetabilidade lúcida e as abordagens da consciência "inteira", holossomática, multidimensional, holobiográfica e holomnemônica (V. **Vieira,** Waldo; ***Homo sapiens reurbanisatus;*** Foz do Iguaçu; 2003; página 318).

Sinonímia: 1. Ciência da comunicação. 2. Estudo da comunicação interconsciencial; intercomunicação. 3. Intercompreensão.

Antonímia: 1. Incomunicabilidade interconsciencial. 2. Autismo consciencial; condição de isolamento. 3. Desinformação.

Materialismo. O reducionismo materialista do paradigma newtoniano-cartesiano da Ciência convencional vem acarretando às consciências, ao longo de séculos, a condição de ignorância quanto à multidimensionalidade, à holossomática e à bioenergética, limitando os horizontes da comunicação interconsciencial a *universo* estritamente intrafísico.

Interatividade. Vivemos no mundo da hiperinteratividade global, decorrente do desenvolvimento tecnológico dos sistemas de comunicação (V. **Escobar,** Herton; ***Pela Internet, 5 Pessoas ligam Você ao Mundo;*** *O Estado de S. Paulo;* São Paulo, SP; 08.08.03; página A12).

Paradoxo. No entanto, até o presente momento (Ano-base: 2011), pouco se investiu e pouco se sabe sobre as possibilidades parapsíquicas intrínsecas do ser humano, capazes de descortinar novo universo de possibilidades de manifestações e comunicação interconsciencial.

Parapsiquismo. A comunicação consciencial avançada exige desenvoltura parapsíquica e sobretudo holossomática, transcendendo os limites das habilidades corporais e possibilidades intrafísicas.

Reeducação. A reeducação parapsíquica é a alternativa às consciências interessadas e motivadas a iniciar ou expandir a rede de contatos interdimensionais, a partir da vivência lúcida e autocrítica de fenômenos anímico-parapsíquicos.

A COMUNICAÇÃO PARAPSÍQUICA AMPLIA A LUCIDEZ E A AUTOCONSCIENTIZAÇÃO MULTIDIMENSIONAL, EXPLICITANDO OS INTERCÂMBIOS INTERDIMENSIONAIS INEVITÁVEIS.

Relevância. A comunicação atua de modo incisivo em diversas áreas de manifestação consciencial, sendo tema relevante no estudo da consciência e da manipulação consciencial.

Variáveis. Eis, a título de análise e estudo, 18 correlações do universo da *Comunicologia* com as especialidades da Conscienciologia:

01. **Androssomática.** A comunicação característica do sexo masculino, com peculiaridades e idiossincrasias.

02. **Assistenciologia.** A qualidade da comunicação energética, oral ou escrita, inerente às tarefas assistenciais do esclarecimento e da consolação.

03. **Conviviologia.** A comunicação interconsciencial, intrafísica e extrafísica, capaz de afetar a convivência entre consciências ou princípios conscienciais.

04. **Cosmoética.** A qualidade da intenção e do conteúdo da mensagem.

05. **Extrafisicologia.** A linguagem característica e preponderante de cada comunidade ou ambiente extrafísico.

06. **Ginossomática.** A comunicação característica do sexo feminino, com peculiaridades e idiossincrasias.

07. **Holocarmalogia.** As obras científicas libertárias, capazes de enriquecer a *ficha evolutiva pessoal* (FEP) do autor no ciclo multiexistencial.

08. **Holochacralogia.** A força presencial energética.

09. **Infocomunicologia.** A interconectividade; a *web.*

10. **Mentalsomática.** O nível de racionalidade na comunicação.

11. **Parapatologia.** Os diversos tipos de autocorrupções, psicopatias e sociopatias, prejudiciais à boa comunicabilidade.

12. **Parapedagogia.** O conjunto de métodos parapedagógicos qualificadores da transmissão do conteúdo proposto.

13. **Parapercepciologia.** A comunicação interdimensional a partir dos fenômenos parapsíquicos, além das percepções adstritas ao corpo humano.

14. **Parassemiologia.** As parapatologias decodificadas através dos parassinais e parassintomas presentes.

15. **Pensenologia.** A preponderância de um dos três elementos do pensene na comunicação interconsciencial: o pensamento, sentimento ou energia.

16. **Projeciografia.** O grafopensene capaz de materializar as experiências projetivas lúcidas.

17. **Sexossomática.** A linguagem da sedução e apelos sexuais.

18. **Somática.** A linguagem do corpo, não-verbal, intrínseca à manifestação somática.

Permuta. Pela *Conviviologia,* a comunicação se dá através da permuta diária dos microuniversos conscienciais dos envolvidos. A troca de experiências e pontos de vista pessoais, quando produtiva, é capaz de promover reciclagens mútuas, trazendo resultados profícuos para todos.

Ruídos. Do ponto de vista da *Paraprofilaxia,* todo investimento é válido no sentido de minimizar os ruídos de comunicação e distorções dos fatos, capazes de desencadear conflitos e desentendimentos indesejáveis.

Procedimentos. Segundo a *Experimentologia,* acerta mais quem busca qualificar a comunicabilidade intra e interconsciencial, através de procedimentos iguais a estes 14, enumerados na ordem alfabética do assunto:

01. **Abertismo consciencial:** a busca pela condição de cidadania do Cosmos.

02. **Autenticidade:** a transparência total.

03. **Assistencialidade:** o esclarecimento providencial.

04. **Bioenergias:** o domínio energético razoável.

05. **Conhecimento:** a ampliação de horizontes.

06. **Clareza:** a limpidez na exposição dos argumentos.

07. **Exatidão:** a escolha da expressão ou palavra apropriada favorecendo o *vinco mnemônico* da informação.

09. **Extroversão:** a interação útil.

08. **Intencionalidade:** a intenção qualificada.

10. **Linearidade:** o raciocínio linear.

11. **Objetividade:** o discurso sem rodeios.

12. **Parapsiquismo:** o assistencial, cosmoético.

13. **Pensenidade:** o predomínio do *pen.*

14. **Poliglotismo:** a expansão da grupocarmalidade.

Desafio. Conforme a *Conscienciologia,* o desafio do conscienciólogo *autor-pesquisador-professor* é a aquisição e posterior disseminação de verdades relativas de ponta, sabendo conjugar o conteúdo da informação às necessidades e limites da plateia, sem cometer estupros evolutivos ou omissões deficitárias.

14. ARGUMENTAÇÃO

Definição. A *argumentação* é a apresentação verbal ou escrita de conjunto de ideias, alegações ou fatos capazes de levar à conclusão ou convencimento a respeito de assunto, sendo em essência, isenta perante a Cosmoética.

Etimologística. O vocábulo *argumentação* vem do idioma Latim, *argumentatio,* "raciocínio lógico, demonstração". Apareceu em 1537.

Sinonímia: 1. Encadeamento de argumentos; explanação; exposição de linha de raciocínio. 2. Discurso; dissertação. 3. Debate; discussão; intercâmbio de ideias.

Antonímia: 1. Incomunicabilidade; censura; silêncio. 2. Agressão; altercação; briga; duelo. 3. Burla; logro; mistificação.

Liberdade. A construção de Sociedade avançada exige liberdade de expressão de seus componentes, permitindo o livre trânsito de informações e intercâmbio de ideias, mesmo quando discordantes entre si.

Consenso. A soma das divergências e diferenças pessoais amplia a visão de conjunto dos envolvidos, facilitando a obtenção de consenso pluralista e universal, erradicando, simultaneamente, a intolerância, o preconceito e o dogmatismo das verdades absolutas.

Ciência. Inexiste Ciência sem refutação e discordância. A contestação ou oposição a determinados argumentos mantém o espírito crítico, evitando o dogmatismo, a crença cega, o radicalismo e consensos medíocres.

Inteligência. Do ponto de vista da *Conviviologia,* é bom lembrar: onde há demasiado acordo, não há inteligência. Onde há desacordo em excesso, tampouco (V. **Demo,** Pedro; ***Éticas Multiculturais: Sobre Convivência Humana Possível;*** Petrópolis, RJ; 2005; página 36).

Pensene. Pela *Pensenologia,* toda argumentação é pensênica, podendo estar os argumentos carregados em um dos três elementos constituintes do pensene: a ideia (pen), o sentimento (sen) e a energia (ene), ao modo destes 3 exemplos (V. **Almeida,** Roberto; & **Bueno,** Ruy; ***Apostila do Curso Formação de Autores – Módulo IV: Argumentação;*** Foz do Iguaçu; Julho de 2004; página 8):

1. **Argumentação Mentalsomática.** Argumentação com predomínio pensênico nas ideias, na lógica e racionalidade. Em tese, é a mais avançada, se conduzida a partir de interlocutores com razoável maturidade dos atributos mentaissomáticos. Exemplos: a defesa de tese; a explanação de uma teoria.

2. **Argumentação Psicossomática.** Argumentação com ênfase no *sen* dos pensenes, onde se exploram as emoções, a empatia, o *jogo de cena* e o histrionismo. Em geral, objetiva o convencimento e a adesão emocional, sem necessariamente esclarecer fatos e ideias. Exemplos: a argumentação publicitária; o discurso religioso.

3. **Argumentação Energossomática.** Argumentação com ênfase no *ene* dos pensenes, onde a imposição energética assume papel relevante no sucesso do empreendimento. Exemplos: o predomínio da força presencial nas argumentações; a sedução holochacral; a argumentação com apelo à força; o desassédio interconsciencial.

Verpons. Acerta mais o argumentador interessado em procurar a elucidação dos fatos e parafatos, na busca incessante por verdades relativas de ponta. A qualidade da intenção do(s) argumentador(es) qualifica e direciona sua linha de raciocínio.

Respeito. Conforme a *Conviviologia,* o argumentador cosmoético respeita a inteligência e os contra-argumentos do interlocutor, encarando-o enquanto parceiro na busca de consensos prioritários.

Fraternismo. Do ponto de vista da *Comunicologia,* é mais frutífero aplicar o potencial intelectivo em argumentações fraternas, sem almejar humilhar o interlocutor, a partir da esgrima de ideias.

Egolatria. Na *Egocarmalogia,* pouco vale a argumentação com o objetivo, explícito ou não, de defender a própria pessoa, o *status quo* e a autobiografia. A egolatria obscurece o juízo crítico e a racionalidade, impedindo o desenvolvimento de novos raciocínios e descobertas, sendo em essência, atitude antievolutiva.

Tendenciosidade. Também erra mais quem argumenta de modo tendencioso, segundo interesses íntimos. A defesa de crenças pessoais, consciente ou inconsciente, predispõe à distorção das informações recebidas, dificultando a percepção de fatos, informações ou casuísticas opostas às ideias defendidas.

Autocorrupção. Aí nascem as autocorrupções intelectuais capazes de impedir o desenvolvimento mentalsomático e a aquisição de ideias originais.

Ilogicidade. Há ainda quem articule os argumentos de modo ilógico, alterando o conteúdo da informação.

Falácias. Neste caso, é comum o uso de falácias, enunciados ou raciocínios inverídicos, capazes de produzir a ilusão da verdade, porém calcados em estrutura interna inconsistente, falsa e deliberadamente enganosa.

Paralogismo. As falácias ou sofismas distinguem-se da argumentação paralogística ao serem geradas propositadamente com o intuito de ludibriar, induzir o outro a erro ou convencer forçosamente. O paralogismo, por sua vez, apresenta incorreções lógicas e raciocínios inautênticos, criados, no entanto, de modo involuntário.

Tipos. Eis, a título de análise e estudo, 36 tipos de falácias, passíveis de serem encontradas nas argumentações ilógicas, enumeradas na ordem alfabética do tema (V. **Navega,** Sergio; ***Pensamento Crítico e Argumentação Sólida;*** São Paulo, SP; 2005; páginas 141 a 187):

01. **Falácia *ad hominem*:** falácia na qual se ataca o propositor do argumento e não o argumento em si. Tipos:

1.1. ***ad hominem* (abusivo):** em vez de atacar a proposição, ataca-se o propositor. Exemplo: "Ateísmo é uma filosofia malévola, praticada por assassinos".

1.2. ***ad hominem* (circunstancial):** atacam-se as circunstâncias em que a proposta foi proferida. Exemplo: "Naturalmente o ministro concorda com esta política fiscal; ele será beneficiado pela mesma".

1.3. ***ad hominem (tu quoque):*** quando se apela a erros pretéritos cometidos pelo oponente na discussão, para desconsiderar o argumento apresentado. Exemplo: "Como ousas me criticar se também cometes erros de Português?".

02. **Falácia da Anfibologia:** quando a construção da frase permite atribuir-lhe diferentes significados. Exemplo: "O Oráculo de Delfos disse a Croseus que se continuasse a guerra destruiria um reino poderoso..." (só não disse que era o seu próprio reino).

03. **Falácia da Composição:** quando o verdadeiro sobre as partes torna-se verdadeiro para o todo. Exemplo: "João é um camarada amável e Maria também. Eles formariam um casal alegre e simpático".

04. **Falácia da Correlação de Coincidência *(post hoc ergo propter hoc)*:** quando se assume que por um fato se seguir a outro, este é consequência do primeiro. Exemplo: "Tomei a vitamina tal e dois dias depois a minha gripe sumiu".

05. **Falácia da Ênfase:** quando se enfatiza determinado aspecto, direcionando o interlocutor a conclusões inadequadas. Exemplo: "Sempre vejo o professor, jamais com a sua mulher".

06. **Falácia da Equivocação:** quando se aplicam palavras e conceitos ambíguos para confundir o interlocutor. Exemplo: "Não vamos confundir propina com corrupção".

07. **Falácia da Esperança:** quando se assume o argumento como verdadeiro por ser positivo aos interlocutores. Exemplo: "Existe um parceiro perfeito a sua espera. Basta encontrá-lo".

08. **Falácia da Falsa Analogia:** quando se apropriam analogias equivocadas ou deslocadas. Exemplo: "O mundo é igual à casa. Toda casa tem um arquiteto. Logo, o mundo tem também um arquiteto: Deus".

09. **Falácia da Falsa Causa:** quando se assume, sem evidências ou demonstração científica, ser um fato ou fenômeno antecedente a outro, a causa do último. Exemplo: "Ele só poderia bater o carro. Esta manhã, ao sair, cruzou com gato preto". Esta falácia é largamente utilizada por charlatões, pastores e gurus místicos.

10. **Falácia da Generalização Precipitada:** quando se assume determinada crença a partir de limitada amostra de fatos. Exemplo: *"Acabo de sair de um táxi cujo motorista confessou não gostar de pardos. Provavelmente a classe taxista é racista"*.

11. **Falácia da História *Just So*:** inventa-se uma história para justificar o argumento. Exemplo: "Você apoia a pena de morte por sofrer de tanatofilia, típica situação de pessoas traumatizadas na infância".

12. **Falácia da Indução Preguiçosa:** a conclusão apropriada do argumento indutivo é negada apesar dos dados. Exemplo:

"Ele passou por 12 acidentes no último semestre; mas nega a sua responsabilidade nos fatos".

13. **Falácia da Linguagem Preconceituosa:** falácia onde termos emotivos são utilizados para acrescentar valores morais à crença na verdade da proposição. Exemplo: "Pessoas razoáveis concordarão com a nossa política fiscal".

14. **Falácia da Omissão de Provas:** quando dados importantes capazes de arruinar o argumento indutivo são excluídos da argumentação. Exemplo: "Muito provavelmente o nosso time ganha este jogo, pois assim ocorreu nos últimos 8 jogos"; omitindo o fato de que os últimos jogos foram com equipes do segundo escalão.

15. **Falácia da Questão Complexa ou Pergunta Capciosa:** quando a pergunta, independente da resposta, compromete o opositor. Exemplo: *"Já deixou de fazer vendas ilegais?"*

16. **Falácia da Redução ao Absurdo:** trata-se de raciocínio levado indevidamente ao extremo. Exemplo: "Se for permitido o aborto em casos de risco de vida para a mãe, logo irão aceitar o aborto por qualquer motivo; a taxa de natalidade vai cair trazendo prejuízos para a economia do país".

17. **Falácia da Supersimplificação:** "Ou você está totalmente certo ou eu estou totalmente errado".

18. **Falácia da Troca do Efeito pela Causa:** quando a relação entre causa e efeito é invertida. Exemplo: "A propagação da AIDS foi gerada em função da educação sexual".

19. **Falácia de Apelo à Autoridade *(ad verecundiam)*:** quando o argumento é suportado em declarações de autoridades e não em premissas válidas. Exemplo: "O famoso psicólogo João da Silva recomenda a compra do carro tal".

20. **Falácia de Apelo à Autoridade Anônima:** variável da falácia anterior, apelando-se para autoridade anônima. Exemplo:

"Os peritos afirmam ser a força bélica a melhor maneira de proteger a nação de ataques nucleares".

21. **Falácia de Apelo à Força (argumento *ad baculum*):** quando se busca o convencimento pela ameaça e apelo à força. Exemplo: "É melhor você admitir as diretrizes novas da empresa, se não quiser perder o emprego".

22. **Falácia de Apelo à Ignorância:** quando se conclui que algo é verdadeiro por não ter sido provado como falso e vice-versa. Exemplo: "Não há qualquer registro oficial de transmissão de AIDS em consultório dentário. Logo não existe perigo de contaminação nestas circunstâncias".

23. **Falácia de Apelo à Misericórdia:** uso de argumentos emocionais, buscando apelar para o emocionalismo e a compaixão do interlocutor. Exemplo: "Esperamos que aceitem nossas recomendações. Trabalhamos exaustivamente neste relatório nos últimos meses".

24. **Falácia de Apelo à Tradição:** quando se apela à tradição e aos usos e costumes transmitidos de geração em geração. Exemplo: "A Astrologia é uma arte adivinhatória praticada há milhares de anos no Oriente. Até os imperadores chineses recorriam aos astros para guiarem seus passos no governo. Com esse currículo respeitável, é inadmissível que ainda não a considerem uma Ciência."

25. **Falácia de Apelo ao Novo:** quando se aceita a ideia, lei, política, explicação ou alternativa somente por ser nova. Exemplos: placa na frente do restaurante – "Sob nova direção"; "A performance do time vai melhorar em função do novo técnico".

26. **Falácia de Apelo ao Público:** justifica-se o argumento em função de sua popularidade. Exemplo: "Vinte milhões de pessoas já compraram o produto tal. Talvez eles saibam algo que você desconhece".

27. **Falácia de Apelo ao Ridículo:** consiste no uso de passagens jocosas na intenção de acobertar a incapacidade de se sustentar o argumento apropriadamente. Exemplo: candidato político explicando a proposta de governo com Congresso de maioria oposicionista: "Se eu for eleito, pelo menos metade do Congresso vai morrer do coração. Então meus problemas estarão resolvidos".

28. **Falácia de Apelo às Consequências:** quando o argumentador, para provar a falsidade de determinada crença, aponta consequências desagradáveis da assunção da mesma. Exemplo: "Não podemos aceitar a Teoria da Evolução, porque se ela fosse verdadeira, não seríamos muito diferentes dos macacos".

29. **Falácia de Relevância:** apresentam-se evidências impróprias para sustentar conclusões baseadas em interesses próprios. Exemplo: "Os testes psicotécnicos são muito válidos, pois geram emprego aos psicólogos recém-formados".

30. **Falácia do Argumento Circular *(petitio principii):*** quando se usa a conclusão almejada como componente das premissas. Exemplo: "Por que a Bíblia é a palavra de Deus? Ora, porque foi inspirada pelo Criador".

31. **Falácia do Declive Escorregadio:** quando se extraem consequências irreversíveis e incontroláveis de proposições indesejáveis. Exemplo: "Sou contra a eutanásia, pois se aprovarmos tal medida, nada nos deterá na trajetória para o assassinato e até mesmo o genocídio generalizado".

32. **Falácia do Equívoco:** quando se usam palavras de duplo significado, confundindo o interlocutor. Exemplo: "Esse prisioneiro não agiu contra a lei. Afinal, prisioneiro não tem liberdade. Alguém sem liberdade está impedido de agir...".

33. **Falácia do Espantalho:** quando, ao invés do argumentador atacar o melhor argumento do opositor, escolhe outro mais fraco e/ou tendenciosamente interpretado. Exemplo: "De-

vemos manter o recrutamento obrigatório. As pessoas evitam o serviço militar porque não lhes convém. Mas devem reconhecer que há questões mais relevantes à conveniência".

34. **Falácia do Falso Dilema:** falácia onde se dá limitado número de opções, quando na verdade há mais. Usa de modo ilegítimo o operador. Exemplo: "Estás por mim ou contra mim".

35. **Falácia *Non Sequitur:*** quando não há conexão lógica entre as premissas e a conclusão. Exemplo: "Nosso país irá prosperar, porque Deus é brasileiro".

36. **Falácia *Red Herring:*** quando se introduz nos debates pontos irrelevantes para desviar o assunto. Exemplo: "A discussão da proibição de fumantes em ambientes fechados não é oportuna. Todos nós desejamos melhorar a qualidade do ar que respiramos, porém não é justo que se faça isso com fumantes se há fatos mais graves a atacar. Melhor seria se concentrássemos nossos esforços no combate à poluição automobilística".

Benefícios. Em tese, o exercício lúcido e cosmoético da argumentação desenvolve múltiplos atributos conscienciais, acarretando benefícios aos envolvidos, ao modo destes 10, enumerados em ordem alfabética:

01. **Cosmovisão.** Ampliação do universo do tema pesquisado a partir da análise de argumentos e contra-argumentos técnicos.

02. **Criticidade.** Desenvolvimento da auto e heterocriticidade cosmoética.

03. **Desassédio.** Otimização do desassédio mentalsomático dos envolvidos a partir de refutações lógicas e exposição de neopensenes desencadeadores de neossinapses.

04. **Deslavagem cerebral.** Desconstrução de redes de raciocínio anacrônicas e patológicas.

05. **Esclarecimento.** Promoção da tarefa do esclarecimento através do livre intercâmbio de ideias e exposição coerente de ideias libertárias.

06. **Expansão da consciência.** Facilitação da expansão da consciência em função da argumentação de ideias avançadas.

07. **Laringochacra.** Desbloqueio e expansão do laringochacra, a partir dos debates necessários.

08. **Posicionamento.** Exercício do posicionamento pessoal perante conscins e consciexes.

09. **Racionalidade.** Incremento da racionalidade através do treino da refutação lógica.

10. **Verpons.** Aquisição de verdades relativas de ponta a partir da *fricção de cérebros* e *paracérebros.*

NO UNIVERSO DA ARGUMENTAÇÃO ÉTICA, ABERTA E DEMOCRÁTICA, OS CONSENSOS VÃO SENDO CONSTRUÍDOS A PARTIR DAS DIVERGÊNCIAS IDEATIVAS INEVITÁVEIS.

15. Binômio Conteúdo-Forma

Definição. O *binômio conteúdo-forma (confor)* é a interação inteligente entre o conteúdo (ideia, essência) e a forma (apresentação, linguagem) nos processos da comunicação interconsciencial (**Vieira,** Waldo; ***200 Teáticas da Conscienciologia;*** Rio de Janeiro, RJ; 1997; página 70).

Etimologística. O termo *binômio* deriva do idioma Latim, *binomius,* composto por *bis,* "dois", e *nómen,* "nome, termo". Surgiu no Século XIX. O vocábulo *conteúdo* vem também do idioma Latim, *contenutus,* de *continere,* "manter unido, atado; manter no mesmo estado, conservar; reter; encerrar em si, conter". Apareceu no Século XIII. A palavra *forma* procede do mesmo idioma Latim, *forma,* "aparência; semelhança; maneira, aspecto, imagem; molde, caixilho, moldura". Surgiu também no Século XIII.

Sinonímia: 1. Estudo do *confor.*

Antonímia: 1. Anticonfor. 2. Estudo do conteúdo isolado. 3. Estudo da forma isolada.

Comunicologia. No universo da *Comunicologia,* a conjugação adequada entre conteúdo e forma é condição *sine qua non* para o êxito nos processos comunicacionais.

Forma. De acordo com a *Experimentologia,* a forma, quando usada com técnica e discernimento, é capaz de exaltar o conteúdo da mensagem e sua retenção mnemônica, transmitindo a informação por *inteiro*, de modo preciso e objetivo.

Manipulação. Por outro lado, o uso indevido de palavras e expressões pode anular o efeito comunicacional almejado, gerando a anti-informação, a desinformação, a semi-informação e a subinformação. Aqui podem nascer as manipulações conscienciais geradas pela articulação inadequada da forma.

Ideal. Consoante a *Mentalsomática,* a forma *ideal* minimiza os ruídos nos processos comunicativos, *falando* diretamente aos *mentaissomas* dos envolvidos.

Conteúdo. Do conteúdo se extrai a essência ou ideia central da comunicação (mensagem), inclusive a ideia original e a verdade relativa de ponta capaz de promover o esclarecimento e o desassédio mentalsomático dos envolvidos.

Falsidades. No entanto, existem falsos conteúdos, factoides, erros de abordagem, teorias sem fundamentação e delírios intelectuais capazes de confundir e obscurecer o universo cognitivo dos receptores, ao invés de esclarecer. Daqui podem surgir as manipulações conscienciais geradas pela articulação de falsos conceitos ou constructos (conteúdo).

Erro. No *binômio conteúdo-forma,* acerta mais quem não sacrifica a profundidade, a exatidão e a abrangência do conteúdo (essência) em favor de elegante equilíbrio de frases.

SABER OPTAR ENTRE O LÚDICO JOGO DE PALAVRAS (FORMA) E O ATACADISMO DA IDEIA ÚTIL (CONTEÚDO) É QUESTÃO DE PRIORIZAÇÃO E RACIONALIDADE.

Escrita. Segundo a *Comunicologia,* a escrita é a alternativa mais eficaz na propagação de ideias e acúmulo de conhecimento, quando conjuga o conteúdo útil à forma adequada.

Palavras. As palavras se perdem ao vento.

Artes. As artes plásticas, as artes cênicas e outras expressões de cunho emocional são superficiais perante a mentalsomática do texto denso e esclarecedor.

Literatura. Os textos literários, a prosa e a poesia primam pela forma, mas raramente acrescentam informações rentáveis e prioritárias ao contexto evolutivo.

Gestação. A gestação consciencial da redação científica, com ideias úteis e esclarecedoras sobre o universo consciencial, é a opção inteligente para o autor neofílico, motivado a enfrentar o desassédio mentalsomático direcionado à tarefa do esclarecimento (V. **Coelho,** Marcelo; ***Por que Escrevo: O Impulso da Comunicação Solitária;*** *Folha de S. Paulo;* São Paulo, SP; 05.05.98; página 5).

Conscienciometria. O texto expressa a personalidade do autor, revelando seu perfil conscienciométrico naquele momento evolutivo, tal qual *striptease* consciencial público.

Autocorrupção. A fuga à autoexposição e a heterocríticas inevitáveis leva conscins a se esquivarem das gestações conscienciais escritas, gerando ectopias e consequente incompletismo existencial. *Há quem prefira a defesa da autoimagem às possíveis reciclagens intraconscienciais desencadeadas pelas heterocríticas.*

Interprisões. No entanto, muitos autores maculam a ficha holobiográfica e aumentam as interprisões grupocármicas a partir de obras de cunho patológico e anticosmoético, perpetuando através da escrita e por inúmeras gerações, o pior e o menos prioritário.

Assinatura. Acerta mais quem busca escrever com ponderação, racionalidade, exatidão e discernimento máximo possível, dentro do seu momento evolutivo, evitando futuros arrependimentos. A escrita materializa por séculos, ou mesmo milênios, a assinatura pensênica do autor.

16. Persuasão

Definição. A *persuasão* é o ato ou efeito de influenciar pessoas, a partir de estratégias específicas, levando-as ao convencimento, crença, adesão ou mudança de atitude em conformidade com os desejos, convicções e interesses do persuasor.

Etimologística. O termo *persuasão* vem do idioma Latim, *persuasio,* de *persuadere,* "levar a crer ou aceitar; induzir, convencer". Surgiu no Século XV.

Sinonímia: 1. Aconselhamento; indução; inspiração. 2. Convencimento. 3. Aliciamento; inculcação; sugestionamento. 4. Arrebatamento; encantamento; fascinação.

Antonímia: 1. Argumentação lógica; argumentação fatuística; demonstração. 2. Esclarecimento; explicitação. 3. Dissuasão.

Fundamentação. As estratégias persuasivas tendem a fundamentar-se no apelo às emoções, necessidades e desejos dos interlocutores, agindo basicamente sobre 2 objetivos conscienciais notadamente psicossomáticos:

1. **Prazer:** a busca pelo prazer e bem-estar, podendo ser traduzida na forma de *poder-posição-prestígio* (3 pês), comodismo (lei do menor esforço), aventura (adrenalina), conveniência de todos os tipos, ou qualquer outra manifestação própria do subcérebro abdominal.

2. **Medo:** a fuga da dor e do sofrimento, também traduzida de maneiras distintas, igual ao medo da8 morte, medo da perda do *poder-posição-prestígio,* medo de rejeição, entre outros.

Convencimento. Uma vez identificadas as peculiaridades de tais objetivos, cabe ao persuasor oferecer os meios de alcançá-los, convencendo o interlocutor de que ele, persuasor, tem a alternativa apropriada.

Discurso. O discurso persuasivo apresenta estratégias específicas capazes de otimizar o poder de influência, iguais a estas 6, enumeradas na ordem alfabética do tema:

1. **Associação.** Associa pessoas, produtos e ideias a palavras ou contextos de apelo afetivo positivo ou negativo, conforme o interesse da ocasião, tais como *liberdade, justiça, pátria*, ou *guerra, inimigo, imoralidade,* respectivamente. Estas associações desencadeiam reflexos automáticos nos ouvintes, capaz de levá-los a aceitar ou rejeitar prontamente os argumentos propostos, sem criticidade (V. **Breton,** Philippe; ***A Manipulação da Palavra;*** São Paulo, SP; 1999; página 96).

2. **Demagogia.** Usa a sedução demagógica, onde o orador finge partilhar das opiniões e necessidades do público, a fim de atrair as boas graças para a sua pessoa (V. **Sampaio,** Arlete; ***Demagogia da Fome;*** *Folha de S. Paulo*; São Paulo, SP; 01.05.98; página 3). Tal recurso é largamente utilizado nos discursos políticos populistas.

3. **Emoção.** Abusa de palavras dramáticas, de forte cunho emocional.

4. **Estilo.** Prioriza a forma em detrimento do conteúdo veiculado.

5. **Estímulo.** Incita a pessoa à ação, mantendo a excitação e o entusiasmo sobre ideia ou projeto.

6. **Impositivo.** É afirmativo, ditando regras e criando regulamentos.

O DISCURSO APAIXONADO REFORÇA OPINIÕES E CRENÇAS PRECONCEBIDAS, EXIMINDO-SE DE CONTRIBUIR COM REFLEXÕES E ESCLARECIMENTOS OPORTUNOS.

Cursos. Nas Sociedades de capitalismo selvagem, onde se exalta a competitividade excessiva, é comum encontrar cursos e livros ensinando profissionais de áreas distintas a ser um *irresistível* persuasor.

Profissional. Nestes ambientes, *profissional vencedor* é sinônimo de *profissional persuasor,* capaz de *vencer* as resistências dos *supostos* adversários.

Apelos. Os apelos, do tipo, "como adaptar palavras para influenciar as decisões dos outros"; "aprenda 15 técnicas de persuasão convincente", são facilmente encontrados nas capas de livros e apelos publicitários de cursos deste padrão.

Intenção. Querer convencer forçosamente os demais denota intencionalidade patológica, contrária aos princípios da convivialidade mais avançada.

Antidireito. O persuasor convicto desconsidera o direito e a liberdade de cada um pensar por si, segundo os paradigmas pessoais.

Questionamento. A comunicação ética informa sem restringir a possibilidade de refutação dos interlocutores, e abre espaço para debates e possibilidade de múltiplos questionamentos.

Antidemocrático. Quando a comunicação perde o caráter democrático, torna-se *via de mão única,* própria dos discursos de persuasão autoritária.

Fatuística. Segundo a *Comunicologia,* acerta mais quem busca a *persuasão* ética e esclarecedora, sem qualquer intenção de convencimento, através da argumentação fundamentada nos fatos e parafatos, quando analisados de modo lógico e discernido.

17. Eloquência

Definição. A *eloquência* é a capacidade de falar e exprimir-se com desenvoltura, podendo comover, deleitar, persuadir e convencer o interlocutor, através de jogo de palavras e artifícios cênicos.

Etimologística. O termo *eloquência* deriva do idioma Latim, *eloquentia,* "facilidade de expressão; talento de orador; eloquência". Surgiu no Século XV.

Sinonímia: 1. Arte de bem falar. 2. Facúndia; magniloquência. 3. Palavrório; verborreia; tagarelice.

Antonímia: 1. Inexpressividade. 2. Brevidade; concisão; laconismo.

Maturidade. Mediante a *Holomaturologia,* o orador lúcido apresenta maturidade consciencial no uso dos recursos do próprio laringochacra.

Informação. No entanto, há quem saiba expressar-se bem, manipulando a voz, as palavras e os gestos com destreza, dando-lhes força e graça, sem, contudo, acrescentar única informação profícua.

Reflexão. Saber falar com fluidez é aptidão inerente do bom orador, sendo recurso inestimável à boa comunicação. Saber *o que* e *quando* falar de modo produtivo e cosmoético, é habilidade de poucos, exigindo reflexão, discernimento e boa intenção.

Anticosmoética. No estudo da *Cosmoética,* há oradores capazes de aplicar a facilidade discursiva para persuadir, deleitando, movendo e subjugando multidões incautas.

Revoluções. A eloquência persuasiva é capaz de provocar abalos emocionais, despertando as energias latentes da multidão.

Grandes revoluções da História Humana se valeram de oradores entusiasmados, aptos a inflamar multidões e levá-las à ação de modo passional e irrefletido.

Sofistas. Na Grécia antiga, os sofistas tornaram-se célebres na arte da retórica e da eloquência antiética, ensinando aos cidadãos meios de persuadir através da manipulação verbal. Não se interessavam em alcançar a *verdade,* mas sim em defender argumentos convenientes, mesmo quando especiosos ou logicamente inconsistentes.

Esclarecimento. Do ponto de vista da *Assistenciologia,* a expressividade oral e escrita auxilia a tarefa do esclarecimento, facilitando a desconstrução de conceitos enraizados e anacrônicos, a partir do impacto de neoideias e constructos.

Verpon. Segundo a *Conformática,* o esclarecimento se dá prioritariamente pelo conteúdo libertário da verdade relativa de ponta exposta, capaz de *quebrar* os fluxos pensênicos viciados e produzir neossinapses.

Palavras. Sob a ótica da *Comunicologia,* quantidade nem sempre significa qualidade. Milhares de palavras podem não expressar a informação relevante contida em um único vocábulo proferido de modo apropriado, no momento oportuno.

Verborragia. Na *Parapatologia,* a verborragia, fluência impetuosa de palavras sem conteúdo ou importância, demonstra impulsividade e irreflexão, capaz de levar a conscin a se perder no automatismo do próprio laringochacra (V. **Achcar,** Tatiana; ***Falar Demais aborrece e afasta os Ouvintes;*** *Folha de S. Paulo*; São Paulo, SP; 18.02.03; páginas 4 e 5).

Mentalsomática. Considerando a *Mentalsomática,* o pensamento retilíneo expressa-se no uso conciso e adequado dos vocábulos. O pensamento confuso e prolixo caracteriza-se pelo emaranhado das palavras excessivas, redundantes e difusas.

Efeitos. A verborragia afeta e compromete o desenvolvimento de 7 condições ou atributos conscienciais, listados em ordem alfabética:

1. **Aquisição de novas ideias.**
2. **Associação de ideias.**
3. **Atenção e concentração.**
4. **Desenvolvimento das parapercepções.**
5. **Elaboração de raciocínios profundos e complexos.**
6. **Juízo crítico.**
7. **Ponderação; reflexão.**

EIS REGRA A SER OBSERVADA:
O MENTALSOMA REGRIDE
NA MESMA PROPORÇÃO EM QUE
O LARINGOCHACRA AVANÇA EM DEMASIA.

Oportunismo. Há consciexes aptas a tirar partido dos laringochacras de conscins irrefletidas e impulsivas, manipulando suas falas de modo a contaminar os ambientes e relacionamentos à volta.

Fofoca. É o caso daquela conscin com tendência à fofoca, capaz de tecer comentários levianos e disseminar boatos.

Espontaneidade. É também a situação da conscin espontânea e imprudente, falando o que lhe vem à cabeça, sem ponderar as circunstâncias e resultados dos próprios atos.

Autopesquisa. No universo da *Conscienciometria,* eis 9 reflexões oportunas quanto à autoprofilaxia da impulsividade laringochacral:

1. Penso antes de falar?

2. Penso somente quando estou falando?

3. Penso somente depois de ter falado?

4. Qual é a qualidade da intenção de meus discursos: a autopromoção (vaidade), a dominação ou o esclarecimento? Qual a utilidade das ideias que transmito?

5. Sou sempre o último a falar (última palavra, *veredicto*)?

6. Sei calar quando necessário?

7. Costumo interromper a fala do outro?

8. Sou *porta-voz* de amparador extrafísico?

9. Sou um bom ouvinte?

Experimento. Nas pesquisas da *Experimentologia,* é bom lembrar: um único experimento, se vivenciado de modo lúcido e autocrítico, vale mais que 1.000 palavras teorizadas. A teática chancela a autenticidade do comunicador, aumentando seu poder comunicacional.

Silêncio. Segundo a antiga sabedoria, a palavra só deve ser proferida para qualificar o silêncio. *O verdadeiro sábio se cala quando não tem nada útil a dizer.*

Ferramenta. O silêncio é importante ferramenta comunicacional, podendo expressar melhor e de modo mais profundo o que milhares de vocábulos não conseguiriam (V. **Stettner,** Morey; ***O Poderoso Som do Silêncio;*** *Revista Nova*; São Paulo, SP; Outubro de 1995; páginas 108 e 109).

Mensagem. Eis 10 mensagens silenciosas decorrentes do discurso não proferido ou da página deixada em branco, listadas em ordem alfabética:

01. **Aprovação; reprovação.**
02. **Ausência de conhecimento.**
03. **Censura.**
04. **Descaso.**
05. **Esquecimento.**
06. **Indignação; revolta.**
07. **Insegurança.**
08. **Omissões (deficitária; superavitária).**
09. **Preocupação.**
10. **Reflexão.**

Ansiedade. O silêncio age de modo impiedoso nas emoções e pensamentos de pessoas inseguras e ansiosas, acostumadas a usar as palavras enquanto *válvula de escape* ou alívio, criando constrangimento e mal-estar entre os interlocutores.

Oportunismo. Há quem saiba aproveitar-se desta situação, falando o mínimo possível de modo a incitar o outro a falar mais que o necessário.

Parapsiquismo. Através da *Parapercepciologia,* saber calar-se pacificamente, no momento adequado, é postura inteligente, facilitando a expansão das parapercepções e o descortino das faculdades parapsíquicas.

18. Sensacionalismo

Definição. O *sensacionalismo* é o ato ou efeito da exploração e exacerbação de assuntos impactantes, sem aplicabilidade prática relevante à evolução consciencial.

Etimologística. O termo *sensacionalismo* vem do idioma Francês, *sensationalisme,* "sensacionalismo". Surgiu no Século XX.

Sinonímia: 1. Culto à cultura inútil. 2. Culto ao grotesco. 3. Apologias anticosmoéticas.

Antonímia: 1. Culto à cultura útil. 2. Entretenimento sadio; higiene consciencial. 3. Conhecimento pró-evolução.

Útil. A cultura útil é a soma de patrimônios pessoais e coletivos, cujo conteúdo é considerado prioritário, por auxiliar a qualificação consciencial e a concretização de metas evolutivas afins à programação existencial.

Inútil. Antípoda a esta condição, encontram-se a cultura inútil e o sensacionalismo midiático, não raro presentes em programas de apelo popular, cujo conteúdo encontra-se abaixo do senso comum e bom-tom aceitáveis.

Mercadoria. No mercado sensacionalista, a desgraça, a tragédia e, sobretudo, a dor e o sofrimento humano, transformam-se em mercadorias de consumo, criando espetáculo grotesco de culto às patologias e adversidades humanas.

Confor. A forma e o conteúdo dos programas sensacionalistas são manipulados de modo a exacerbar o fato insólito, com detalhamento excessivo das singularidades da tragédia, aproximando-se da narrativa literária dos romances de folhetim ou do melodrama das telenovelas, contudo, a partir de personagens retirados da vida real.

Subumanidade. Segundo a *Parapatologia,* o sensacionalismo sobrevive através da exploração dos traços subumanos da personalidade humana, instigando reações primitivas e as facetas obscuras da realidade consciencial do público incauto.

Holopensene. Consoante a *Pensenologia,* o sensacionalismo contribui com a manutenção de holopensene patológico, perpetuando o elo entre conscins e consciexes enfermas, próprias da baratrosfera.

OS SENSACIONALISTAS SÃO EXPERTS NA PRODUÇÃO DE LIXO PENSÊNICO, INTOXICANDO OS MENTAISSOMAS DO PÚBLICO DESAVISADO.

Questionamento. Se para a consciência razoavelmente lúcida já é difícil distinguir o prioritário das inutilidades da vida humana, o que esperar de consciências imaturas, facilmente manipuláveis? Eis reflexão oportuna aos profissionais responsáveis pelos espetáculos de entretenimento sensacionalistas da Sociedade intrafísica.

Resultados. Perante a *Proexologia,* os resultados do culto às inutilidades e ao divertimento nocivo são sempre negativos: desperdício de tempo e energias, além da propagação da robotização e alienação consciencial de todos os envolvidos.

Autodiscernimento. Tais fatos nos levam a refletir sobre a necessidade do autodiscernimento na escolha dos programas de entretenimento a serem apreciados, sempre mais profícua se primar pela informação enriquecedora e cultura útil.

Higiene. Na vida humana, o entretenimento e a diversão são indispensáveis, sendo inclusive recursos úteis à manutenção da higiene consciencial, quando aplicados de modo sadio.

Saúde. Do ponto de vista da *Homeostática,* lazer sadio é saber empregar o tempo, energias e dinheiro pessoal visando a homeostase holossomática.

Trinômio. Na *Intrafisicologia,* existe também a possibilidade da vivência prazerosa do *trinômio motivação-trabalho-lazer,* transformando a produtividade pessoal em fonte de entretenimento, higiene consciencial e automotivação contínua.

19. Censura

Definição. A *censura* é o controle, restrição ou supressão da liberdade de expressão, pela intervenção do Estado ou grupos de poder, limitando e impedindo a divulgação de informações, ideias, opiniões e produções artísticas.

Etimologística. O termo *censura* vem do idioma Latim, *censura,* "censura; ofício do censor", de *censere,* "pesar, avaliar, julgar". Apareceu no Século XV.

Sinonímia: 1. Crítica; opinião desfavorável. 2. Boicote; proibição; veto. 3. Acobertamento; ocultação. 4. Exprobação; reprimenda; reprovação.

Antonímia: 1. Aquiescência; aprovação; consentimento; permissão. 2. *Glasnost;* transparência. 3. Liberdade de expressão.

Tipos. Pela *Experimentologia,* a censura apresenta-se genericamente sob 2 tipos:

1. **Explícita:** a censura prevista em Lei.

2. **Implícita:** a censura subentendida, sob a forma de intimidações governamentais ou sociais (patrulhamento ideológico), quando se receia expressar a opinião própria por medo de represálias pessoais, profissionais ou o ostracismo.

Objetivo. O propósito da censura é manter o *status quo* de determinados grupos, eliminando as possibilidades de debate, crítica e oposição à ideologia vigente.

Informação. Conforme a *Comunicologia,* a ferramenta básica de qualquer órgão censório é o controle e a proibição das informações e opiniões consideradas inconvenientes do ponto de vista ideológico, político, social ou religioso.

Autocracia. No universo da *Politicologia,* a censura se faz mais presente nos regimes autocráticos, quando o controle da informação se estabelece basicamente de dois modos:

1. **Vigilância.** A coleta de informações sobre a Sociedade em geral, a partir do trabalho de órgãos do aparato repressivo, de modo a permitir vigilância cerrada sobre todos os setores da sociedade.

2. **Veiculação.** O controle da informação veiculada pelos meios de comunicação de massa, a fim de preservar a imagem do regime vigente (V. **Veja;** Redação; ***Chávez quer Censura;*** São Paulo, SP; 20.10.04, página 120).

Imprensa. Historicamente, a imprensa tem sido o principal alvo da censura política, sofrendo reprimendas, sanções e até atentados à vida dos profissionais atuantes.

Números. Segundo levantamento da ONG *Repórteres sem Fronteiras* (RSF), instituição empenhada na manutenção do direito à liberdade de imprensa, o ano de 2006 contabilizou os seguintes totais de atrocidades aos profissionais do jornalismo:

1. **Censura:** 912 meios de comunicação censurados.

2. **Violência:** pelo menos 1472 jornalistas agredidos ou ameaçados.

Países. De acordo ainda com pesquisas realizadas pela mesma instituição, eis os 5 países com menor liberdade de imprensa, enumerados na ordem decrescente do tema (Ano-base: 2006):

1. **Coreia do Norte.**
2. **Turquemenistão.**
3. **Eritreia.**
4. **Cuba.**
5. **Birmânia.**

Brasil. No Brasil, a censura política na imprensa alcançou o seu auge no período de 1968 a 1978, época do regime militar, sob a forma de bilhetinhos apócrifos, ordens telefônicas às redações e presença usual de censores em órgãos da grande imprensa (V. **Aquino,** Maria Aparecida; ***Censura, Imprensa, Estado Autoritário (1968-1978);*** EDUSC; Bauru, SP; 1999).

Doutrina. Toda notícia considerada subversiva e contrária à *Doutrina da Segurança Nacional* e ao modelo de desenvolvimento brasileiro sofreu cortes ou eliminação completa.

Temáticas. Nos grandes jornais naquela fase, entre as temáticas prioritariamente censuradas, destacam-se, em ordem decrescente, as questões de cunho político, social e econômico.

Abertismo. Apesar dos exemplos expostos, vivemos no Século XXI época ímpar de abertismo consciencial e liberdade de expressão, ainda que de modo esboçante nas Sociedades retrógradas.

Ambiente. De modo geral, em ambientes democráticos, os censores já não encontram facilmente clima propício às perseguições de toda espécie.

Liberdade. O esforço pela preservação da liberdade de expressão já se faz ouvir nos quatro cantos do mundo, e notadamente através do trabalho de instituições internacionais sem fins de lucro, empenhadas na defesa da comunicação aberta, igual aos *Repórteres sem Fronteiras* (RSF) e a *Eletronic Frontier Foundation* (EFF) (www.eff.org).

Internet. A Internet e outras tecnologias da comunicação vêm permitindo maior liberdade de comunicação, democratizando o acesso às informações, independente das fronteiras geográficas e interesses de determinados grupos (V. **Schafer,** Sarah; ***Blogger Nation (A Proliferation of Voices is Slowly dismantling the Status Quo in China);*** Newsweek; New York, EUA; 27.02.06; páginas 16 a 20).

Desculpas. Neste sentido, já não há desculpas para se evitar o posicionamento franco e a disseminação de ideias libertárias, sem inculcação ou doutrinações.

QUEM SE ESQUIVA DA PRODUÇÃO DE GESTAÇÕES CONSCIENCIAIS LIBERTÁRIAS ERRA POR BOICOTAR O ESCLARECIMENTO QUE LHE CABE FAZER.

20. Autoridade

Definição. A *autoridade* é o direito por força das leis, tradições, competência ou ascendência evolutiva da conscin decidir, atuar, fazer-se obedecer e influenciar demais consciências, sendo, em tese, neutra perante a Cosmoética e a Evolução.

Etimologística. O termo *autoridade* deriva do idioma Latim, *auctoritas*, "cumprimento; execução; conselho; parecer; testemunho; atestação; nome importante; autoridade". Surgiu em 1262.

Sinonímia: 1. Direito de mandar. 2. Ascendência; superioridade. 3. Poder; prestígio; *status*.

Antonímia: 1. Obediência. 2. Submissão; subordinação. 3. Dependência; necessidade de proteção.

Excessos. A autoridade é tema relevante no estudo de manipulações conscienciais, sendo o manipulador anticosmoético a consciência capaz de usar o poder e a autoridade de modo excessivo e ectópico, a fim de controlar consciências.

Sociologia. Segundo Max Weber, a autoridade compreende tipo particular de poder, legitimado e justificado por todos os envolvidos, estando dividida em 3 tipos (V. **Bobbio,** Norberto; **Manteucci,** Nicola; & **Pasquino,** Gianfranco; ***Dicionário de Política;*** Brasília, DF; 1999; página 90):

1. **Autoridade tradicional:** o sobrenome familiar; a idade; o sexo; os costumes e convenções sociais.

2. **Autoridade racional-legal-profissional:** as leis; as habilidades e competências; o profissionalismo.

3. **Autoridade carismática:** o líder carismático; o guru; a deidade.

Coexistência. A partir da *Experimentologia,* estas divisões são didáticas e flexíveis, podendo mais de um tipo coexistir na prática, conforme o contexto social.

Carismática. A autoridade carismática está assentada em bases afetivas e emocionais, consolidando-se muito mais pela devoção e confiança dos liderados, do que propriamente por motivos lógicos e racionais, ou ficha evolutiva do líder.

Assimetria. As lideranças carismáticas estabelecem relação de poder assimétrica entre *guia inspirado* e seguidores, que reconhecem nele e em sua mensagem a promessa e a realização antecipada de nova ordem.

Surgimento. Logo, tais lideranças tendem a surgir em momentos sociais conflituosos, ou onde impera a desesperança e o desejo de mudanças profundas e urgentes.

Influência. Nas lideranças carismáticas, o líder é figura central das relações de poder, sendo capaz de influenciar multidões a partir da força presencial, magnetismo e eloquência.

Cosmoética. Conforme a *Conscienciometria,* importa ressaltar que o carisma é atributo consciencial neutro, podendo estar presente nos traços de personalidade tanto de consciências maduras no exercício da autoridade pessoal, quanto em consciências imaturas.

Maturidade. No primeiro caso, a consciência carismática positiva *seduz* cosmoeticamente através de ECs acolhedoras, hígidas e assistenciais, em prol da evolução do maior número de consciências, respeitando o livre-arbítrio de todos.

Rapport. Nestes contextos, o carisma facilita as interações assistenciais, predispondo o *rapport* entre o assistente e o assistido.

Anticosmoeticidade. Já no caso de consciências imaturas, com intencionalidade deslocada, o carisma pode potencializar ações doentias, transformando a conscin em líder anticosmoético.

Manipulação. Nas pesquisas da *Para-história,* tal realidade é comprovada pela ocorrência de líderes carismáticos amorais ao longo da História da Humanidade, capazes de manipular milhares de consciências, mantendo, no entanto, aura santificada perante a população.

Politicologia. No universo da *Politicologia,* a liderança carismática é mais facilmente encontrada nos regimes autoritários, ditatoriais e teocráticos, onde se faz necessária a presença de líder forte e centralizador.

Instrumentos. Neste contexto é comum o uso dos artifícios da propaganda ideológica e das relações públicas capazes de criar e ampliar a força carismática do líder, de modo a legitimar sua autoridade.

Religiões. No mundo das religiões e do misticismo, os líderes carismáticos costumam ser os fundadores de novas religiões ou seitas, sendo reconhecidos pelos seguidores como gurus ou deidades.

Exemplos. Eis, a título de exemplos, 3 líderes carismáticos no campo religioso, enumerados na ordem alfabética do tema:

1. **Jesus de Nazaré** (8-4 a.e.c.–29-36 d.e.c.): fundador da Religião Cristã.

2. **Rajneesh Chandra Mohan Jain** (1931–1990): também conhecido como *Bhagwan Shree Rajneesh* ou *Osho,* líder do movimento espiritual Osho-Rajneesh.

3. **Siddhartha Gautama** (623–543 a.e.c.): também denominado Buda, é figura central do Budismo.

Revolucionários. Geralmente são os líderes carismáticos os maiores protagonistas de movimentos revolucionários, movendo multidões a favor de novas ideologias, quer seja no campo político, social ou religioso.

Exemplos. Eis, a título de exemplos, 3 líderes revolucionários enumerados na ordem alfabética do tema:

1. **Ernesto Guevara de la Serna** (**Che Guevara** ou **El Che; 1928 – 1967):** guerrilheiro revolucionário e homem político; apoiou Fidel Castro (1926–) na tomada do poder em Cuba e na instalação de governo comunista.

2. **Martin Luther King** (1929–1968)**:** pastor evangélico e ativista político estadunidense; trabalhou a favor do movimento negro nos Estados Unidos e no mundo, através de campanha de não-violência e de amor para com o próximo. Recebeu o Prêmio Nobel da Paz em 1964.

3. **Mohandas Karamchand Gandhi** (ou **Mahatma Gandhi; 1869–1948):** líder revolucionário pacifista; lutou pela independência da Índia do Império Britânico.

Autoritarismo. No estudo do exercício e efeitos da autoridade pessoal, importa analisarmos a condição da consciência autoritária, capaz de aplicar a autoridade pessoal de modo arbitrário e totalitarista, *de cima para baixo,* onde prevalecem os caprichos e anseios pessoais.

Manipulação. A imaturidade pode levar tais indivíduos a manipular a insegurança e a angústia de conscins incautas, a fim de fundamentar a onipotência pessoal.

Características. Eis, para análise e estudo, por exemplo, 3 possíveis agentes catalisadores do autoritarismo consciencial:

1. **Antiempatia.** Ausência de empatia; a incapacidade de percepção ajustada do outro.

2. **Descaridade.** Ausência de benevolência e magnanimidade.

3. **Rigidez.** Rigidez mental; a intolerância com a ambiguidade e a dúvida.

Abusos. Do ponto de vista da *Intrafisicologia,* merecem também estudos os abusos de autoridade presentes na Socin, capazes de estarem atuando enquanto manipulações conscienciais e instrumentos de dominação social, iguais a estes 9 exemplos, enumerados na ordem alfabética do tema:

1. **Comunicação:** censura; grampos telefônicos indevidos.

2. **Economia:** especulações financeiras; taxação de juros.

3. **Educação:** *pedagogia* do castigo-recompensa.

4. **Governo:** Ato Institucional; decretos-lei.

5. **Indústria e Comércio:** monopólios; protecionismo exagerado; corporativismo.

6. **Jornalismo:** intimidações aplicadas pelo profissional da imprensa; *Imprensa Marrom; Imprensa Rosa;* invasão de privacidade.

7. **Jurisprudência:** sanções e medidas coativas; *carteirada.*

8. **Polícia:** atos abusivos de violência; repressão; tortura.

9. **Política:** coronelismo; caciquismo; caudilhismo; nepotismo; absolutismo; ditadura; regimes totalitários; imunidade parlamentar; cargos de confiança.

Equanimidade. Sob a ótica da *Holomaturologia,* o uso equânime da autoridade pessoal depende do nível de discernimento e *inteligência evolutiva* (IE) da conscin, capaz de direcionar o emprego do poder a favor de outras consciências.

Chancelamento. Neste contexto, importam a força do exemplo pessoal, o nível de fraternismo e assistencialidade e a qualidade da *ficha evolutiva pessoal* (FEP), ratificando a autoridade moral da conscin perante outras consciências.

Trafor. Na análise da *Traforologia,* eis, por exemplo, 12 variáveis capazes de chancelar a autoridade cosmoética da conscin visando a liderança avançada:

01. **Aglutinador:** capacidade de aglutinar consciências em favor de objetivos éticos em comum.

02. **Autoconfiança:** manutenção da autoconfiança nas gestações libertárias.

03. **Autoconscientização:** autoconsciência quanto à grupocarmalidade.

04. **Autoliderança:** nível de autoliderança e autodeterminação acima da média dos componentes do grupocarma.

05. **Automotivação:** sustentação da automotivação a partir da vivência do *trinômio motivação-trabalho-lazer.*

06. **Disciplina:** autodisciplina na implantação de rotinas úteis e hábitos saudáveis.

07. **Doador:** predisposição doadora, buscando vivenciar o princípio da interassistencialidade.

08. **ECs:** domínio energético capaz de dinamizar os empreendimentos evolutivos necessários.

09. **Experimentologia:** acúmulo profícuo e consciente de experiências evolutivas.

10. **Responsabilidade:** compreensão avançada da responsabilidade individual e grupal.

11. **Traforismo:** congraçamento dos trafores dos membros da equipe, em favor do trabalho grupal.

12. **Vontade:** aplicação da vontade pessoal na realização de metas pessoais e grupais.

Exemplo. Em tese, o ser desperto, homem ou mulher, é o epicentro consciencial lúcido capaz de aplicar a autoridade moral, a força íntima e as habilidades pessoais em favor da interassistencialidade interdimensional, evitando estupros evolutivos ou omissões deficitárias.

Características. De acordo com Vieira, eis, por exemplo, 14 trafores do ser desperto, exemplo de maturidade consciencial para todo pré-desperto motivado na autoevolução planificada: (**Vieira,** Waldo; ***700 Experimentos da Conscienciologia;*** Rio de Janeiro, RJ; 1994; página 736)

01. **Desperto.** O desassediado (ou desassediada) permanente total – o ser humano desperto – apresenta características e traços pessoais inconfundíveis.

02. **EV.** Instala o Estado Vibracional profilático, quando quer, onde quer, independente das condições orgânicas ou das posições físicas do corpo humano.

03. **Tempo.** Instala o EV independentemente do tempo, a qualquer momento, além dos restringimentos físicos quadrimensionais das injunções humanas.

04. **Autodefesa.** Mantém a condição de autodefesa energética ininterrupta, através da vivência da sinalética, anímica e parapsíquica, identificando a presença de consciências sadias e doentias onde vive, harmonizando o quanto pode o holopensene com os quais se depara.

05. **Libertação.** Não padece mais de miniassédios inconscientes, eventuais.

06. **Autocura.** Autocura minidoenças próprias do ser humano.

07. **Epicon.** Tem presença energética notável (epicon).

08. **ECs.** Dinamiza energias positivas nos ambientes onde se manifesta.

09. **Tenepes.** Pratica diariamente a tenepes, tarefa energética pessoal.

10. **Assistencialidade.** Trabalha entrosado no serviço da interassistencialidade, na condição de isca intra e extrafísica lúcida, em favor de outras consciências.

11. **Desassédio.** É o *desmancha-rodas* para os assediadores e intrusores extrafísicos, ao manter funcionando a oficina extrafísica (ofiex) assistencial, da qual é o epicentro consciencial (epicon).

12. **Holochacralidade.** Descobriu que o estágio humano é existência holochacral, e por isso, aplica as energias conscienciais para assentar a sua vida e harmonizar a vida de todos os seres vivos ao seu derredor.

13. **Cosmoética.** Descobriu a Cosmoética e busca vivenciá-la multidimensionalmente, dentro da condição máxima da qual é capaz, objetivando o maxifraternismo.

14. **Meta.** Já se conscientizou da meta evolutiva próxima – o serenismo – e caminha nesta direção de maneira planificada, com discernimento e automotivação constante, objetivando, antes, a evolutividade do evoluciólogo.

QUEM USA A AUTORIDADE PESSOAL NA AMPLIAÇÃO DA LUCIDEZ E SABEDORIA DE TODOS, JÁ ENCONTROU O CAMINHO DA FRATERNIDADE E DA POLICARMALIDADE.

Parte IV

INTRAFISICOLOGIA

21. Política Antiuniversalista

Definição. A *política* é o conjunto de atividades humanas relacionadas à organização, direção e administração de Estados ou Nações, objetivando a concretização dos interesses públicos da Sociedade.

Etimologística. O vocábulo *política* deriva do idioma Grego, *politiké,* "Ciência dos negócios do Estado; a administração pública". Surgiu no Século XV.

Sinonímia: 1. Ciência do Estado; Ciência política; doutrina do Estado. 2. Ciência de governar; exercício do poder. 3. Diplomacia; parlamentação.

Antonímia: 1. Antipolítica. 2. Confusão; desordem; desgoverno. 3. Anarquia. 4. Antidiplomacia.

Aristóteles. O termo *política* se expandiu graças à obra de Aristóteles (384–322 a.e.c.), intitulada *Política,* considerada o primeiro tratado sobre a natureza, funções e divisão do Estado e sobre as várias formas de Governo.

Sociedade. Segundo a *Parassociologia,* a política nasce e se consolida em função das interações inevitáveis de diferentes grupos sociais inseridos numa Sociedade.

A ESSÊNCIA DA PRÁXIS POLÍTICA É CONGRAÇAR AS ASPIRAÇÕES DE DISTINTOS GRUPOS EM NOME DO BEM COMUM E ORGANIZAÇÃO DA SOCIEDADE.

Assistenciologia. Do ponto de vista da *Assistenciologia,* a política torna-se ferramenta assistencial quando praticada de modo cosmoético, interferindo positivamente nos destinos de milhares de consciências.

Definição. A *política antiuniversalista* é a estratégia de governo ou doutrina com baixo índice de fraternismo e senso de universalidade.

Etimologística. O vocábulo *política* deriva do idioma Grego, *politiké,* "Ciência dos negócios do Estado; a administração pública". Surgiu no Século XV. O prefixo *anti* vem também do idioma Grego, *antí,* "de encontro, contra, em oposição a". Apareceu no Século XVI. O termo *universal* procede do idioma Latim, *universalis,* "geral; universal". Surgiu em 1310. A palavra *universalismo* apareceu em 1874.

Sinonímia: 1. Política antifraterna. 2. Política anticosmoética. 3. Política regressiva.

Antonímia: 1. Política da megafraternidade. 2. Política antissectarista; política universalista.

Ambição. A política antiuniversalista nasce, prioritariamente, da ambição de certos profissionais políticos, ávidos pelo poder mundano.

Anticosmoética. A intencionalidade patológica desvia tais políticos dos interesses coletivos da profissão, podendo nascer aí as extrapolações anticosmoéticas visando a conquista, manutenção e uso do poder político, quando os fins justificam os meios, gerando infinidade de interprisões grupocármicas às consciências envolvidas.

Fissuras. Pela *Conscienciometria,* eis enumeradas na ordem alfabética, 7 possíveis fissuras conscienciais propulsoras da política antiuniversalista, cosmoeticamente evitáveis:

1. **Afirmação.** A necessidade excessiva de afirmação pessoal.

2. **Arrivismo.** O temperamento arrivista, com intenção de triunfar a qualquer preço.

3. **Arrogância.** O temperamento arrogante.

4. **Desrespeito.** O desrespeito às consciências e às inteligências alheias.

5. **Dominação.** O desejo de dominação.

6. **Ganância.** A ambição exacerbada de lucro, prestígio e poder de influência.

7. **Vaidade.** O desejo de ser notícia a qualquer custo.

Astúcia. Nas práticas da política regressiva, não raro, verifica-se o uso da astúcia, sagacidade e artimanhas anticosmoéticas, encobrindo os aspectos negativos do exercício do poder, fazendo-os transparecer *politicamente corretos* e a favor de todos.

Práticas. Eis, a título de análise e estudo, 10 práticas políticas, capazes de serem usadas de modo ardiloso, enumeradas na ordem alfabética do tema:

01. **Acobertamento.** O acobertamento de questões sociais relevantes, orientando a atenção da mídia e da população para questões secundárias e menos perigosas aos interesses do poder.

02. **Aliciamento.** O suborno e o aliciamento para atos políticos ilícitos e contrários ao bem comum (V. **Patu,** Gustavo; ***Governo libera R$ 500 mi para Congressistas;*** *Folha de S. Paulo;* São Paulo, SP; 24.09.05; página A5).

03. **Barganha.** As barganhas eleitoreiras antagônicas aos interesses públicos.

04. **Campanhas.** As campanhas eleitorais onde sobressaem calúnias, distorções de informações e acusações infundadas.

05. **Corrupções.** Os atos corruptos; as falcatruas e embustes governamentais (V. **Petry,** André; ***A Aula Magna da Corrupção;*** *Veja;* São Paulo, SP; 29.06.05; páginas 68 e 69).

06. **Distorções.** As distorções de fatos científicos em proveito de objetivos políticos (V. **Marquis,** Christopher; ***Relatório acusa Bush de Manipular a Ciência;*** *Folha de S. Paulo;* São Paulo, SP; 10.08.03; página A16).

07. **Lobismo.** A pressão excessiva entre grupos políticos, forçando a adesão dos envolvidos (V. **Salomon,** Marta; & **Valente,** Rubens; ***Lobistas tentam Influir em Decisões de CPIs;*** *Folha de S. Paulo;* São Paulo, SP; 02.10.05; página A18).

08. **Manobras.** Manobras políticas escusas, para defender interesses de poucos (V. **Braga,** Isabel; ***Manobras do Fundo do Baú;*** *O Globo;* Rio de Janeiro, RJ; 29.04.04; página 3); (V. **Folha de S. Paulo;** Redação; ***PFL manobra e adia Votação da Previdenciária;*** São Paulo, SP; 13.08.03; página A5).

09. **Pesquisas.** A manipulação das pesquisas eleitorais (V. **Gaspari,** Elio; ***A Esperteza do PT jogou o Ibope numa Enrascada;*** *Folha de S. Paulo;* São Paulo, SP; 04.07.04; página A13).

10. **Promessas.** As falsas promessas de mudanças e grandes renovações a fim de catalisar votos.

Linguagem. A história da linguagem política mescla-se com a da linguagem do poder, sendo tema de estudo sistemático desde a Antiguidade, notadamente na Grécia.

Influência. A linguagem política é a linguagem da decisão, influenciando a vontade e a opinião de milhares de consciências, de modo cosmoético ou anticosmoético, segundo a qualidade da intenção e os meios empregados para se alcançar os objetivos.

Objetivo. Na essência, o discurso político visa satisfazer o imaginário coletivo, buscando atender às expectativas dos cidadãos, de modo a conquistar a adesão e, consequentemente, apoio e votos.

Características. Eis, para efeito de estudo e profilaxia, 5 nuanças do discurso político, capazes de serem usadas para fins de manipulação consciencial:

1. **Argumentações.** O uso de argumentações falaciosas (V. Capítulo 14).

2. **Dissimulação.** A dissimulação dos fatos e intenções, a partir de basicamente 4 estratégias:

2.1. **Imprecisão:** o apelo a declarações generalistas, ou mesmo ambíguas, de modo a não ser surpreendido em equívocos ou recriminado por ter mentido conscientemente.

2.2. **Justificativas:** o apelo a justificativas aparentemente *nobres,* aprovadas em consenso, de modo a legitimar atos normalmente repreensíveis do ponto de vista ético. Exemplo: "em nome da pátria..."; "na defesa da democracia...".

2.3. **Negação:** a negação veemente de atos antiéticos, apesar das provas inegáveis.

2.4. **Silêncio:** o apelo ao silêncio diante das críticas dos adversários.

3. **Persuasão.** A ênfase no discurso persuasivo, de apelo emocional, recorrendo, em geral, a 3 estratégias recorrentes neste tipo de situação:

3.1. **Desordem Social:** evidenciar a desordem social já existente ou em estado potencial.

3.2. **Inimigo:** identificar a *origem do mal,* ou propriamente o inimigo, podendo ser pessoa, grupo ou condição social.

3.3. **Alternativa:** apresentar determinado político ou projeto partidário enquanto única alternativa ao problema evidenciado.

4. **Prolixidade.** O cultivo do discurso prolixo, mascarando a verdadeira intenção e os conflitos existentes.

5. **Símbolos-chave.** O emprego de conceitos universais capazes de enaltecer experiências comuns e provocar sentimentos de lealdade em todos os cidadãos do Estado, chancelando os mitos políticos propostos. As palavras *liberdade, democracia* e *igualdade* são exemplos típicos desta situação.

Renovações. No estudo da *Parassociologia,* a política esteve sempre presente na base de toda renovação social.

UE. Recentemente, os esforços de política neofílica se fizeram notar na criação da União Europeia (UE), bloco econômico, político e social congregando atualmente 25 países do continente europeu (Ano-base: 2007).

Diplomacia. A união voluntária de povos europeus, ainda que movida por interesses econômicos, é exemplo notório de avanço das relações diplomáticas entre países outrora inimigos, inspirados pelo ideal de superar conflitos do passado e preparar futuro em conjunto.

Euro. A institucionalização do Euro, moeda única vigente na UE, ultrapassa a esfera meramente econômica. É a primeira vez na História da Humanidade que países soberanos abrem mão, pacificamente, e por vontade própria, do poder de emitir e controlar a própria moeda em favor de ideia universalista: resolver problemas numa comunidade de nações com línguas, histórias e costumes diferentes (V. **Horta,** Ana Magdalena; ***A Revolução Européia;*** *Época;* 31.12.01; páginas 83 a 93).

ONU. A Organização das Nações Unidas (ONU), apesar das dificuldades contextuais, é exemplo de organização que busca ações com políticas globalizantes, através de organismos especializados, por exemplo, nas áreas da saúde, agricultura, meteorologia e trabalho.

Voto. Hoje, em muitas democracias, inclusive nos países que a adotaram recentemente, o direito de voto é garantido, sem discriminação de raça, grupo étnico, classe social ou sexo (V. **Rohde,** David; & **Gall,** Carlotta; ***Afegãos vão à Escola para Aprender a Votar;*** *Folha de S. Paulo;* São Paulo, SP; 05.10.04; página A9).

Administração. Na esfera privada, especificamente nas áreas de administração e gestão de empresas, já se encontram instituições aplicando a política da *administração participativa,* onde a liberdade democrática transforma os funcionários em parceiros do negócio, desfrutando dos lucros e benefícios da atividade institucional (V. **Arakaki,** Cristina; & **Silva,** Wildenilson; ***Colegiado Gestor: Uma Experiência de Gestão Participativa em Instituição Conscienciocêntrica;*** *Anais da I Jornada de Administração Conscienciológica;* 04 a 07.09.04; páginas 159 a 171).

Evolução. A evolução da *consciência política universalista* caminha de modo inexorável, ainda que existam consciências insistindo em praticar políticas regressivas e anticosmoéticas.

Agentes. O que faz determinada política ser universalista é o nível de consciencialidade, fraternismo e abertismo consciencial dos agentes.

Desafio. A questão básica a ser enfrentada por todo político ético resvala, inevitavelmente, na interassistencialidade e na megafraternidade.

Necessidade. A prática de políticas atacadistas leva em consideração as necessidades evolutivas dos indivíduos, buscando congraçar meios cosmoéticos na concretização destes objetivos.

22. Sedução Publicitária

Definição. A *sedução publicitária* é o ato ou efeito de seduzir, através de conjunto de técnicas publicitárias persuasivas, capazes de influenciar pessoas e provocar comportamento de adesão ou compra.

Etimologística. O vocábulo *sedução* vem do idioma Latim, *seductio,* "ação de tomar parte; sedução; fraqueza", e este de *seducere,* "seduzir". Surgiu em 1789. O termo *publicidade* deriva do idioma Francês, *publicité,* "caráter do que é público, do que não é mantido secreto, propriedade do que é conhecido; conjunto de meios utilizados para tornar conhecido um produto, uma empresa industrial ou comercial". Apareceu em 1829.

Sinonímia: 1. Persuasão publicitária. 2. Sugestão publicitária.

Antonímia: 1. Informação isenta. 2. Publicidade informativa.

Primórdios. Originalmente, a publicidade limitava-se a usar a objetividade normativa na comunicação, restringindo-se a enunciar os dados e características do produto divulgado.

Capitalismo. Com o advento do capitalismo e o nascimento da Sociedade de consumo, os valores pessoais, sociais e econômicos se alteraram.

Industrialização. A industrialização exige escoamento rápido de produtos manufaturados, impondo a necessidade da conquista de novos mercados.

Elo. A publicidade torna-se, assim, a base de sustentação do novo sistema econômico, servindo de elo entre a classe produtora e os consumidores.

Convencimento. Neste contexto, surge a publicidade persuasiva, aplicando estratégias de convencimento e sedução, com o intuito de induzir o interlocutor a transformar o seu ponto de vista a favor de determinado produto.

Objetivos. Em linhas gerais, eis os 4 principais objetivos dos anúncios publicitários:

1. **Atenção.** Atrair a atenção do consumidor.

2. **Interesse.** Despertar o interesse pelo assunto.

3. **Inculcação.** Incutir ideia ou reforçar necessidade existente para criar o desejo pelo produto anunciado.

4. **Ação.** Levar o consumidor ao ato da compra.

Pesquisa. Na busca de estratégias persuasivas eficientes, os publicitários e profissionais de *marketing* utilizam-se de pesquisas mercadológicas, delineando o perfil do consumidor típico, capaz de expressar em si a média das necessidades, desejos e tendências dos mesmos (V. **Negreiros,** Adriana; ***É Você na Fita;*** *Veja;* São Paulo, SP; 17.12.03; páginas 102 e 103).

Conhecimento. A partir do conhecimento das necessidades do público-alvo, o publicitário está apto a criar mensagens capazes de prometer satisfação e felicidade.

Cumplicidade. Neste sentido, a propaganda sedutora diz o que o consumidor deseja ouvir, promete o que o público almeja, criando cumplicidade entre o anunciante e o consumidor.

Profilaxia. Na profilaxia da sedução comunicacional, importa estarmos atentos a possíveis argumentos publicitários que incidam e explorem aspectos conscienciais subumanos, sobretudo os do porão consciencial, iguais a estes 10, enumerados na ordem alfabética do tema, vulneráveis às manipulações em geral:

01. **Carências multifacetadas.**

02. **Comodismo.**

03. **Egoísmo.**

04. **Hedonismo.**

05. **Ilusões e irracionalidades generalizadas.**

06. **Materialismo.**

07. **Narcisismo.**

08. **Poder, posição e prestígio (3 pês).**

09. **Superficialidade.**

10. **Vaidade.**

Crianças. As crianças tendem a ser alvo privilegiado da publicidade. Pesquisa realizada na França (Ano-base: 2000), com 6.800 crianças e jovens de 2 a 19 anos, revelou que mais de 1/4 das crianças de 8 a 10 anos diz aproveitar-se dos anúncios publicitários na TV para exigir um produto a seus pais; 42% acham que a publicidade "dá vontade de comprar um monte de coisas"; e 26% que ela "ajuda a convencer os pais" (V. **Ramonet,** Ignácio; ***Propagandas Silenciosas;*** Vozes; Petrópolis, RJ; 2002; página 64).

A SEDUÇÃO PUBLICITÁRIA CRIA MUNDO ECTÓPICO DE FANTASIAS E ILUSÕES, PREGANDO O CONSUMISMO ENQUANTO META DE VIDA OU OBJETIVO EXISTENCIAL.

Texto. Escrever anúncio publicitário sedutor significa produzir, de modo técnico, textos capazes de provocar mudanças de opiniões e sentimentos nos leitores, a ponto de levá-los a assumir novos comportamentos em relação a determinado produto.

Estratégias. Eis, a título de análise e estudo, 7 estratégias discursivas, cosmoeticamente evitáveis quando aplicadas para fins de sedução, passíveis de estarem presentes nos discursos publicitários:

1. **Apelo à autoridade.** O emprego do testemunho favorável de personalidades famosas, nem sempre com conhecimento chancelado para validar as afirmações anunciadas.

2. **Estrutura Circular.** O texto elaborado em circuito fechado, ou seja, iniciando-se e finalizando-se no mesmo assunto, capaz de levar o consumidor a conclusões definitivas.

3. **Formas.** A prevalência da forma sobre o conteúdo, inspirando sensações e emoções, e ao mesmo tempo, escamoteando a essência da informação.

4. **Frases Feitas ou Clichês.** O apelo aos clichês e frases estereotipadas (lugar-comum), de fácil compreensão, facilitando a comunicação, e, simultaneamente, inibindo o questionamento dos temas anunciados.

5. **Linguagem autoritária.** O abuso de verbos nos tempos imperativo e indicativo, imprimindo ordem a ser seguida e inibindo espaços para indagações ou dúvidas.

6. **Sexualidade.** A exploração do sexo, sobretudo do corpo feminino, quase sempre tratado enquanto objeto de consumo.

7. ***Slogans.*** O uso dos *slogans,* a linguagem do não-pensamento.

Cosmoética. A publicidade torna-se francamente anticosmoética, quando apela, a por exemplo, 3 artifícios:

1. **Acobertamento.** Quando acoberta aspectos nocivos do produto, colocando em risco a saúde e bem-estar do consumidor.

2. **Falsidade.** Quando pratica a propaganda enganosa, ludibriando milhares de consumidores desprevenidos (V. **Beck,** Martha; ***Laboratório multado por Propaganda Enganosa;*** *O Globo;* Rio de Janeiro, RJ; 02.04.02; página 27).

3. **Subliminar.** Quando a mensagem com insinuações de consumo é lançada de modo displicente, abaixo do limiar do reco-

nhecimento racional, atingindo diretamente o subconsciente do público-alvo desatento, impossibilitando-o de aplicar o juízo crítico (V. **Elliott,** Stuart; ***Merchandising chega aos Desenhos Animados;*** *Folha de S. Paulo;* São Paulo, SP; 23.10.04; página B13).

Imprescindível. Na era da Sociedade da informação e do consumismo, a publicidade é imprescindível para a divulgação de produtos e serviços.

Meta-desafio. Segundo a *Cosmoética,* respeitar o consumidor, sem mentir, omitir informações relevantes ou buscar levá-lo a tomar decisões de modo inconsciente, é meta-desafio da publicidade ética.

Social. No universo da *Parassociologia,* acerta mais o publicitário predisposto em aplicar os talentos pessoais na elaboração de campanhas de caráter social, incentivando ações de cidadania, solidariedade e responsabilidade social.

Reeducação. Mediante a *Parapedagogia,* a publicidade informativa tem no conteúdo das mensagens a possibilidade de contribuir com a reeducação de grandes parcelas da população, ao encorajar padrões de comportamento saudáveis e éticos.

Confor. Em ambas as situações, as técnicas publicitárias são úteis e bem-vindas, quando a forma amplifica o conteúdo prioritário e esclarecedor ao bem-estar de todos.

Ações. Eis 7 ações sociais exitosas, de caráter nacional e internacional, corroboradas pela *criatividade cosmoética* de campanhas publicitárias elucidativas, enumeradas na ordem alfabética do tema:

1. **Campanha *A Gota que Salva:*** campanha de conscientização sobre a importância da vacinação infantil contra a poliomielite.

2. **Campanha *"Clean up the World":*** campanha mundial para limpeza das cidades e reciclagem do lixo.

3. **Campanha *Diga Não às Drogas:*** campanha de profilaxia quanto ao uso de drogas.

4. **Campanha *Fique de Olho:*** campanha educativa sobre o câncer de mama.

5. **Campanha *Povo Desenvolvido é Povo Limpo:*** campanha educativa sobre a limpeza das cidades brasileiras, protagonizada pelo personagem *Sujismundo,* criado por Ruy Perotti Barbosa (1937–).

6. **Campanha de *Prevenção contra AIDS:*** as inúmeras campanhas de prevenção à AIDS, com temáticas diferenciadas a cada temporada e região.

7. **Campanha *VivaLeitura:*** campanha de incentivo à leitura, realizada no Brasil e mais 21 países da Europa e Américas.

ONGs. Na disseminação das ações de interesse coletivo das ONGs (organizações não governamentais) *do Bem* a publicidade ética soma, contribuindo com a construção de Sociedades organizadas e esclarecidas.

23. IMPRENSA

Definição. A *imprensa* é o conjunto de processos de disseminação de informações jornalísticas por veículos impressos ou eletrônicos.

Etimologística. O termo *imprensa* é adaptação do idioma Espanhol, *imprenta,* derivado do idioma Latim, *impressus,* de *imprimere,* "apertar sobre; pesar sobre; firmar sobre; aplicar; imprimir, gravar, marcar, registrar". Surgiu no Século XVII.

Sinonímia: 1. Jornalismo; periodismo. 2. *Quarto poder.* 3. Mídia impressa.

Antonímia: 1. Incomunicabilidade falada e escrita. 2. Analfabetismo.

Objetividade. É antiga a discussão acadêmica sobre a objetividade jornalística dos meios de comunicação.

Isenção. No universo da *Conscienciologia,* inexiste isenção total entre pesquisador e objeto de pesquisa. A *Pensenologia,* a *Bioenergética* e a *Holossomática* traduzem esta realidade.

Neutralidade. Do mesmo modo, é impossível a prática de jornalismo totalmente neutro, sem a interferência do jornalista ou do órgão de imprensa sobre a realidade noticiada.

Fato. Segundo Abramo, o mundo real não se divide em fatos jornalísticos e não-jornalísticos, pela simples razão de que as características jornalísticas residem não somente no objeto da observação, mas também no sujeito observador e na relação que este estabelece com a realidade (V. **Abramo,** Perseu; ***Padrões de Manipulação na Grande Imprensa;*** São Paulo, SP; 2003; páginas 23 a 46).

Subjetividade. Toda ocorrência transforma-se ou não em fato jornalístico segundo as características, interesses e linha editorial dos órgãos de imprensa.

Poder. O poder da imprensa sobre a informação pode ser direcionado para evidenciar a realidade social, contribuindo com a construção de Sociedade aberta e esclarecida, ou aplicado na criação de realidade fictícia e artificial, segundo os interesses de alguns.

Ética. Tudo depende do nível de ética e interprisões grupo-cármicas dos profissionais e órgãos envolvidos.

Imparcialidade. Consoante a *Comunicologia,* acerta mais a imprensa motivada na busca da imparcialidade possível, apresentando as diversas facetas da notícia veiculada, ampliando, assim, a visão de conjunto dos leitores ou telespectadores sobre o tema em questão.

Pedagogia. Considerando a *Parapedagogia,* a imprensa transforma-se em eficiente recurso pedagógico, quando aponta atitudes profiláticas e soluções às inúmeras adversidades enfrentadas pela população em geral.

Informação. Ainda no âmbito da *Parapedagogia,* a imprensa assiste à comunidade quando enaltece a informação esclarecedora e oportuna, a favor de todos.

Democracia. Do ponto de vista da *Parapolítica,* a expansão dos meios de comunicação e da imprensa, em geral, vem auxiliando a implantação de Sociedades democráticas, onde a transparência e o respeito pela liberdade de expressão vêm sobrepujando, de modo crescente, regimes autocráticos e regressivos ao livre pensar.

Manipulação. Na pesquisa da *Cosmoética,* a imprensa deixa de atender aos objetivos éticos da profissão, quando apela para subterfúgios manipuladores, capazes de distorcer, falsificar e mistificar os fatos veiculados, iguais a estes 7, enumeradas na ordem alfabética do tema (V. **Abramo,** Perseu; ***Padrões de Manipulação na Grande Imprensa;*** São Paulo, SP; 2003; páginas 23 a 46):

1. **Descontextualização.** Quando apresenta propositadamente fatos ou discursos desconectados do contexto original, facilitando julgamentos errôneos e distorções da realidade.

2. **Fragmentação.** Quando seleciona apenas certos aspectos e particularidades do fato, alterando a notícia original de modo a induzir a interpretação do leitor ou telespectador.

3. **Inversão.** Quando reordena informações fragmentadas, dando nova significação à realidade apresentada.

4. **Ocultação.** Quando omite ou ignora determinados fatos sociais, ocultando tal realidade da população. Se um fato é eliminado dos meios de comunicação, ele praticamente deixa de existir para determinada Sociedade.

5. **Opinião.** Quando insere, de modo sub-reptício e mal intencionado, opiniões disfarçadas em notícias, sem oferecer ao leitor elementos para distinguir a informação da simples opinião.

6. **Silêncio.** Quando mantém o silêncio diante da corrupção, contribuindo com a perpetuação da cultura da impunidade.

7. **Tendenciosidade.** Quando assume posturas político-partidárias, fazendo a intermediação entre a Sociedade civil e determinados órgãos de poder, representando valores e interesses de segmentos da Sociedade.

Profilaxia. Do ponto de vista da *Paraprofilaxia,* importa ao leitor lúcido o emprego de, por exemplo, 5 procedimentos técnicos, capazes de ampliar o nível de discernimento e criticidade quanto às matérias veiculadas pela imprensa:

1. **Diversificação.** Ler jornais e revistas de editoras diversificadas, inclusive estrangeiras, de modo a ter visão de conjunto sobre os fatos narrados.

2. **Tendências.** Conhecer a linha editorial e as possíveis tendências políticas dos grandes órgãos de imprensa.

3. **Criticidade.** Ler criticamente todo artigo jornalístico, considerando possíveis interesses econômicos subjacentes.

4. ***Blogs.*** Ter o hábito de consultar os *blogs* jornalísticos, onde costuma pairar maior liberdade de expressão.

5. **Estudo.** Buscar estudar determinado tema a partir de jornais e revistas de filosofias antagônicas, de modo a eliminar os excessos.

A IMPRENSA ÉTICA É CAPAZ DE AMPLIAR OS MENTAISSOMAS DOS INTERLOCUTORES, ATRAVÉS DA ANÁLISE INTELIGENTE DOS FATOS E DA CRÍTICA COSMOÉTICA.

24. Doutrinação Religiosa

Definição. A *doutrinação religiosa* é o ato, processo ou efeito de doutrinar, inculcando conhecimento dogmático religioso.

Etimologística. O termo *doutrinação* é derivado do idioma Latim, *doctrina,* "ensino, instrução dada ou recebida, Arte; Ciência; doutrina; teoria; método"; e este de *docere,* "ensinar". Surgiu em 1899. O vocábulo *religião* procede do mesmo idioma Latim *religio,* "culto religioso; práticas religiosas; sentimento religioso; objeto de culto; objeto sagrado". Surgiu no Século XIII.

Sinonímia: 1. Doutrinamento. 2. Catequese; catecismo. 3. Inculcação religiosa; *lobby* religioso.

Antonímia: 1. Antidoutrinação. 2. Anticatequização. 3. Anti-inculcação; informação isenta e esclarecedora. 4. *Princípio da Descrença.* 5. Tares.

Origem. O pensamento religioso nasceu nos primórdios da Humanidade em função do desconhecimento e da incapacidade humana de compreender as ocorrências do dia a dia.

Divinização. Na época, os fenômenos da natureza que não podiam ser compreendidos pela lógica racional eram divinizados, transformando-se em eventos sagrados, com poderes e virtudes sobrenaturais.

Conhecimento. Com o desenvolvimento das Sociedades, as religiões se estabeleceram, buscando preencher as lacunas do conhecimento a partir de doutrinas capazes de propor explicações sobre a origem do Universo e os possíveis propósitos da vida humana.

Religare. Implícito neste sistema existia ainda a necessidade de se criar um corpo de ideias, com rituais e mitologias próprias, capazes de aproximar o ser humano do divino, do sagrado, e consequentemente, do seu criador.

Poder. Com o tempo, as religiões se fortaleceram, adquirindo poder suficiente para pressionar a Sociedade a partir da força ideológica, conjugando a *moral corrente* e o *apoio divino.*

Fundamento. Toda religião está fundamentada em sistema doutrinário, contendo proposições sagradas, cujos dogmas são apresentados enquanto verdades absolutas indiscutíveis, apesar de não apresentarem necessariamente nenhuma comprovação prática, e tampouco sustentação lógica.

Fé. Os sistemas doutrinários, sejam políticos, filosóficos, científicos ou religiosos, apelam para a credulidade de modo a justificar e sustentar os argumentos propostos.

Modus operandi. Vale ressaltar a similaridade do *modus operandi* das diversas religiões, indentificada no apelo à fé, diferenciando-se apenas nas formas e no objeto de expressão de tal fé (V. **Chiavenato,** Júlio José; ***Religião: da Origem à Ideologia;*** Ribeirão Preto, SP; 2002; página 25).

Antievoluciologia. Independente do conteúdo do corpo doutrinário, as religiões, em geral, apresentam materpensene em comum – a antievoluciologia – expresso no antagonismo à refutação lógica, ao conhecimento novo e à autoexperimentação, combatendo, em certos casos, ideias libertárias.

Antipensene. Segundo a *Pensenologia,* o antipensene, unidade de medida do juízo crítico pessoal, é considerado pecado no meio religioso, levando os adeptos a manterem a passividade e o conformismo antievolutivo.

Antagonismo. Perante a *Experimentologia,* a doutrinação religiosa costuma ser antípoda ao fluxo evolutivo do Cosmos, apresentando, pelo menos, 15 antagonismos irracionais:

01. **Antiautocrítica; anti-heterocrítica.**

02. **Antiabertismo consciencial; antineofilia.**

03. **Antidiscernimento; anti-hiperacuidade; antimentalsomática.**

04. **Antiepicentrismo consciencial.**

05. **Anti-invéxis.**

06. **Antiparapsiquismo.**

07. **Antipesquisa; antiexperimentologia.**

08. **Antipolicarmalidade.**

09. **Antirrecins; antirrecéxis.**

10. **Antisseriéxis.**

11. **Antissexossomática.**

12. **Antiuniversalismo.**

13. **Antiverponologia.**

14. **Antivoliciologia.**

15. **Antitransparência consciencial; *antiglasnost.***

Holopensene. A manutenção do holopensene religioso ocorre, ao longo dos milênios, graças à atuação de conscins e consciexes distantes do autoenfrentamento e autodiscernimento vivido.

Incerteza. Estas consciências, em geral, são facilmente tomadas pela necessidade de aceitar referências transcendentais tranquilizantes, de modo a apaziguar a ansiedade gerada pela incerteza e questionamentos contínuos.

Neofobia. A neofobia força-as a trocar o livre pensar por verdades prontas, acomodando-se em terreno seguro e tranquilo.

Livre-arbítrio. Ao assumir doutrinas religiosas e a crença na existência de ser superior onipotente, detentor do destino da Humanidade, a conscin religiosa abre mão do livre-arbítrio, eximindo-se da responsabilidade evolutiva e justificando possíveis fracassos e negligências.

Cangas. Apelam para cangas e muletas psicofisiológicas dispensáveis, iguais a orações, patuás e rituais místicos, ao invés de assumirem racionalmente a responsabilidade pelo próprio bem-estar e evolução.

Infantilismo. Apoiado na *Pensenologia,* a opção de vida religiosa pela conscin portadora de Curso Intermissivo avançado evidencia regressão pensênica própria da conscin com tendências ao infantilismo consciencial.

Assédio. Tal fato pode ser dinamizado por assediadores extrafísicos ou guias cegos, ex-companheiros religiosos da vítima em vidas pregressas, capazes de dificultar a libertação da mesma na atual vida humana.

Estratégia. A partir da afinidade já conquistada no passado, envolvem a vítima reavivando parassinapses patológicas, iguais aos sentimentos vivenciados no passado.

Efeitos. A rememoração ectópica de eventos pretéritos provoca a exaltação de sentimentos de euforia e bem-estar, acomodando-a e fixando-a em ego ultrapassado e retrógrado.

Lavagem. Tal exemplo indica a possibilidade de determinados indivíduos apresentarem lavagem paracerebral, além do cérebro físico, quando repressões, sacralizações e condicionamentos atuaram sobre a consciência em inúmeros períodos consecutivos intrafísicos e intermissivos, alterando para pior o paracérebro e a paragenética.

Adeptos. Historicamente, grandes religiões do Planeta preocuparam-se em ampliar o número de adeptos, através de catequizações e doutrinações de todos os tipos.

Autoridade. Considerando a *Intrafisicologia,* quanto maior o número de fiéis, mais poder, autoridade e recursos financeiros determinada instituição religiosa alcança na Sociedade intrafísica.

Energia. Pela *Extrafisicologia,* quanto maior o número de discípulos intrafísicos, maior quantidade de energia consciencial disponível a ser manipulada extrafisicamente.

Catequizadores. No universo das religiões, os catequizadores são os missionários preparados para propagar as verdades sagradas, servindo de mediadores *entre o céu e a terra.*

Posição. Ao ocupar a posição privilegiada de *representantes divinos,* adquirem poder e autoridade sobre os fiéis.

Conversão. A partir de então, assumem a tarefa de não só disseminar as verdades sagradas, como a de converter novos discípulos (V. **Linhares,** Juliana; ***Como se forma um Pregador;*** *Veja;* São Paulo, SP; 12.07.06; páginas 84 e 85).

Adesão. A conversão é aqui entendida como ato de influenciar a vontade e o livre-arbítrio do outro, a ponto de conseguir sua adesão ao propósito almejado.

Conquista. A conquista do novo adepto se dá no momento em que o discípulo adere integral e permanentemente aos valores fundamentais da religião ou linha mística em questão.

Ego. A lavagem cerebral se instala quando o novo fiel é capaz de abrir mão do próprio ego e princípios morais para servir à doutrina, sem questionamentos.

Numerários. Exemplos típicos desta condição são os *numerários e numerárias da prelazia da Igreja Católica, Opus Dei,* capazes de abrir mão do livre-arbítrio, liberdade de expressão, renda pessoal, laços familiares e contato com amigos, "para servir a Obra e à santificação do mundo"(V. **Brum,** Eliane; & **Rubin,** Débora; ***A Vida Íntima do Opus Dei;*** *Época;* São Paulo, SP; 16.01.06; páginas 62 a 70); (V. **Silberstein,** Elizabeth; ***Opus Dei: A Falsa Obra de Deus;*** 2005); & (V. **Ferreira,** Dário; & **Lauand,** Jean; & **Silva,** Marcio; ***Opus Dei: Os Bastidores;*** 2005).

Técnicas. Eis, a título de análise e profilaxia, 9 técnicas do discurso doutrinário religioso, enumeradas na ordem alfabética do tema:

1. **Argumento de autoridade.** Apelo a argumentos de autoridade, prioritariamente a personagens bíblicos, cujo conceito e superioridade se consideram indiscutíveis.

2. **Dor.** Inculcação de dor e sofrimento humano enquanto métodos de purificação e salvação da alma.

3. **Emocionalismo.** Exacerbação das emoções.

4. **Inverificabilidade.** Discurso fundamentado na fé e na crença, não se esperando comprovação.

5. **Irreversibilidade.** Segundo Orlandi, o emprego de discurso irreversível, de mão única, sem possibilidade de debates, já que o autor é sujeito desconhecido e ausente (V. **Orlandi,** Eni Pulcinelli; ***A Linguagem e Seu Funcionamento: As Formas do Discurso;*** Pontes; Campinas, SP; 2001; páginas 239 a 262).

6. **Parábolas.** Uso de parábolas e metáforas, típicas da mensagem indireta, obscura e ambígua.

7. **Retórica.** Uso de argumentação retórica persuasiva.

8. **Tautologia.** Emprego da tautologia, com a repetição de expressões e conceitos já emitidos, sem aclarar ou aprofundar sua compreensão. Exemplo: Sacramento é sacramento.

9. **Temor.** Abuso do temor divino, empregando a coerção e a opressão para incutir culpa e medo nos fiéis.

DOUTRINAR OU DEIXAR-SE DOUTRINAR É CONDUTA ANTIEVOLUTIVA, INCOMPATÍVEL COM A AUTOCRÍTICA E A AUTOLUCIDEZ CONSCIENCIAL.

Infantil. Historicamente, o público infantil e adolescente tem sido alvo de doutrinações religiosas.

Educação. A educação, por vezes, é a porta de entrada das religiões no universo infanto-juvenil, através da atuação em escolas de ensino médio e fundamental.

Símbolos. A presença de símbolos e rituais religiosos nos ambientes educacionais públicos transforma a escola em braço replicador da fé religiosa, ao invés de promover o desenvolvimento do juízo crítico, discernimento e racionalidade.

Contrassenso. A educação pública, que a princípio teria a função de favorecer o abertismo consciencial e a recuperação de cons, perde o caráter libertador, mesclando-se com pregações doutrinárias irrefutáveis (V. **Weiberg,** Monica; ***Fé na Educação***; *Veja;* São Paulo, SP; 29.09.04; páginas 72 e 73).

Laicidade. Exemplo positivo e antípoda desta condição é a Lei da Laicidade na França, proibindo estudantes de usarem peças de vestuário ou outros objetos de caráter religioso nas escolas públicas do país (V. **Folha de S. Paulo;** Redação; ***França veta uso de Véu Islâmico na Escola;*** São Paulo, SP; 11.04.04; página A11).

Preservação. Desta maneira, preserva-se a laicidade do Estado francês, excluindo a religião do poder político-administrativo.

Marketing. Na busca pelo mercado de novos fiéis, a *Indústria da Fé,* no Brasil, nas últimas décadas, lançou mão de novas técnicas de persuasão, fundamentadas em estratégias modernas de *marketing*, condizentes ao público-alvo almejado, iguais a estas 8:

1. ***Show-missa.*** São megaeventos reunindo milhares de pessoas, onde se une a música à liturgia.

Embalos. Com a bíblia de um lado e a caixa de som do outro, padres carismáticos, pastores e bispos embalam a multidão com coreografias e cantos ensaiados, intercalados por pregações.

Pirotecnia. Em alguns casos, o espetáculo (apoteótico) conta com efeitos pirotécnicos: cascatas de fogos, jogos de luzes, fumaças e efeitos a *laser.*

Objetivo. O objetivo é tocar o coração dos fiéis e assim levá-los à conversão (V. **Pereira,** Paula; ***Animação para a Alma;*** *Época;* São Paulo, SP; 25.12.2000; páginas 86 a 92).

2. **Bailes.** Muito próximos aos *shows-missa* estão os bailes promovidos por Igrejas Evangélicas (V. **Frutuoso,** Suzane; ***Balada do Senhor;*** *Época;* São Paulo, SP; 30.08.04; páginas 60 e 61).

Danceterias. À noite, a fim de atrair jovens fiéis, algumas igrejas transformam-se em verdadeiras danceterias, com iluminação e sonorização de boate.

Apelo. O apelo acontece de maneira sutil: a música para por alguns instantes, quando o coordenador da igreja prega a doutrina em questão, retornando em seguida com força total.

3. **CDs.** Lançamento de CDs com salmos bíblicos e forte esquema de divulgação na mídia. As aquisições são feitas por telefone ou pelo sistema *0900.* Alguns CDs chegaram a vender no ano de lançamento 1,8 milhões de cópias (V. **Mattos,** Laura; ***No DVD, Padre Marcelo é Mais Astro do que Já havia sido no Cinema;*** *Folha de S. Paulo;* São Paulo, SP; 11.06.04; página E9).

4. ***Slogans.*** Emprego de *slogans* religiosos direcionados aos jovens, tais como: *Deus é nossa Praia, Deus é show, Deus é nossa festa, Deus é dez* (V. **Filho,** Francisco Alves; ***Na Onda – Padre Zeca conquista Juventude Dourada;*** *IstoÉ;* São Paulo, SP; 25.11.98; páginas 82 e 83).

5. **Mídia.** O uso crescente da mídia faz-se notar pela ampliação do número de programas religiosos nas emissoras de rádio e televisão de todo o país.

Abrangência. Os evangélicos controlam mais de 300 emissoras de rádio e canais de TV, com faturamento global acima de meio bilhão de reais por ano. Mais de 80% da programação religiosa da TV brasileira é evangélica (V. **Edward,** José; ***A Força do Senhor;*** *Veja;* São Paulo, SP; 03.07.02; páginas 88 a 95).

6. **Revista.** Exitosa estratégia de *marketing* foi o lançamento da revista *Revolve,* versão atualizada do Novo Testamento, editada nos moldes de revista de moda para atrair jovens leitoras de 12 a 21 anos (V. ***Mena,*** Fernanda; ***Revista une Novo Testamento e Mundo Pop;*** *Folha de S. Paulo;* São Paulo, SP; 12.10.03, página 24).

Projeto. O projeto, idealizado por editora evangélica estadunidense, coloca as Escrituras lado a lado com dicas de beleza, sessões de testes de perguntas e respostas inspiradas em textos sagrados.

Vendas. Nos EUA, a primeira edição da revista vendeu 40 mil exemplares em 8 semanas, exigindo a tiragem de 120 mil cópias na edição seguinte.

7. ***Bibleman.*** Criação do personagem super-herói *Bibleman,* interessado em combater *o mal* citando versículos bíblicos. O vídeo com o personagem vendeu mais de 400.000 exemplares nos EUA (Ano-base: 2002).

8. **Teoeletrônica.** Para facilitar a vida dos religiosos, as grandes igrejas ampliaram os serviços interativos em seus *sites,* oferecendo cultos ou missas *on-line,* orientação espiritual, acesso direto ao rabino, imã, ou pastor, e até mesmo irradiação espiritual virtual, oferecida por alguns centros espíritas (V. ***Pereira,*** Paula; ***A Fé está On-line;*** *Época;* São Paulo, SP; 24.03.03, páginas 64 e 65).

Velas. Um *site* católico chega a disponibilizar sessão de velas virtuais, onde o fiel escreve a intenção, dá um clique e a vela real é acesa na Basílica.

Celular. Há ainda os serviços de mensagens religiosas via celulares pagas pelo telefone (V. **Veja;** Redação; ***Fé pelo Celular;*** Revista; São Paulo, SP; 08.09.04; página 135).

Incompreensão. Apesar do discurso espiritual, os fatos expostos sugerem a carência de compreensão da realidade multidimensional e multiexistencial das conscins afeitas ao holopensene religioso.

Automimeses. Tais consciências tendem a evitar a auto e a heteropesquisa profunda e o desenvolvimento do autoparapsiquismo lúcido.

Parassociologia. Como esclarece a *Parassociologia,* estas posturas sustentam tais conscins conectadas a companhias extrafísicas próprias de comunidades interessadas na perpetuação do comodismo consciencial contrário às renovações evolutivas.

Tacon. No entanto, do ponto de vista da *Assistenciologia,* as religiões auxiliam a comunidade ao praticar a tarefa assistencial da consolação (tacon), ainda insuficiente perante constructos avançados e abrangentes, porém necessária no atendimento de milhares de consciências carentes de assistência primária neste Planeta Hospital-escola.

Pastoral. Exemplo de ação comunitária desta categoria é a *Pastoral da Criança,* organismo de ação social da CNBB – Conferência Nacional dos Bispos do Brasil – que auxilia crianças carentes através de ações básicas de saúde, nutrição e educação, sem distinção de cor, raça ou credo religioso.

Fixador. As religiões também atuam assistencialmente enquanto fixador psicofisiológico de consciências em conflitos e depressão profunda, com risco de suicídio. Neste caso, a fé e a espiritualidade propostas pelas doutrinas religiosas aliviam consciências desesperadas e sem outra razão para viver (V. **Vicenzi,** Luciano; ***Coragem para Evoluir;*** Rio de Janeiro, RJ; 2001; página 45).

Amoral. A moral religiosa auxilia consciências amorais, ao tirá-las do crime (V. **Lima,** Samarone; & **Paixão,** Roberta; ***Salvos pela Palavra;*** *Veja;* São Paulo, SP; 15.07.98; páginas 86 a 92).

Renovações. Apoiado na *Evoluciologia,* a evolução aponta sempre renovações conscienciais oportunas, a partir da aquisição de neoconstructos e neossinapses, quando é possível eliminar ou substituir condutas anacrônicas por preceitos lúcidos para se viver, iguais a estes 12, enumerados na ordem alfabética do tema:

01. **Autopesquisa.** Substituição de rituais automiméticos pela autopesquisa lúcida.

02. **Comunicologia.** Substituição do proselitismo pela linguagem científica refutadora.

03. **Cosmoética.** Substituição da moral religiosa pela cosmoética atacadista e maxifraterna.

04. **Esforço.** Substituição do apelo aos mitos e santos pelo esforço pessoal intransferível.

05. **Evoluciologia.** Substituição do varejismo pelo atacadismo consciencial.

06. **Experimentologia.** Substituição da fé pelo experimento prático autocomprovador.

07. **Holocarmalogia.** Superação do comodismo e autovitimizações pela assunção da responsabilidade dos próprios atos e omissões.

08. **Holomaturidade.** Substituição das autocorrupções e infantilismos pela busca da vivência da holomaturidade.

09. **Mentalsomática.** Eliminação do emocionalismo na busca do discernimento magno.

10. **Parapsiquismo.** Substituição das orações e promessas pelo autodomínio bioenergético e autoparapsiquismo vivenciado.

11. **Universalidade.** Eliminação do sectarismo em busca do universalismo abrangente.

12. **Verpon.** Substituição da verdade absoluta pela verdade relativa de ponta.

Assistenciologia. A maturidade consciencial alcançada por posturas renovadoras levará a conscin, cedo ou tarde, a buscar tarefas assistenciais de vanguarda, acima de ideologias e moralismos humanos.

Tenepes. Neste contexto, importa salientar a *tenepes* – tarefa energética pessoal – técnica assistencial avançada capaz de manter o ser humano conectado com a procedência extrafísica, de modo anônimo, sem a necessidade de sujeição a cangas, doutrinas ou princípios antiuniversalistas.

Projeção. A projeção consciente é também opção oportuna aos que almejam a vivência da extrafisicalidade, *in loco,* sem intermediários.

25. Seitas

Definição. A *seita* é a reunião de indivíduos não-ortodoxos, partidários de sistema doutrinário, quer seja religioso, político, filosófico ou artístico, geralmente devotos e submissos às ordens e pregações do mestre ou líder.

Etimologística. O termo *seita* deriva do idioma Latim, *secta,* "partido; causa; princípio; escolha filosófica; fileira". Surgiu no Século XIII.

Sinonímia: 1. Bando; facção; partido. 2. Grupúsculo. 3. Dogmatismo coletivo; fanatismo grupal; gurulatria. 4. Antiautopesquisa; anti-heteropesquisa; credulidade. 5. Antiuniversalismo.

Antonímia: 1. Globalização; multipartidarismo. 2. Anticredulidade; antidogmática; antigurulatria; antiteologia. 3. Autopesquisa; heteropesquisa; omniquestionamento; Refutaciologia. 4. Universalismo.

Gurulatria. Em geral, as seitas místico-religiosas fundamentam-se na adoração e gurulatria à personalidade do fundador, considerado ser especial, quase sempre dotado *pela vontade divina* de poderes sobrenaturais, para cumprir extraordinária missão neste Planeta.

Papel. Costumam reivindicar ser a encarnação de deidade, anjo, ou mensageiro especial dos céus, ou a reencarnação de personalidade bíblica, não admitindo contrariedades ou repreensões.

Guia. Sua missão consiste em ser o guia espiritual de grupo de seguidores, por dizer-se possuidor *do conhecimento da única verdade capaz de salvar a humanidade no final dos tempos.*

Inspirações. Segundo a *Parapatologia,* predominam nos grupos sectários as inspirações de guias amauróticos e assediadores exrafísicos, não raro possessores, capazes de manipular líderes de seitas afins a holopensene patológico, antiuniversalista e neofóbico.

Assédio. Nas seitas mortíferas, impera a vontade doentia do líder assediador carismático, capaz de levar centenas de conscins a cometerem atrocidades humanas e à loucura dos suicídios coletivos, iguais a estes 7 exemplos, enumerados na ordem cronológica do tema:

1. 1978 – **Seita:** "Templo do Povo".

Líder: James Warren "Jim Jones" (1931–1978).

Crime: suicídio e assassinato.

Vítimas: 913 pessoas.

Local: Jonestown, Guiana.

2. 1987 – **Líder:** sacerdotisa Park Soon-Ja.

Crime: suicídio grupal através da ingestão de veneno.

Vítimas: 32 discípulos.

Local: Yongin, arredores de Seul, Coréia do Sul.

3. 1993 – **Seita:** "Ramo Davidiano".

Líder: David Koresh (1959–1993).

Crime: incêndio criminoso.

Vítimas: 80 pessoas, incluindo 18 crianças.

Local: Waco, Texas, EUA.

4. 1994 – **Seita:** "Ordem do Templo Solar".

Líderes: Joseph Di Mambro (1924–1994) e Luc Jouret (1947–1994).

Crime: suicídio coletivo por asfixia.

Vítimas: 53 pessoas.

Local: Suíça, França e Canadá.

5. 1995 – **Seita:** "Ensino da Verdade Suprema".

Líder: Shoko Asahara.

Crime: atentado com gás sarin no metrô de Tóquio.

Vítimas: 10 mortos e 5.000 pessoas feridas.

Local: Tóquio, Japão.

6. 1997 – **Seita:** "Porta do Céu" *(Heaven's Gate)*.

Líderes: Marshall Herff Appelwithe (1931–1997) & Bonnie Nettles.

Crime: suicídio coletivo por ingestão de veneno.

Vítimas: 39 pessoas.

Local: San Diego, Califórnia, EUA.

7. 2000 – **Seita:** "Movimento para a Restauração dos Dez Mandamentos de Deus".

Líderes: Joseph Kibwetere & Credonia Mwerinde.

Crime: assassinato de centenas de indivíduos.

Vítimas: 924 pessoas morreram carbonizadas.

Local: Kanungu, Uganda, África.

Elitismo. A *mentalidade elitista* e *salvacionista* pregada entre os membros da seita, cria forte vínculo emocional, mantendo os adeptos comprometidos com os objetivos da mesma, e disponíveis para todo tipo de sacrifício, incluindo os trabalhos pesados.

Recrutamento. Os seguidores mais comprometidos com a doutrina são treinados para o serviço de recrutamento de novos integrantes, através de estratégias específicas.

Treinamento. O treinamento, em geral, consiste em aprender a identificar os tipos básicos de personalidade humana, para assim poder empregar argumentos adequados a cada perfil de consciência, facilitando o êxito da conversão.

Arrebanhamento. Eis, para melhor compreensão do assunto, e consequente profilaxia às manipulações das seitas em geral, 11 técnicas de conversão utilizadas pelos grupos sectários, cosmoeticamente evitáveis, enumeradas na ordem funcional do tema:

01. **Isolamento.** Privam as vítimas do contato com outros indivíduos e a Sociedade em geral, isolando-as em comunidades afastadas, para facilitar o controle físico, emocional, financeiro e intelectual.

02. **Gregário.** Enfatizam o espírito gregário, minando a individualidade e a capacidade dos adeptos de pensar por si mesmos.

03. **Dependência.** Valorizam o *vínculo do amor comunitário,* encorajando demonstrações de carinho e apoio emocional entre os integrantes, tornando-os dependentes emocionais da organização ou grupo.

04. **Benefícios.** Muitos prometem benefícios materiais, a curto ou longo prazo, em troca da aceitação da doutrina.

05. **Confissão.** Induzem os adeptos a *confessarem* erros pretéritos, deixando-os vulneráveis a manipulações pela exploração da culpa.

06. **Fobias.** Incutem o medo e fobias generalizadas, notadamente ao mundo exterior, fazendo o adepto sentir-se seguro dentro da comunidade.

07. **Exclusivismo.** Exploram a credulidade dos seguidores, intitulando-se únicos detentores da verdade capaz de conduzi-los à salvação e vida eterna.

08. **Linguagem.** Empregam linguagem específica, com terminologia própria, clichês e repostas prontas capazes de restringir o pensamento crítico e reforçar o preconceito e a mentalidade bitolada.

09. **Rigidez.** Impõem horários rígidos, cumprimento de duras metas e tarefas específicas, restringindo o tempo livre dos componentes.

10. **Jejum.** Promovem a lavagem cerebral a partir da imposição de jejuns forçados e alimentação hipoprotéica, intercalados por períodos de privação do sono e doutrinações intensas.

11. **Apocalipse.** Divulgam possíveis eventos apocalípticos, indicando o líder da seita como único ser capaz de evitá-los.

Lavagem. Segundo Steve Alan Hassan (1951–), ex-membro da seita *Associação das Famílias para Unificação e Paz Mundial* (www.en.wikipedia.org), eis 3 etapas deflagradoras do controle mental ou lavagem cerebral praticadas sobre os adeptos de seitas, em geral:

1. **Descongelamento.** Desestabiliza-se o novo adepto, levando-o à crise de identidade, a partir de privações e doutrinações generalizadas, onde o passado da vítima é explorado enquanto exemplo de conduta perniciosa, pecadora e contrária a valores considerados mais elevados.

2. **Identidade.** Criação e imposição de nova identidade ao indivíduo, através de sessões de doutrinação, com preces ritmadas e movimentos corporais repetitivos, acompanhados de cânticos e entonação de mantras.

3. **Recongelamento.** Reforço da nova identidade pelo líder e grupo através de recompensas sociais (prêmios e posição de *status* dentro do grupo) e psicológicas (afeto, consideração). O adepto assume novo nome, novos hábitos de se vestir e *nova família.*

Erradicações. De acordo com a *Paraprofilaxia,* importa a toda conscin buscar erradicar, por exemplo, 10 aspectos conscienciais imaturos, capazes de deixá-la vulnerável às manipulações das seitas em geral:

01. **Autoridade.** Atração por autoridades e sistemas hierárquicos rígidos.

02. **Carência.** Carências generalizadas e elevado nível de emocionalismo.

03. **Certezas.** Apreço por verdades absolutas.

04. **Dependência.** Tendência à filiação e dependência de grupos.

05. **Desilusão.** Desilusão ou confusão mental quanto aos assuntos religiosos e filosóficos.

06. **Frustração.** Baixa tolerância a frustrações.

07. **Missão.** Busca irracional por missão de vida ou razão existencial.

08. **Rigidez.** Inflexibilidade mental e raciocínio maniqueísta.

09. **Segurança.** Necessidade de segurança, autovalorização e poder.

10. **Social.** Descontentamento e inadaptabilidade ao contexto social à sua volta.

Egocentrismo. A rigor, todo clima sectário evidencia o egocentrismo exacerbado e a limitação pensênica das consciências envolvidas.

Interprisões. Incapazes de vislumbrar a abrangência do Cosmos e os princípios do Universalismo, tais consciências se fecham em comunidades dogmáticas, vivendo interprisões grupocármicas antagônicas à grupalidade avançada.

Guetos. Nestes casos, a comunidade é reduzida a um pretenso ser coletivo, não produzindo ações coletivas, mas *guetização* das relações sociais (V. **Gohn,** Maria da Glória; ***O Protagonismo da Sociedade Civil: Movimentos Sociais, ONGs e Redes Solidárias;*** *Cortez;* São Paulo, SP; 2005).

Ectopia. A pessoa sectária, quando inserida em guetos antievolutivos, perde a individualidade, vivendo de modo deslocado através de *utópico protagonismo grupal,* sem assumir a responsabilidade pelas próprias decisões.

Vínculo. Antípodas a esta condição, encontram-se os membros de comunidades abertas, unidos prioritariamente a partir do vínculo a ideias libertárias, interassistenciais.

Liberdade. O trabalho nestes grupos prioriza a liberdade criativa, o direito de discordar e pensar por si, em clima franco de abertismo consciencial.

CCCI. Exemplo prático de tal realidade é a *Comunidade Conscienciológica Cosmoética Internacional* (CCCI), em Foz do Iguaçu, composta de mais de 600 voluntários de várias nacionalidades e profissões (Ano-base: 2011), trabalhando em prol da reeducação consciencial e ostentando em suas edificações o quadro com o *Princípio da Descrença: não acredite em nada, nem mesmo no que lhe informarem nesta Instituição. Tenha as suas experiências pessoais.*

Redes. Há também o fenômeno das redes solidárias e das ONGs do Bem, em franco crescimento no Século XXI, evidenciando a preocupação da Sociedade civil em unir-se espontaneamente em redes ou comunidades para servir ao bem comum, sem dogmatismos ou lavagens cerebrais (V. **Almeida,** Álvaro; & **Pinto,** Max; ***A Era da Consciência;*** *IstoÉ;* São Paulo, SP; 22.01.97; páginas 40 a 45).

Evolução. O sectarismo impede a assistência policármica e o senso universalista, condições indispensáveis aos que buscam a evolução consciente.

Reflexão. Importa refletirmos sobre estes conceitos, buscando erradicar qualquer tendência pessoal sectária, capaz de nos fixar em verdades ultrapassadas, ao invés de nos impulsionar à vanguarda do discernimento vivido.

O ANTIDISCERNIMENTO, A ANTIPESQUISA E O ANTIFRATERNISMO EMBASAM O HOLOPENSENE SECTÁRIO, MANTENDO A CONSCIÊNCIA EM FOSSILIZAÇÃO EVOLUTIVA.

26. Educação

Definição. A *educação* é a aplicação de métodos próprios para assegurar a formação e o desenvolvimento físico, intelectual e ético do ser humano.

Etimologística. O termo *educação* vem do Latim, *educatio,* "ação de criar, de nutrir; cultura, cultivo". Surgiu no Século XVII.

Sinonímia: 1. Pedagogia. 2. Conhecimento; ensino; escolaridade; instrução; sapiência. 3. Civilidade; cortesia.

Antonímia: 1. Antipedagogia. 2. Apedeutismo; desconhecimento; ignorância; incultura. 3. Brutalidade; impolidez. 4. Ingenuidade.

Otimizações. A incapacidade dos indivíduos de pensar por si cria condições propícias para a propagação de manipulações conscienciais.

Profilaxia. Segundo a *Parapedagogia,* a educação é ferramenta profilática, quando contribui na formação de indivíduos críticos e autônomos, capazes de tomar decisões individualmente, segundo princípios éticos e universais.

Sociedade. No universo da *Parassociologia,* a educação pode ser definida enquanto processo pelo qual a Sociedade forma os membros à sua imagem, integrando-os à forma social vigente, através da transmissão de determinados conhecimentos e padrões de comportamento.

Objetivo. Segundo Vieira Pinto, importante objetivo da educação institucionalizada é o interesse da Sociedade em aproveitar para fins coletivos as habilidades e a força de trabalho dos seus componentes (V. **Pinto,** Álvaro Vieira; ***Sete Lições sobre Educação de Adultos;*** São Paulo, SP; 2000; página 29).

Ideologia. A educação formal, ao ser prática social, sofre a interferência da ideologia dominante, na forma de ideais pedagógicos e tipos de organizações educativas.

Livre. Logo, em *strictu senso,* inexiste educação institucionalizada completamente isenta e livre. Ela se dá em contexto complexo, sob a injunção de inúmeras variáveis, nem sempre positivas para o desenvolvimento de sistema de ensino democrático, com qualidade e vistas ao livre pensar.

Variáveis. Eis, enumeradas em ordem alfabética, por exemplo, 6 variáveis relevantes no contexto da educação institucionalizada de determinada Sociedade ou país:

1. **Economia.** A situação econômica vigente; a distribuição de renda; as desigualdades sociais.

2. **Holopensene.** Os valores, os tradicionalismos e outros aspectos da herança cultural local, gerando pressão holopensênica sobre educadores e educandos.

3. **Interesses.** Os interesses políticos e econômicos de certos grupos sociais.

4. **Plano.** O plano de governo; a política educacional e a respectiva distribuição de verbas.

5. **Religião.** O papel da religião na Sociedade local, e consequentemente, na formação dos indivíduos, a partir de doutrinações e catequeses.

6. **Sistema.** O tipo de sistema político atuante, influenciando os ideais pedagógicos e a liberdade de pensamento de intelectuais, educadores, educandos e população em geral.

Profícua. A educação será mais profícua se abarcar duas situações, aparentemente contraditórias:

1. **Conservação.** Conservar o conhecimento já adquirido, transmitindo-o às futuras gerações para servir de base a novas hipóteses e pesquisas.

2. **Inovação.** Criticar, negar e substituir o saber já existente, garantindo o progresso do conhecimento.

Professor. Na escola formal, o professor assume o papel de desencadeador do processo ensino-aprendizagem, tendo a responsabilidade de transmitir conhecimento, preparar profissionais qualificados e cidadãos conscientes da própria responsabilidade social.

Objetivos. Do ponto de vista da *Experimentologia,* acerta mais o educador que prioriza objetivos educacionais congruentes à formação de indivíduos autônomos, autodiscernidores e autoimunes às manipulações conscienciais de toda ordem, iguais a estes 10 enumerados na ordem alfabética do tema:

01. **Apreensão.** Ensinar a *aprender* e a *apreender,* ao invés de forçar a mera deglutição de conteúdo pedagógico.

02. **Associação.** Promover a associação de ideias, ao invés de supervalorizar ponto de vista ou linha de conhecimento específico.

03. **Autodidatismo.** Incentivar o autodidatismo contínuo dos educandos, além dos limites do ensino formal.

04. **Conhecimento.** Encorajar a busca de conhecimento generalista, multidisciplinar, ao invés de confinar-se a conhecimento específico, particularizado.

05. **Criatividade.** Incentivar a criatividade mental útil, ao invés da arte infantilizada.

06. **Crítica.** Desenvolver o espírito crítico e o questionamento oportuno, ao invés de formar educandos passivos e resignados.

07. **Debate.** Incitar o debate e o intercâmbio de ideias, ao invés de ser o único protagonista do conhecimento em classe.

08. **Ética.** Enfatizar a ética vivida, muito além de moralismos materialistas e teóricos.

09. **Pensamento.** Ensinar a pensar, ao invés de cobrar fórmulas prontas e textos decorados.

10. **Racionalidade.** Cultivar a racionalidade e o pensamento lógico, ao invés de reproduzir idiotismos culturais e conservantismos antievolutivos.

Antiprofissionalismo. Infelizmente, nem todo professor está preparado para enfrentar o questionamento, o pensamento lúcido e a criticidade de alunos perspicazes, capazes de criar incertezas e instigar o senso comum, as figuras de autoridade, e a jurisprudência estabelecida.

Submissão. Neste caso, optam por manter a docilidade e a submissão dos educandos – *massa de manobra* – preservando a segurança íntima e a ordem estabelecida.

Metas-desafio. No universo da *Parapedagogia,* eis 20 condições avançadas, metas-desafio do educador lúcido, capazes de qualificar o epicentrismo docente e o rastro das assinaturas pensênicas positivas em favor da reeducação de todos:

01. **Anticorruptibilidade:** optar pelo conhecimento prioritário, em favor de todas as consciências, descartando as facilidades da erudição tola, superficial e antievolutiva.

02. **Autoabertismo:** dinamizar a evolutividade individual, combatendo as preconcepções e apriorismos.

03. **Autobibliofilia:** cultivar o acúmulo de conhecimento útil.

04. **Autocoerência:** concatenar os próprios atos, com lógica, continuísmo e verbação.

05. **Autocrítica:** autoquestionar-se ininterruptamente, na busca sincera da anatomização do microuniverso consciencial.

06. **Autodeslavagem cerebral:** promover as *autodeslavagens cerebrais,* a partir da recuperação de *cons* e criação de neossinapses.

07. **Autodesrepressão consciencial:** impulsionar as *autodesinculcações* de sentimentos e ideias anacrônicas, em clima de abertismo franco e destemor.

08. **Autodidatismo:** fazer do Cosmos fonte incessante de ideias e conhecimento, segundo o princípio: *aprender a aprender,* pré-requisito do processo ensino-aprendizagem.

09. **Autodiscernimento:** saber distinguir entre o conhecimento prioritário e o descartável.

10. **Autoexemplarismo cosmoético:** conjugar as palavras às ações, sendo exemplo vivo de coerência e cosmoética a ser seguido.

11. **Automaturidade:** aplicar a sabedoria já conquistada, evitando surtos de imaturidade impróprios à sua posição.

12. **Auto-organização:** buscar vivenciar rotinas úteis e hábitos saudáveis.

13. **Autorreeducação:** conjugar, de modo incessante, o polinômio *reanálises-reorganizações-reciclagens-reprogramações.*

14. **Generalismo:** cultivar o conhecimento generalista com vistas à cosmovisão e à polimatia.

15. **Gestações conscienciais:** ser autor de gestações conscienciais policármicas, vivenciando o *trinômio docência-pesquisa-autoria.*

16. **Neofilia:** apreciar o novo, o original e a renovação do conhecimento existente.

17. **Racionalidade:** cultivar o hábito saudável do pensamento retilíneo e lógico.

18. **Recins:** promover as reciclagens intraconscienciais necessárias, visando a qualificação do exemplarismo sadio.

19. **Universalismo:** ser conscin antissectária, multiculturalista e interdisciplinar.

20. **Verpons:** ter *ânsia* por verdades relativas de ponta, capazes de desconstruir o saber envelhecido e anacrônico.

Impossibilidade. No entanto, nem mesmo o melhor educador é capaz de ensinar se o discente reluta em aprender. A aprendizagem só ocorre a partir da automotivação e decisão íntima de explorar universos ainda desconhecidos (V. **Weinberg,** Mônica; ***A Receita dos Bons Alunos;*** *Veja;* São Paulo, SP; 26.05.04; páginas 106 e 107).

HÁ ENSINO SEM APRENDIZAGEM E APRENDIZAGEM SEM ENSINO. NA ESCOLA DA VIDA, APRENDER A APRENDER É PRIMEIRA LIÇÃO A SER APRENDIDA.

27. Dupla Evolutiva

Definição. A *dupla evolutiva* é a união de conscins com afinidades acima da média, visando potencializar a evolução de ambas, através do convívio íntimo sadio, produtivo e cosmoético.

Etimologística. O termo *dupla* deriva do idioma Latim, *duplus,* "duplo, dobrado". Surgiu no Século XX. O vocábulo *evolutivo* procede do idioma Francês, *evolutif,* de *évolution,* e este do idioma Latim, *evolutio,* "ação de percorrer, de desenrolar". Apareceu em 1873.

Sinonímia: 1. Parceiros evolutivos. 2. Sócios da evolução consciente. 3. Evolução intercooperativa a dois. 4. Interdependência evolutiva a dois.

Antonímia: 1. Cônjuges; condição de *marido e mulher.* 2. Parceiros involutivos. 3. Interprisão grupocármica a dois.

Afinidade. As consciências se atraem e se unem segundo as afinidades, quer sejam sadias ou patológicas.

Vínculos. Na dupla evolutiva, a união se dá a partir de vínculos interconscienciais sadios, fundamentados no amor autêntico e na afinidade dos megatraf*o*res individuais, capazes de dinamizar o relacionamento e a evolução de ambos.

Patologia. Ao contrário das duplas evolutivas, há casais unidos prioritariamente pelas afinidades patológicas, somando as deficiências individuais em relacionamento neurótico e anticosmoético, onde ambos perdem evolutivamente.

Traf*a*res. Os traf*a*res de um reforçam e retroalimentam os traf*a*res do outro, criando sinergismo patológico capaz de incrementar as imaturidades de ambos.

Separação. Em muitos casos, depois de esgotadas as tentativas, a melhor alternativa é a separação, de modo a aliviar a influência negativa recíproca.

Domínio. Nos relacionamentos patológicos, interassediadores, quase sempre existe o domínio de um parceiro sobre outro, capaz de cercear o livre-arbítrio da conscin subjugada.

Áreas. A manipulação e o domínio entre casais ocorre, prioritariamente, através de 4 áreas de atuação, enumeradas na ordem alfabética do tema:

1. **Energossomática.** A vampirização do parceiro mais forte energeticamente sobre o mais fraco, levando o último, não raro, a perder peso e a apresentar distúrbios de ordem física e psicossomática, e inclusive, quadros de depressão.

2. **Finanças.** O cerceamento da vontade e liberdade de expressão do parceiro menos abonado financeiramente, através de sanções e chantagens de ordem econômica.

3. **Intelectualidade.** A arrogância intelectual de um dos cônjuges, capaz de minar a autoestima, a criatividade e a capacidade de decisão do menos dotado intelectualmente.

4. **Sexualidade.** A sedução holochacral aética, de base sexual, transformando o(a) parceiro(a) em mero objeto de conquista e prazer.

Artifícios. Eis, a título de análise e estudo, 10 artifícios cosmoeticamente evitáveis, capazes de consolidar e/ou prolongar a interprisão grupocármica do casal, enumeradas na ordem alfabética do tema:

01. **Abstinência.** Usar a abstinência sexual enquanto instrumento de *coerção-punição-controle.*

02. **Amizades.** Proibir ou dificultar as amizades do outro, isolando-o do contexto social.

03. **Chantagem.** Usar a chantagem emocional, inclusive inserindo os filhos no contexto.

04. **Crenças.** Reforçar crenças arraigadas do(a) companheiro(a), consolidando elos de dependência.

05. **Culpa.** Culpar e responsabilizar o(a) parceiro(a) pelos fracassos pessoais, de modo a criar a sensação de dívida no outro.

06. **Depreciação.** Minar a autoestima do(a) companheiro(a), tornando-o(a) presa fácil para dominação.

07. **Ilusão.** Iludir o(a) parceiro(a) com renovadas promessas pessoais, jamais concretizadas, de modo a perpetuar o relacionamento com novo sopro de falsa esperança.

08. **Mentira.** Mentir sobre si mesmo, revelando a verdadeira realidade apenas depois dos compromissos firmados.

09. **Responsabilidade.** Transferir para o(a) parceiro(a) a responsabilidade pela felicidade pessoal, instalando relação de dependência patológica.

10. **Vitimização.** Fazer-se de vítima, a fim de suscitar a compaixão do outro.

Sinergismo. Na vivência da dupla evolutiva sadia, a interfusão dos trafores de cada um, aliada aos objetivos prioritários em comum e vínculo afetivo-sexual homeostático, cria sinergismo ímpar, potencializando significativamente o rendimento de ambos. Este é o exemplo da dupla evolutiva exitosa, onde a soma de 1 mais 1 é igual *a mais* que 2 (V. **Vieira,** Waldo; ***Manual da Dupla Evolutiva;*** Rio de Janeiro, RJ; 1997; página 134).

Invulgar. Na dupla evolutiva, a liberdade de expressão, a intimidade sadia compartilhada em clima de confiança e a estimulação pró-evolutiva recíproca, sem chantagens ou sufocações, criam a condição do casal incomum, com maturidade superior à média dos casais constituídos na Socin.

Ideal. Esta é a condição de parceria evolutiva ideal às conscins interessadas em *queimar etapas* em busca da evolução consciente.

Grupalidade. Consoante a *Grupocarmalogia,* a constituição de dupla evolutiva é o primeiro passo aos que desejam vivenciar a grupalidade avançada. O senso de equipe começa pela união de duas conscins.

Assistência. No universo da *Assistenciologia,* a dupla evolutiva é também pré-requisito para atividades assistenciais de ponta. Se uma conscin não é capaz de assistir nem o parceiro(a), como almejar a assistencialidade policármica?

Princípios. As duplas evolutivas buscam conviver a partir de princípios pró-evolutivos, iguais a estes 6, enumerados na ordem alfabética do tema:

1. **Amparalidade mútua (interassistencialidade):** a prédisposição íntima de assistir ao outro, quando possível, dentro dos limites da Cosmoética.

2. **Anticonflituosidade (pacifismo):** a busca pelo convívio pacifista, criando clima homeostático e empreendedor.

3. ***Binômio admiração-discordância*** **(criticidade sadia):** a busca pela vivência do *binômio admiração-discordância,* enquanto medida profilática às conivências aéticas e melindres antievolutivos.

4. ***Binômio diálogo-desinibição*** **(Comunicologia):** a criação de clima interconsciencial propício à transparência consciencial, com comunicabilidade franca e enriquecedora.

5. **Concessões lúcidas e cosmoéticas (intercompreensão):** a opção lúcida pela vivência de concessões necessárias a 2, sobrepujando as exigências egoicas.

6. **Respeito interconsciencial (Cosmoética):** o respeito pelo livre-arbítrio, necessidades evolutivas e nível consciencial de cada um.

NA DUPLA EVOLUTIVA,
O COMPANHEIRISMO EVOLUTIVO ULTRAPASSA,
DE LONGE, A MERA CONDIÇÃO DE
PARCEIROS DE CAMA, MESA E BANHO.

Parte V

PARAPROFILAXIA

28. Autopesquisa

Definição. A *autopesquisa* é o estudo de si mesmo, onde o pesquisador é, simultaneamente, o investigador e o objeto ou campo de pesquisa analisado.

Etimologística. O elemento de composição *auto* vem do idioma Grego, *autós,* "eu mesmo, por si próprio". O termo *pesquisa* procede do idioma Espanhol, *pesquisa,* derivado do idioma Latim, *pesquisita,* de *pesquisitus,* e este de *perquirere,* "buscar com cuidado, procurar por toda parte; informar-se, inquirir, perguntar, indagar profundamente". Surgiu no Século XIII.

Sinonímia: 1. Autoanálise; autoinvestigação. 2. Autoconscienciometria. 3. Estudo de si mesmo; pesquisa participativa. 4. Autoconsciencioterapia.

Antonímia: 1. Heteroanálise; heteropesquisa. 2. Heteroconscienciometria. 3. Pesquisa materialista; pesquisa não participativa. 4. Antipesquisa.

Variáveis. Eis 13 variáveis capazes de qualificar o universo das autopesquisas, enumeradas na ordem alfabética do tema:

01. **Anotações:** o acúmulo de registros quanto às manifestações pessoais.

02. **Autocrítica:** o autoexame racional e ponderado.

03. **Conscienciograma:** o instrumento das autopesquisas reflexivas e teóricas.

04. **Descondicionamento:** o desprendimento dos condicionamentos fisicalistas repulsores da autopesquisa.

05. **Detalhismo:** as autoanálises detalhadas e minuciosas.

06. **Experimentologia:** o *binômio autopesquisa-heteropesquisa.*

07. **Holoteca:** os artefatos do saber otimizadores das autopesquisas.

08. **Incorruptibilidade:** a probidade nas autoavaliações e autoanálises.

09. **Intencionalidade:** o sincero desejo de autoconhecimento.

10. **Introspecção:** o recolhimento íntimo; a câmara de reflexão.

11. **Megatraf*o*r:** a aplicação do megatraf*o*r enquanto alicerce na superação do megatraf*a*r.

12. **Mnemossomática:** a holomemória; a bagagem consciencial.

13. **Parapsiquismo:** a análise do contexto bioenergético e da sinalética parapsíquica pessoal.

Consciência. O exercício contínuo da autopesquisa traz ao pesquisador a saudável condição de reflexão íntima, capaz de ampliar-lhe a consciência sobre si mesmo.

Insciência. Há conscins irrefletidas, iguais a muitos manipuladores e manipulados conscienciais, inscientes quanto à própria condição.

Autoconscienciometria. Eis, a título de análise e estudo, 20 questionamentos úteis na pesquisa das tendências e condutas pessoais quanto ao universo das manipulações, capazes de identificar o posicionamento pessoal perante o tema (V. **Vieira,** Waldo; ***Conscienciograma: Técnica de Avaliação da Consciência Integral;*** Rio de Janeiro, RJ; 1996):

01. **Abordagens.** Qual a sua conduta perante a persuasão, a sugestão e a doutrinação? Você é do convencimento ou do esclarecimento?

02. **Autocrítica.** Qual o índice da sua autocrítica quanto às sacralizações, tradicionalismos, rituais e cerimônias intrafísicas?

03. **Autoridade.** Que resultados vem obtendo no uso da autoridade pessoal?

04. **Competitividade.** Qual o seu posicionamento perante a competitividade intrafísica *versus* a multidimensionalidade? Pratica algum tipo de concorrência, ainda que camuflada?

05. **Comunicologia.** Qual a profundidade, abrangência, exatidão e utilidade da sua comunicação interconsciencial? Você é mais da retórica ou da explicitação objetiva e lógica?

06. **Conhecimento.** Que resultados produtivos vem obtendo na democratização do conhecimento prioritário e útil? Você é conscin altruísta intelectual ou sonegadora de ideias?

07. **Força Presencial.** Como vem aplicando a sua força presencial nas ações multidimensionais: é um aglutinador evolutivo ou um sugestionador de massas?

08. **Idolatria.** Como convive com as idolatrias, gurulatrias e adorações a objetos, ideias ou instituições da Sociedade intrafísica?

09. **Inteligência.** Que proveitos evolutivos vem obtendo com a aplicação dos seus talentos? Quais os resultados quanto ao uso de suas inteligências?

10. **Intencionalidade.** Qual a qualidade e abrangência da sua intenção aplicada?

11. **Liderança.** Qual a sua conduta perante o carisma sedutor e a dominação pela arrogância declarada?

12. **Livre-arbítrio.** Qual a abrangência e profundidade do seu livre-arbítrio *versus* a opinião pública, os modismos, os pre-

conceitos sociais e as informações midiáticas? Sabe falar *não* ou é reprodutor da subinformação e desinformação?

13. **Poder.** Qual a sua conduta e posicionamento perante o poder intrafísico temporal? Sente euforin quando ocupa cargos de poder? Quais os resultados desta condição?

14. **Psicossomática.** Qual o nível, abrangência e incidência dos seus surtos de imaturidade? Sofre de algum tipo de carência intraconsciencial cronicificada?

15. **Profissão.** Que proveitos evolutivos vem obtendo com sua carreira profissional? Faz do seu *ganha pão* instrumento de retribuição pessoal na proéxis?

16. **Respeito.** Qual o seu nível de vivência prática e exemplificada de respeito ao próximo? Julga-se superior aos demais?

17. **Sugestionabilidade.** Qual a qualidade das suas reações perante a sugestionabilidade, a impressionabilidade, a vulnerabilidade e as suscetibilidades energéticas?

18. **Transparência.** Nos relacionamentos interconscienciais, é mais da transparência e do despojamento ou dos acobertamentos anticosmoéticos?

19. **Universalidade.** Qual a sua conduta perante as fronteiras e as diferenças culturais, étnicas, sociais e econômicas?

20. **Vaidade.** Qual o nível e abrangência dos seus surtos de vaidade e egocentrismos infantis? Que resultados vem obtendo no domínio de seu subcérebro abdominal?

A OPÇÃO PELA AUTOPESQUISA DEMARCA O PONTO DE VIRAGEM NO CICLO MULTIEXISTENCIAL DA CONSCIN MOTIVADA A SAIR DA INÉRCIA EVOLUTIVA.

29. AUTODISCERNIMENTO

Definição. O *autodiscernimento* é o ato ou efeito de discernir; capacidade de avaliar as situações com criticidade, sabendo distinguir o certo do errado, o verdadeiro do falso, o lógico do ilógico, o prioritário do secundário, dando maior clareza às tomadas de decisões e posicionamentos conscienciais.

Etimologística. O elemento de composição *auto* vem do idioma Grego, *autós,* "eu mesmo; por si próprio". Apareceu na terminologia científica no Século XIX. O termo *discernimento* deriva do idioma Latim, *discerno,* "separar, escolher apartando com cuidado; discernir; distinguir". Surgiu em 1770.

Sinonímia: 1. Autolucidez. 2. Autojuízo crítico; criteriosidade; sensatez. 3. Hiperacuidade; *inteligência evolutiva* (IE).

Antonímia: 1. Dispersividade. 2. Acriticidade; insensatez. 3. Ininteligência.

Evolução. Do ponto de vista da *Evoluciologia,* o discernimento cosmoético é um dos principais balizadores do nível evolutivo consciencial.

Superioridade. Na prática, a faculdade de discernir é superior ao bom senso, exigindo elaboração complexa de pensamento e *inteligência evolutiva* (IE).

Ponteiro. Segundo a *Mentalsomática,* o ponteiro da consciência discernidora deve ser movido prioritariamente pela lógica e racionalidade, e não pelas emoções. Quem vive pelas emoções e entusiasmos costuma errar mais, não sendo capaz de aplicar juízo crítico razoável nos momentos evolutivos relevantes.

Essencial. Conforme a *Intrafisicologia,* ter autodiscernimento é saber distinguir o essencial do dispensável, aproveitando a vida humana de modo produtivo e inteligente, evitando manipular ou deixar-se manipular pelo rolo compressor das inutilidades da Socin.

Profissão. Na escolha da carreira ou profissão pessoal, o discernimento ajuda a evitação de atividades aéticas, iguais a de certos manipuladores conscienciais, capazes de levar a conscin a interprisões grupocármicas indesejáveis. Neste contexto, a lucidez quanto ao mais avançado e cosmoético faz a conscin abdicar de carreiras promissoras do ponto de vista intrafísico, porém que pouco ou nada acrescentam do ponto de vista evolutivo.

Companhias. Pela *Grupocarmalogia,* a evitação de companhias aéticas evidencia o discernimento da conscin que não se permite acumpliciar-se com o pior.

Posicionamento. No âmbito da *Cosmoética,* a lucidez quanto ao respeito pelos direitos conscienciais leva a conscin a posicionar-se contra as lavagens cerebrais, doutrinações e repressões de todos os tipos, capazes de cercear a liberdade de expressão e o livre-arbítrio de outras consciências.

Abertismo. O autodiscernimento conduz a conscin a priorizar o abertismo consciencial, o generalismo e a busca pela cosmovisão, a fim de erradicar a interiorose e o fechadismo consciencial.

Energia. No estudo da *Energossomática,* o emprego discernido das energias conscienciais, sem abusos ou negligências, evidencia a lucidez e a hiperacuidade no uso do próprio energossoma.

Atitudes. No estudo da *Discernimentologia,* merecem análises 4 atitudes maduras capazes de evidenciar o grau de discernimento da conscin:

1. **Intenção.** Saber qualificar, com discernimento, a intencionalidade nos atos pensênicos.

2. **Escolha.** Saber priorizar, com sabedoria, as escolhas pessoais diárias.

3. **Discriminação.** Saber distinguir, com acuidade, as próprias energias conscienciais das energias de outras pessoas ou ambientes.

4. **Pensene.** Saber discriminar o holopensene pessoal do holopensene de outras consciências.

Descrença. Consoante a *Experimentologia,* quem opta pela experiência pessoal, ao invés da crença irrefletida, aponta o nível de autodiscernimento consciencial.

Contrafluxo. Na abordagem da *Priorologia,* a maior evidência de autodiscernimento é viver de modo lúcido no contrafluxo das imaturidades da Sociedade em geral, priorizando o mais assistencial, produtivo e favorável à evolução de todos (V. **Gurovitz,** Helio; ***Fazer o Bem é Bom;*** *Época;* São Paulo, SP; páginas 82 a 86; capa); (V. **Gazeta do Povo;** Redação; ***"Sou vivo, não uso Drogas";*** Curitiba, PR; 28.07.01; página 8).

O AUTODISCERNIMENTO COSMOÉTICO POTENCIALIZA A EVOLUÇÃO LÚCIDA E PLANEJADA, MUITO ALÉM DA BOA INTENÇÃO E DA BOA VONTADE.

30. Juízo Crítico

Definição. O *juízo crítico* é a capacidade intelectual que permite analisar, julgar e discutir com correção e discernimento fatos, ideias, posturas pessoais e alheias, sem aceitar, de modo automático e irrefletido, as opiniões pessoais e a de terceiros.

Etimologística. O termo *juízo* vem do idioma Latim, *judicium,* "ação de julgar, ofício de juiz; julgamento, sentença, decisão; faculdade de julgar, discernimento; parecer". Apareceu no Século XIII. O vocábulo *crítico* deriva também do idioma Latim, *criticus,* e este do idioma Grego, *kritikós,* "que julga, que avalia e decide", do verbo *kríno,* "separar; decidir; julgar". Surgiu no Século XVI.

Sinonímia: 1. Autocrítica; heterocrítica; sensatez. 2. Acuidade; lucidez consciencial. 3. Autodiscernimento.

Antonímia: 1. Acriticismo; insensatez. 2. Apriorismose; irreflexão; prejulgamento. 3. Antidiscernimento.

Relevância. O juízo crítico é tema relevante no estudo das manipulações conscienciais, por ser atitude profilática às influências negativas e engodos da Socin.

Autocrítica. No universo da *Egocarmalogia,* o juízo crítico se expressa na capacidade de fazer autocríticas precisas, ampliando o conhecimento e a percepção fidedigna quanto à própria realidade.

Binômio. Consoante a *Conviviologia,* o juízo crítico facilita a aplicação oportuna do *binômio admiração-discordância* nas relações interpessoais, evitando acumpliciamentos negativos e a condição de *Maria-vai-com-as-outras,* presentes nas relações entre manipuladores-manipulados.

Companhias. Ninguém perde por discordar ou mesmo evitar amizades ociosas e companhias anticosmoéticas, capazes de reforçar tra*fa*res pessoais e a manutenção de holopensene patológico.

Omissão. Segundo a *Cosmoética,* os laços afetivos ou condição hierárquica não justificam a conivência com os erros de colegas do grupocarma, sendo exemplo de omissão deficitária.

Heterocrítica. A heterocrítica sadia evidencia incorruptibilidade pessoal, minimizando as interprisões grupocármicas decorrentes da pusilanimidade quanto às heterocríticas necessárias.

Parapsiquismo. Na *Parapercepciologia,* tanto o ceticismo radical quanto a credulidade ingênua são posturas inconvenientes, por negarem a possibilidade de estudo acurado do mundo da *Parafenomenologia.*

Cético. O cético radical erra quando se *fecha em copas,* negando, *a priori,* a possibilidade da existência de outros tipos de manifestação consciencial, além da dimensão intrafísica.

Crédulo. O crédulo, por sua vez, erra ao deixar-se influenciar ingenuamente por gurus, médiuns e sensacionalistas anticosmoéticos de toda ordem, não questionando ou refletindo sobre as argumentações propostas.

Experimento. Por se tratar de realidade subjetiva, de difícil comprovação física, o ideal é pesquisar o parapsiquismo segundo o *princípio da descrença,* onde se postula a relevância da experiência pessoal direta enquanto único recurso capaz de corroborar, para o próprio pesquisador, a realidade não-física.

Autocrítica. Ainda assim, na busca do conhecimento maior, vale ressaltar a importância da autocrítica máxima na análise das experiências parapsíquicas pessoais, sem ingenuidades, surtos de imaginação, quimeras, megalomanias ou fabulações mentais, capazes de distorcer as percepções aferidas.

Incongruências. O ideal é analisar friamente todas as incongruências e incoerências das percepções extrafísicas vivenciadas, antes de se chegar a conclusões definitivas.

Refutação. No estudo da *Comunicologia,* o juízo crítico predispõe as refutações maduras e ponderadas, a fim de se evitar a assunção de informações deslocadas, falácias lógicas, erros de interpretação e mentiras grosseiras.

Internet. No crescente universo da *Infocomunicologia,* a alternativa a quem busca a informação sólida em meio à *torrente de bits* na internet é buscar referências do autor e das fontes das informações acessadas.

Desviacionismo. Sob o enfoque da *Proexologia,* a criticidade alerta, aliada ao senso de priorização evolutiva, minimiza os *mata-burros* e desvios da vida intrafísica, direcionando a conscin à conquista de metas prioritárias e congruentes ao completismo existencial.

Autopensenidade. Apoiado na *Pensenologia,* é mais fácil evitar o contágio psicológico e a pressão do holopensene social, geralmente imaturo, se a conscin conhece com detalhes e profundidade, as características da autopensenidade.

Neofobia. Mediante a *Psicossomática,* o juízo crítico é tema ainda distante da conscin neofóbica, avessa à dúvida, à incerteza e aos conflitos cognitivos próprios dos debates de ideias.

Questionamento. De acordo com a *Holomaturologia,* evidencia maior maturidade a conscin questionadora, que não se rende acriticamente ao determinismo de convicções e crenças sociais, às doutrinas reinantes e verdades estabelecidas, capazes de impor estereótipos cognitivos e conformismos intelectuais.

Posturas. Eis, enumeradas na ordem alfabética, 10 posturas íntimas capazes de qualificar o senso crítico pessoal:

01. **Abertismo.** Apresentar predisposição íntima para avaliar questões e fatos sobre diversas óticas, sem medo de controvérsias e pontos de vista divergentes.

02. **Autorreflexão.** Ser capaz de refletir sobre as próprias ideias e observações, *metacognição,* controlando o impulso de aceitar, de modo acrítico, os primeiros *insights* ou conclusões.

03. **Curiosidade.** Manifestar curiosidade sadia e ininterrupta, não se contentando com o estado atual de conhecimento.

04. **Evidências.** Buscar embasar as hipóteses e argumentações pessoais em evidências sólidas, rejeitando crenças, *achismos* e opiniões sem fundamentação prática.

05. **Incorruptibilidade.** Manifestar honestidade intelectual para rever posicionamentos pessoais diante de novas ideias e informações, sem tendenciosidades ou impulsos de proteger convicções pessoais.

06. **Multidisciplinaridade.** Ter conhecimento multidisciplinar, associando ideias e fatos nas análises e observações.

07. **Pensamento.** Dispor de pensamento lógico e retilíneo, avaliando a coerência dos argumentos propostos.

08. **Perspicácia.** Desenvolver habilidade para perceber o *não-dito,* sendo capaz de *ler nas entrelinhas* as premissas subjacentes.

09. **Posicionamento.** Não ter medo de posicionar-se cosmoeticamente, quando necessário, contra a opinião pública, os modismos e o consenso social.

10. **Questionamento.** Apresentar predisposição íntima para o auto e heteroquestionamento, a fim de formular novas ideias e constructos.

NÃO SE CHEGA A DISCERNIMENTO RAZOÁVEL SEM ABERTISMO CONSCIENCIAL E NEOFILIA PARA QUESTIONAR AS OPINIÕES E CRENÇAS MAIS ENRAIZADAS.

31. Autonomia Consciencial

Definição. A *autonomia consciencial* é a capacidade de se autogovernar, de modo lúcido e produtivo, a partir do autodiscernimento teático, respeitando-se os princípios da interdependência grupocármica.

Etimologística. O termo *autonomia* vem do idioma Grego, *autonomía,* "direito de reger-se segundo leis próprias", sob influência do idioma Francês, *autonomie.* Apareceu no Século XIX.

Sinonímia: 1. Autodirecionamento evolutivo; autogerenciamento consciencial. 2. Autossuficiência consciencial; autossustentabilidade evolutiva. 3. Emancipação evolutiva.

Antonímia: 1. Dependência consciencial. 2. Escravidão interconsciencial; servilismo. 3. Passividade evolutiva. 4. Individualismo patológico.

Autoevolução. De acordo com o Paradigma Consciencial, inexiste heteroevolução. Somente a consciência, através dos próprios esforços, alcança nível razoável de autocura e autoevolução, sempre relativos perante possibilidades homeostáticas avançadas.

Responsabilidade. Logo, é fundamental a conscin assumir a responsabilidade pela própria vida, sem queixas e reclamações. Afinal, somos o resultado de nossas próprias escolhas.

Reciclagem. Na busca de melhores níveis de maturidade, toda consciência, inevitavelmente, diagnostica traços pessoais imaturos, passíveis de reciclagens.

Autoenfrentamento. Optar pelo enfrentamento sincero e lúcido das imaturidades pessoais é o primeiro passo aos que buscam a autonomia consciencial, transformando a conscin em professor e terapeuta de si mesma.

Autopercepção. O enfrentamento das dificuldades pessoais amplia a autopercepção, levando a pessoa a conhecer-se sobre diferentes ângulos, em situações diversas de desafio e autoaprendizagem.

Autoconceito. A experiência e o reconhecimento quanto à própria *maneira de funcionar,* somados às autossuperações exitosas, levam a conscin a qualificar o conceito e a imagem de si.

Autossuperações. Perante à *Recexologia,* a autonomia consciencial é reflexo de série de autossuperações íntimas – conquistas evolutivas – com o decorrente incremento do nível de autoconfiança e amadurecimento consciencial.

Automotivação. Do ponto de vista da *Holossomática,* as autossuperações contínuas, chanceladas por maior rendimento consciencial, costumam otimizar as ECs e o nível de automotivação para novas reciclagens.

Virtuoso. Deste modo, instala-se círculo virtuoso, onde o novo autoenfrentamento e a nova autossuperação reforçam a autoestima e a autoconfiança necessárias ao estabelecimento da autonomia consciencial.

Aprendizagem. A partir da *Parapedagogia,* a consciência madura *aprende a aprender* consigo mesma, através da vivência autocrítica de experimentos diversos.

Experimentologia. Os que buscam incrementar a autoaprendizagem podem ainda expor-se, de modo calculado, a experimentos pró-evolutivos desafiadores, ampliando o conhecimento quanto às potencialidades e limites pessoais (V. **Soares,** Fátima; ***Experimentologia – Norteador Autoconsciencioterápico;*** *Journal of Conscientiology;* IAC; 07 a 10 de setembro de 2006; página 192).

Autoconvicção. O acúmulo de experiências didáticas leva o experimentador à conquista de autoconvicções sadias, potencializando a autossuficiência consciencial.

Diferença. No estudo da autonomia consciencial, importa diferenciar as autoconvicções lúcidas das crenças irracionais desencadeadoras do apriorismo patológico.

Autolavagem. Neste caso, a conscin assume determinado conceito ou postura pensênica de modo irrefletido, independente da veracidade dos fatos e parafatos, chegando aos casos crônicos, à autolavagem cerebral.

Análise. Já as autoconvicções lúcidas são produtos da análise acurada de experiências pessoais, sustentada por fatos e/ou parafatos.

Autopensenidade. Na *Pensenologia,* a autonomia, e consequente liberdade consciencial, implica a capacidade de se comandar os próprios pensenes, incluindo aí o domínio da produção dos desejos pessoais.

Influência. Quem não controla a geração dos próprios desejos é facilmente levado por impulsos e estímulos externos, agindo segundo propósitos de terceiros, nem sempre condizentes com os interesses pessoais.

Loc. A pessoa que almeja a autonomia consciencial busca fundamentar a sua manifestação no *loc* (local de controle) interno, não se deixando levar de modo acrítico pela opinião pública, modismos, *zeitgeist,* palpites e achismos, iguais às consciências manipuláveis.

Parasitismo. Quanto mais a pessoa busca no externo a solução de questões pessoais, mais se fragiliza, podendo tornar-se parasita da opinião e manifestação de terceiros.

Metas-desafio. Segundo a *Experimentologia,* eis, por exemplo, 5 metas-desafio na conquista da autonomia consciencial:

1. **Autonomia Assistencial.** O autodomínio energético e parapsíquico nas práticas assistenciais.

2. **Autonomia Educativa.** O investimento no autodidatismo incessante, independente do estudo formal.

3. **Autonomia Financeira.** A liberdade econômica afim aos desafios e atividades da proéxis.

4. **Autonomia Parapsíquica.** O autoparapsiquismo em crescente evolução.

5. **Autonomia Pensênica.** A autopensenização livre de interferências externas (xenopensenes).

Diferenciação. Importa ressaltar a diferença entre a autonomia consciencial sadia e o individualismo egoísta, que tende a desenvolver a autonomia com base na instrumentalização do outro para a consecução dos próprios interesses (V. **Ruiz,** Castor M. M. Bartolomé; ***As Encruzilhadas do Humanismo;*** Vozes; Petrópolis, RJ; 2006; página 103).

Grupalidade. O individualista compreende a autonomia enquanto o direito de todo cidadão de satisfazer unicamente suas ambições, e não a maturidade quanto ao uso do livre-arbítrio, dentro de contexto grupocármico.

Conduta-exceção. A condição da autonomia consciencial, dentro do universo da interdependência evolutiva, é conduta-exceção avançada e assistencial, porém acessível a qualquer pessoa predisposta.

Tra*f*orismo. Cabe a cada um a tarefa de amadurecer, a partir da aplicação dos tra*f*ores pessoais nos trabalhos de interassistencialidade.

Benefícios. A conquista da autonomia consciencial traz benefícios prioritários para a vida da consciência, por exemplo, estes 15, enumerados na ordem alfabética:

01. **Autocentramento:** o *loc interno.*

02. **Autocoerência:** a harmonia holossomática.

03. **Autocompetência:** o somátorio de aptidões e habilidades.

04. **Autoconfiança:** a eliminação de inseguranças generalizadas.

05. **Autodecisão:** a autodeliberação; o uso lúcido do livre-arbítrio.

06. **Autodefesa:** a refratariedade consciencial.

07. **Autodesempenhos:** a produtividade consciencial.

08. **Autodeterminação:** a autofirmeza; o continuísmo consciencial.

09. **Autodomínio:** o autoconhecimento profundo e seguro.

10. **Autoestima:** o traf*o*rismo; a incorruptibilidade.

11. **Autossegurança:** a estabilidade consciencial.

12. **Autossoluções:** a autoassistência.

13. **Autossuficiência:** evolutiva.

14. **Autoverbação:** a Verbaciologia.

15. **Autovigilância:** a prudência; a hiperacuidade.

A OPÇÃO PELA AUTONOMIA CONSCIENCIAL, SEM INDIVIDUALISMO ALIENANTE, DEMARCA A EXTINÇÃO DA SUBJUGAÇÃO, SERVILISMO E ACOMODAÇÃO EVOLUTIVA.

32. Posicionamento Pessoal

Definição. O *posicionamento pessoal* é o ato, processo ou efeito de posicionar-se perante situações, pessoas ou ideias, através da emissão de opiniões próprias segundo convicções íntimas.

Etimologística. O termo *posicionamento* vem do idioma Latim, *positio,* "ação de por, de colocar; posição; situação". Apareceu no Século XX. O vocábulo *pessoal* provém também do idioma Latim, *personalis,* "pessoal". Surgiu no Século XIII.

Sinonímia: 1. Autodecidologia. 2. Autodeterminologia.

Antonímia: 1. Decidofobia; murismo. 2. Abstencionismo consciencial. 3. Apatia evolutiva; passividade consciencial.

Estímulos. No universo da *Intrafisicologia,* estamos diariamente expostos a diferentes estímulos, situações e ideologias que exigem respostas e posicionamento pessoal.

Questionamento. Conforme a *Mentalsomática,* o posicionamento lúcido perante questões críticas à evolução consciencial exige questionamento e análise acurada de todas as variáveis.

Reflexão. Sem o uso da reflexão, da auto e heterocrítica é fácil seguir *a onda do momento,* nem sempre auferindo ganhos positivos.

Perguntas. Na pesquisa da *Intencionologia,* eis três perguntas oportunas, capazes de qualificar a intenção da conscin em contextos de decisão e posicionamento pessoal: *por quê, para quê* e *para quem* estou me posicionando desta maneira?

Convivência. No estudo das interrelações, acerta mais quem compreende que a afeição e o amor não implicam necessariamente concórdia e acumpliciamentos aéticos; tampouco o posicionamento pessoal discordante é sinônimo de desentendimento.

Dissidência. Conforme a *Conviviologia,* é bom ainda considerar que ideias produzem dissidências, e que é impossível, do ponto de vista cosmoético, agradar a todos.

Autoposicionamento. A partir da *Intrafisicologia,* importa o posicionamento de cada um frente aos tradicionalismos, coleiras do ego, muletas psicofisiológicas, idolatrias generalizadas ou qualquer outro contexto mesológico capaz de influenciar as consciências.

Livre-arbítrio. Através do contínuo exercício do posicionamento lúcido, a consciência vai aprendendo a lidar com os limites e abrangência do próprio livre-arbítrio, tornando-se segura de si.

Superação. Consoante a *Psicossomática,* acerta mais quem supera os melindres, medos irracionais, *mecanismos de defesa do ego (MDE),* ou qualquer artifício de preservação da autoimagem, contrários a todo posicionamento franco.

Interprisões. No estudo das manipulações conscienciais, a pessoa *murista,* decidofóbica ou que teme *o ônus do não,* é facilmente sugestionada, chegando a entrar em interprisões grupocármicas por medo de posicionar-se de modo aberto e sincero.

Juventude. No âmbito da *Invexologia,* o ideal à conscin jovem é começar, desde cedo, a ter vontade própria, de modo a construir personalidade forte.

Fragilização. A pessoa débil fragiliza-se facilmente, tornando-se presa fácil das manipulações generalizadas.

Desassimilação. Segundo a *Energossomática,* o posicionamento energético pronto e efetivo frente às energias prejudiciais é atitude profilática perante as assimilações patológicas.

Autovigilância. O ser desperto é a consciência autovigilante, capaz de manter a condição ininterrupta de autodefesa energética no microuniverso consciencial.

Abordagens. Perante a *Proexologia,* existem dois modos de se posicionar perante a vida humana: a abordagem varejista e a abordagem atacadista (V. **Wheires,** Kelly; ***Posicionamento Consciencial;*** in *Conscientia: III Anais da Cinvéxis;* CEAEC; Foz do Iguaçu, PR; 2006; página 197).

Profilaxia. O atacadismo consciencial é conduta proficiente ao combater as omissões deficitárias, irrealizações e desvios de rota, evitando-se o incompléxis.

Princípios. Pela *Cosmoética,* o posicionamento consciencial cosmoético depende da assunção de princípios avançados para se viver, norteadores da evolução *de todos,* sem autocorrupções ou sectarismos alienantes.

O POSICIONAMENTO PESSOAL LÚCIDO É PROFILAXIA ÀS CONDIÇÕES PATOLÓGICAS DE AUTOVITIMIZAÇÃO, PARALISIA EVOLUTIVA E DESVIACIONISMO CONSCIENCIAL.

33. Desassédio Interconsciencial

Definição. O *assédio interconsciencial* é o conjunto de ações e sinais que envolvem duas ou mais consciências, com a finalidade de exercer domínio ou subjugação, através da imposição de pensenes patológicos desestabilizadores emitidos entre elas.

Etimologística. O termo *assédio* vem do idioma Italiano *assedio*, e este do idioma Latim, *adsedium,* pelo clássico *obsidium,* "cerco, cilada". Surgiu no Século XVII. O prefixo *inter* procede também do idioma Latim, *inter,* "no interior de dois; entre; no espaço de". O vocábulo *consciência* deriva do mesmo idioma Latim, *conscientia,* "conhecimento de alguma coisa comum a muitas pessoas; conhecimento; consciência; senso íntimo", e este do verbo *conscire,* "ter conhecimento de". Apareceu no Século XIII.

Sinonímia: 1. Intrusão pensênica; xenopensene. 2. Perseguição interconsciencial. 3. Insistência impertinente. 4. Possessão interconsciencial

Antonímia: 1. Ajuda lúcida mútua; intercâmbio de ideias visando o esclarecimento. 2. Convivência harmônica. 3. Assistência interconsciencial.

Definição. O *desassédio interconsciencial* é a eliminação do assédio de determinada consciência sobre outra.

Sinonímia: 1. Autodesassédio. 2. Heterodesassédio.

Antonímia: 1. Assédio interconsciencial. 2. Autoassédio. 3. Heteroassédio.

Profilaxia. No estudo da profilaxia das manipulações conscienciais, importa pesquisarmos a condição do desassédio interconsciencial, partindo de melhor compreensão da assedialidade.

Despriorização. Importa ressaltarmos que a assedialidade interconsciencial é sempre postura regressiva do ponto de vista evolutivo, indicando falta de prioridade evolutiva inteligente.

Taxologia. Segundo Vieira, eis duas categorias básicas de assédio interconsciencial (V. **Vieira,** Waldo; ***Homo sapiens reurbanisatus;*** Foz do Iguaçu, PR; 2003; página 432):

1. **Emoções.** Os gerados a partir das emoções (psicossoma).
2. **Ideias.** Os gerados a partir das ideias (mentalsoma).

Paixão. A rigor, na prática, inexiste assédio mentalsomático sem a presença de paixão de alguma natureza, ainda que ideológica.

Desassedialidade. Portanto, uma das bases da desassedialidade é o domínio das emoções, permitindo a manifestação lúcida e discernida do mentalsoma.

Autoassédio. Todo heteroassédio nasce de algum tipo de autoassédio capaz de abrir as portas aos xenopensenes patológicos. Logo, toda consciência passível de assédio apresenta algum nível de autopensenidade doentia.

Irreflexão. O automatismo e a irreflexão quanto à elaboração dos próprios pensenes possibilitam a instalação de autopensenes patológicos, podendo transformar-se, quando recorrentes, em autoassédios cronicificados.

Patopensenidade. A patopensenidade crônica faz da consciência sua maior inimiga. Neste caso, o desequilíbrio dos pensenes agem contra a própria pessoa, transformando-se no seu maior algoz.

Traf*a*res. Os traf*a*res são os alvos de exploração de assediadores interconscienciais, mantendo a conexão vítima-algoz.

Intrusões. É mais fácil identificar a intrusão de ideias ou emoções explicitamente negativas e incompatíveis com o padrão pensênico pessoal. Mais complexo é reconhecer a intrusão da ideia aparentemente inofensiva, porém negativa e patológica na essência, capaz de invadir sorrateiramente o microuniverso consciencial da vítima, provocando danos, muitas vezes identificados somente depois de assumirem proporções vultosas.

Afinidade. Neste caso, os assediadores sugerem ideias ou emoções (supostamente) condizentes ou similares à pensenidade da vítima, facilitando a introjeção das mesmas. Uma vez estabelecido o *rapport,* o domínio da pensenidade é mais fácil de ser instituído.

Estudo. Daí a relevância de estudarmos o microuniverso consciencial, a fim de erradicarmos condutas e posturas pessoais geradoras de assédios interconscienciais, iguais, por exemplo, a estas 10, enumerados na ordem alfabética do tema:

01. **Acriticidade.** A irreflexão; a preguiça de pensar.

02. **Autocorrupção.** As autocorrupções com ganhos secundários efêmeros.

03. **Desatenção.** A conduta distraída, desleixada e negligente quanto às sutilezas da própria manifestação.

04. **Emocionalismos.** Os emocionalismos desestabilizadores, obscurecendo o juízo crítico e a racionalidade.

05. **Evocações.** As evocações conscientes e inconscientes de fatos e consciências extrafísicas ou intrafísicas.

06. **Heterocorrupção.** As ações com prejuízo, malefício ou dolo a terceiros.

07. **Invigilância.** O falar ou agir impulsivo, sem consciência dos possíveis efeitos colaterais negativos.

08. **Monoideísmos.** O cultivo de ideias fixas e cronicificadas, sem reciclagens oportunas.

09. **Patopensenidade.** A manutenção da patopensenidade ectópica, inclusive contra si mesmo.

10. **Sexualidade.** A carência sexual vampirizadora e a promiscuidade anticosmoética.

Exemplo. O desassédio interconsciencial é megaexemplo de assistencialidade.

Recursos. Eis, a título de atitudes profiláticas, 10 recursos e posturas intraconscienciais, facilitadoras do desassédio interconsciencial, enumerados na ordem alfabética:

01. **Abertismo.** O abertismo consciencial, contrário à rigidez pensênica e monoideísmos.

02. **Autodesassédio.** A autocura de autoassédios superficiais ou cronicificados, a partir do seguinte princípio cosmoético: *o que não presta, não presta mesmo.*

03. **Confiança.** A confiança na assistência extrafísica.

04. **Cosmoética.** A manutenção de elevado nível de Cosmoética.

05. **Criticidade.** A auto e heterocrítica cosmoética.

06. **Equilíbrio.** O investimento no equilíbrio íntimo, independente das circunstâncias.

07. **Energias.** O domínio de manobras básicas energéticas.

08. **Higiene.** A manutenção da higiene mental ou intraconsciencial, sem recaídas autocorruptoras.

09. **Reflexão.** O hábito da reflexão profunda e serena.

10. **Tenepes.** A prática diária da tenepes, com vistas à interassistencialidade.

Inarredável. Do ponto de vista da *Evoluciologia,* toda consciência está *fadada* a evoluir e, portanto, conquistar melhores níveis de Cosmoética e fraternidade. Não há exceção a esta regra. É apenas uma questão de tempo e investimento pessoal.

Superações. Acerta mais quem busca erradicar, o quanto antes, e em favor de todos, a intenção patológica, os surtos de imaturidade, o domínio do subcérebro abdominal e toda pensenização nociva.

Decisão. A autodesassedialidade começa pela decisão íntima de se manter pensenes homeostáticos, aprendendo a conjugar a condição de ser autoimperdoador, sem permitir-se, no entanto, pensar mal de si (autoderrotismo).

Desperticidade. Segundo a *Despertologia,* a desperticidade é condição plausível de ser conquistada pela consciência auto-organizada e automotivada para este fim.

O CORTE DEFINITIVO DOS AUTOASSÉDIOS, SOMADO AO DOMÍNIO ENERGÉTICO, DESENVOLVEM A REFRATARIEDADE SADIA CONTRA INFLUÊNCIAS NOCIVAS GENERALIZADAS.

34. Projeção Consciente

Definição. A *projeção consciente* é o fenômeno parapsíquico caracterizado pela descoincidência dos veículos de manifestação consciencial, quando a conscin se projeta para fora do corpo humano de modo lúcido.

Etimologística. O vocábulo *projeção* procede do idioma Latim, *projectio,* "jato para diante, lanço; esguicho de água; ação de alongar, de estender, alongamento; prolongamento; construção em projetura", de *projicere,* "lançar para diante". Surgiu no Século XVIII. A palavra *consciente* provém do mesmo idioma Latim, *consciens,* "que tem pleno conhecimento", e esta do verbo *conscire,* "ter conhecimento de". Apareceu no Século XIX.

Sinonímia: 1. Experiência fora do corpo. 2. Desdobramento consciente. 3. Projeção lúcida. 4. Viagem astral.

Antonímia: 1. Sonho onírico. 2. Imaginação. 3. Alucinação.

Complexidade. A projeção consciente é um dos fenômenos parapsíquicos mais abrangentes de que se tem conhecimento, por permitir à conscin vivenciar, *in loco,* e de modo lúcido, realidades além da dimensão intrafísica.

Projeciologia. Experimentada por diversos sensitivos desde a Antiguidade, hoje é estudada de modo sistematizado através da ciência Projeciologia, proposta pelo médico Waldo Vieira.

Convicções. A experiência da projeção lúcida, quando analisada de modo racional e autocrítico, traz ao experimentador convicções inquestionáveis quanto ao fato de sermos consciências multidimensionais, em processo evolutivo por série de vidas humanas.

Imortalidade. A primeira conclusão lógica advinda da experiência fora do corpo é a de que ninguém morre; a consciência sobrevive ao descarte do corpo humano, passando a se manifestar, a partir de então, e por certo período de tempo, em outras dimensões conscienciais.

Autodeslavagem. A projeção consciente é eficaz instrumento de autodeslavagem cerebral e paracerebral, já que o projetor substitui a sujeição às crenças e obscurantismos generalizados pelo conhecimento prático, autovivenciado.

Independência. A projeção lúcida conduz o experimentador desperto a acatar a realidade das dimensões extrafísicas (autoparapsiquismo), de modo racional, descartando, ao mesmo tempo, a dependência à opinião dos sensitivos e religiosos em geral, aos impérios dogmáticos, ao materialismo alienante, ou qualquer outra postura inibidora do conhecimento prático e direto da multidimensionalidade.

Anacronismo. A partir do acúmulo de experiências exitosas, torna-se anacrônico ao projetor veterano, por exemplo, estas 7 ocorrências, enumeradas na ordem alfabética do tema:

1. **A busca aética pelo poder intrafísico temporal.**
2. **As crendices.**
3. **As gurulatrias; as idolatrias.**
4. **A subjugação aos argumentos de autoridade.**
5. **O conhecimento dogmático; a imposição de verdades prontas.**
6. **O materialismo intrafísico.**
7. **Os atos de fé.**

Técnicas. Já existem (Ano-base: 2011) dezenas de técnicas projetivas testadas, capazes de ajudar a conscin a sair do corpo e vivenciar outras dimensões conscienciais com lucidez.

Grupos. Nas Instituições Conscienciocêntricas (ICs), fundamentadas nas diretrizes do paradigma consciencial, grupos de pesquisadores-projetores estudam de modo teático este fenômeno.

Exemplos. É o caso do *Grupo de Desenvolvimento da Projetabilidade Lúcida* do Centro de Altos Estudos da Conscienciologia (CEAEC) e da *Escola de Projetores* do Instituto Internacional de Projeciologia e Conscienciologia (IIPC) (V. **Buononato,** Flávio; & **Teles,** Mabel; ***Síntese das Vivências do Grupo de Desenvolvimento da Projetabilidade Lúcida;*** in *Conscientia: II Jornada da Parapercepciologia;* CEAEC; Foz do Iguaçu, PR; 2006; páginas 298 a 304).

Projectarium. No campus da *International Academy of Consciousness* (IAC), em Evoramonte, Portugal, o laboratório *Projectarium,* com *design* experimental e inovador, oferece ambiente otimizado e tecnicamente preparado para facilitar a produção de projeções conscientes.

Laboratório. No campus do CEAEC, em Foz do Iguaçu, existe o laboratório de Técnicas Projetivas objetivando esta mesma finalidade.

Recursos. Ao experimentador automotivado em vivenciar projeções lúcidas, importa ressaltar que a vontade férrea somada a esforços contínuos é recurso insubstituível para o êxito do objetivo.

O PROJETOR CONSCIENTE VETERANO DESCARTA OS INTERMEDIÁRIOS NA CONSTRUÇÃO DO SEU CONHECIMENTO A RESPEITO DA EXTRAFISICALIDADE.

35. Reciclagem Intraconsciencial

Definição. A *reciclagem intraconsciencial* é o ato de alterar, para melhor, os conceitos, valores, posturas e atributos conscienciais, colocando a conscin em novo patamar evolutivo, a partir da recuperação de *cons* e consequente ampliação de lucidez e autodiscernimento.

Etimologística. O prefixo *re* deriva do idioma Latim, *re,* "retrocesso, retorno, recuo; repetição, iteração; reforço, intensificação". Surgiu no Século XV. O termo *ciclo* vem do idioma Francês, *cycle,* derivado do idioma Latim, *cyclus* e este do idioma Grego, *kyklós,* "círculo, roda". Apareceu no Século XVIII. O prefixo *intra* procede do idioma Latim, *intra,* "dentro de, no interior de, no intervalo de". O vocábulo *consciência* provém do mesmo idioma Latim, *conscientia,* "conhecimento de alguma coisa comum a muitas pessoas; conhecimento; consciência; senso íntimo", e este do verbo *conscire,* "ter conhecimento de". Surgiu no Século XIII.

Sinonímia: 1. Recin. 2. Mudança; neofilia. 3. Reaprendizagem; reeducação; repriorização. 4. Autossuperação. 5. Autoqualificação consciencial.

Antonímia: 1. Conservadorismo; estagnação; fossilização; neofobia. 2. Automimese existencial; robéxis. 3. Acomodação evolutiva.

Reciclagens. No universo da *Recexologia,* existem condutas anticosmoéticas, maus hábitos, vícios estagnadores e valores ectópicos à espera de renovações oportunas rumo à evolução cosmoética.

Cirurgia. Ninguém evolui, satisfatoriamente, sem reciclagens cirúrgicas, a fim de eliminar as patologias e imaturidades conscienciais.

Evolução. Inexiste evolução à base de auto e heteroenganos, falácias e falsidades próprias das manipulações conscienciais.

Reflexão. Segundo a *Mentalsomática,* as reflexões profundas, passíveis de execução a partir do recolhimento íntimo em câmara de introspecção, é conduta inteligente para se identificar, compreender e superar traf*ar*es enraizados, muitas vezes negligenciados pela impulsividade, leviandade e autocorrupção crassa.

Impactoterapia. Às conscins preparadas, com fôlego para novas aprendizagens, resta ainda a possibilidade da intervenção oportuna e assistencial da *impactoterapia cosmoética,* capaz de revelar, pelo choque mentalsomático, partes obscuras do microuniverso consciencial, ampliando a autoconsciencialidade e o juízo crítico quanto à própria realidade.

Compreensão. A vivência anticosmoética, por longas vidas, é peso holocármico somente amenizado quando a consciência compreende a patologia e os efeitos deletérios do próprio rastro pensênico, despertando e decidindo partir para reciclagens oportunas.

Viragem. Isso ocorre com os manipuladores conscienciais anticosmoéticos ao optarem pela *viragem de mesa,* ou com qualquer outra consciência imatura em busca da homeostase consciencial.

Renovação. A renovação pode chegar ao universo das conscins *reciclantes* quando se tornam capazes de vislumbrar *princípios* e *posturas* avançadas, iguais a estes 8 dispostos em ordem alfabética:

1. **Assistência.** A vivência do princípio da assistência interconsciencial norteadora e catalisadora da evolução consciencial.

2. **Autocrítica.** A necessidade da autocrítica sincera, sem paliativos, camuflagens ou distorções de autoimagem, enquanto ferramenta profilática de autoenganos e jactâncias irracionais geradoras de abusos de poder.

3. **Cosmoética.** A percepção do fluxo natural do Cosmos, sempre cosmoético e a favor do maior número de consciências.

4. **Holocarma.** A compreensão da lei de causa e efeito embasando o ciclo multiexistencial de toda consciência.

5. **Intencionalidade.** A necessidade da qualificação da intenção pessoal, íntima, com base no autodiscernimento e cosmoética já compreendida.

6. **Reeducação.** A relevância da autorreeducação ininterrupta, a fim de implantar hábitos e rotinas saudáveis e produtivas evolutivamente.

7. **Transparência.** A probidade da conduta transparente, fidedigna e despojada, contrária ao mau caratismo da consciência bifronte.

8. **Universalismo.** O princípio magno do universalismo, contrário ao individualismo, aos grupúsculos e às camarilhas anticosmoéticas.

A RECIN NASCE DA AUTOANÁLISE E DO AUTOCONHECIMENTO SINCERO CAPAZ DE APONTAR A NECESSIDADE PREMENTE DE AUTORRENOVAÇÕES.

36. Priorização Evolutiva

Definição. A *priorização evolutiva* é a manifestação inteligente quanto ao uso do livre-arbítrio, a partir da conjugação profícua do tempo, atributos conscienciais e recursos intrafísicos, de modo a alcançar metas existenciais avançadas, condizentes à proéxis individual e grupal.

Etimologística. O termo *prioridade* deriva do idioma Francês, *priorité,* e este do idioma Latim, *prioritas,* "que está mais avançado". Surgiu em 1679. A palavra *evolutiva* procede do idioma Francês, *evolutif,* de *évolution,* e esta do idioma Latim, *evolutio,* "ação de percorrer, de desenrolar". Surgiu em 1873.

Sinonímia: 1. Escolha inteligente. 2. Preferência evolutiva. 3. Autodiscernimento quanto ao uso do livre-arbítrio. 4. *Inteligência Evolutiva* (IE).

Antonímia: 1. Despriorização; escolha imatura. 2. Decidofobia. 3. Antidiscernimento.

Polivalência. Há conscins polivalentes e superdotadas desperdiçando a genialidade pessoal em interesses pouco inteligentes e metas existenciais tacanhas.

Obstinação. Há outras de temperamento perseverante, aplicando a obstinação e o esforço pessoal para conquistar recordes inúteis à evolução de todos. O afamado livro *Guiness Book* é exemplo prático desta condição (V. **Peconick,** Alexandre; ***Loucos pela Fama;*** *Incrível;* Revista; Rio de Janeiro, RJ; Janeiro, 1997; páginas 63 a 65); (V. **Super Interessante;** Redação; ***Por um Momento de Glória;*** Revista; São Paulo, SP; Dezembro, 1987; páginas 79 a 81).

Trinômio. Pela *Holomaturologia,* a maturidade no uso do livre-arbítrio é expressa pela capacidade de se aplicar, de modo inteligente e produtivo, o *trinômio tempo-prioridades-esforço pessoal,* rumo à autoevolução planificada.

Autodiscernimento. A priorização útil e relevante nasce do emprego do autodiscernimento máximo, capaz de levar a conscin a renunciar certos privilégios intrafísicos passageiros, convergindo as potencialidades pessoais na concretização de *metas evolutivas reais.*

Multidimensionalidade. Na *Parapercepciologia,* acerta mais quem considera a multidimensionalidade e a multiexistencialidade, buscando vivenciar o autoparapsiquismo lúcido.

Paraprofilaxia. Conforme o estudo da *Proexologia,* ninguém perde por evitar escolhas e manifestações irrefletidas, automiméticas, ou mesmo patológicas, iguais a estas 16, enumeradas na ordem alfabética do tema, capazes de desviar a conscin de metas evolutivas prioritárias:

01. **Amizades.** Companhias ociosas e anticosmoéticas.

02. **Arte.** Manifestação primária do emocionalismo e do subcérebro abdominal, em detrimento à logicidade mentalsomática.

03. **Bigorexia.** Compulsão fisiculturista doentia, fazendo do soma prioridade existencial máxima (V. **Veiga,** Aida; & **Frutuoso,** Suzane; ***Espelho Quebrado;*** *Época;* Revista; São Paulo, SP; 02.05.05; páginas 63 a 65).

04. **Buscador borboleta.** Conscin dispersiva e *decidofóbica,* sem rumo consciencial efetivo.

05. **Colecionismo.** O colecionismo de bagulhos energéticos, evidenciando imaturidade quanto à energossomática e à multidimensionalidade (V. **O Estado de S. Paulo;** Redação; ***Colecionadores provam: tem Gosto para Tudo;*** Jornal; São Paulo, SP; 24.03.02; páginas 02 e 03).

06. **Consumismo.** O consumismo desnecessário e irrefletido, sem lucros existenciais (V. **Fonseca,** Celso; ***Sensações à Venda;*** *Isto*

É; Revista; São Paulo, SP; 06.10.04; páginas 07 a 11); (V. **Costa,** Len; ***Compras, Vício com Bagagem Psicológica;*** *O Estado de S. Paulo;* Jornal; São Paulo, SP; 14.12.03; página B 08).

07. **Dromomania.** A perambulação à deriva, sem a fixação em projetos prioritários.

08. **Esoterismo.** A inclinação para a fé e a credulidade, em detrimento da racionalidade e do discernimento lógico (V. **O Globo;** Redação; ***Títulos Esotéricos são Sucesso de Vendas num Mercado que Ainda pode Aumentar;*** Jornal; Rio de Janeiro, RJ; 04.01.99; página 03).

09. **Esportes Radicais.** O gosto pelo perigo e a adrenalina, apesar do risco de vida (V. **Gómez,** J.; ***Libera tu Estrés con Una Descarga de Adrenalina;*** *DT;* Madrid; Maio, 2003; páginas 204 e 205).

10. **Fama.** A fama e o prestígio intrafísicos a qualquer preço, em detrimento da concretização das bases para o autorrevezamento lúcido (V. **Petraglia,** Marcelo; ***Quero Ser Famoso;*** *Jornal do Brasil;* Rio de Janeiro, RJ; 06.10.04; páginas 23 a 28); (V. **Knoploch,** Carol; ***Celebridade: Uma Indústria Bem Sucedida;*** *O Estado de S. Paulo;* Jornal; São Paulo, SP; 12.10.03; páginas T05 a T07).

11. **Idiotismo cultural.** A manutenção de idiotismos culturais, perpetuando o ignorantismo e a estagnação do conhecimento (V. **Silva,** Silvana; ***Município Gaúcho autoriza Rinha de Galos;*** *Zero Hora;* Jornal; Porto Alegre, RS; 21.02.02; página 38).

12. **Ludopatia.** O perdedor compulsivo, cedendo aos apelos do vício do jogo, um dos maiores engodos sociais (V. **Vieira,** Waldo; ***Homo sapiens reurbanisatus;*** 2003; página 292).

13. **Materialismo.** A Ciência materialista, com supremacia do átomo e do elétron sobre a consciência.

14. **Modismos.** A frivolidade da moda do dia (V. **O Globo;** Redação; ***Modismos para Durar uma Estação;*** Jornal; Rio de Janeiro, RJ; 26.11.98; página 28).

15. **Tradicionalismo.** Os tradicionalismos anacrônicos, contrários às reciclagens necessárias (V. **Ferraz,** Eduardo; ***O Pior Inimigo é a Tradição;*** *Exame;* Revista; São Paulo, SP; 04.04.01; páginas 88 a 98); (V. **Silvestrini,** Gladinston; ***O Peso da Tradição;*** *Exame;* Revista; São Paulo, SP; 13.01.99; páginas 31 e 32).

16. **Videotismo.** O maníaco *pela telinha,* anestesiando os neurônios paulatinamente.

Intrafisicalidade. Consoante a *Intrafisicologia,* é frutífero pautar a manifestação pessoal segundo paradigmas produtivos do ponto de vista evolutivo, iguais a estes 15, enumerados na ordem alfabética do tema:

01. **Assistenciologia:** a tares; a tenepes; a ofiex.

02. **Conviviologia:** a dupla evolutiva exitosa; o grupo evolutivo cosmoético.

03. **Egocarmalogia:** a erradicação dos traf*a*res estagnadores da autoevolução.

04. **Energossomática:** o domínio do estado vibracional.

05. **Grafopensene:** a gestação consciencial libertária, visando o *autorrevezamento consciencial.*

06. **Holocarmalogia:** a abertura da conta corrente policármica.

07. **Ideologia:** a Cosmoética vivenciada.

08. **Invexologia:** a recuperação precoce de *cons.*

09. **Mentalsomática:** o autodiscernimento magno.

10. **Parafenomenologia:** a projetabilidade lúcida e voluntária.

11. **Pensenologia:** a higiene consciencial; a ortopensenidade.

12. **Proexologia:** o compléxis.

13. **Psicossomática:** o domínio das emoções.

14. **Recexologia:** as renovações intraconscienciais e existenciais oportunas.

15. **Sexossomática:** o sexo diário monogâmico.

INEXISTE PRIORIZAÇÃO EFETIVA NA CONSCIN TEORICONA. A PRIORIZAÇÃO EVIDENCIA-SE NOS RESULTADOS PRÁTICOS E ÚTEIS À EVOLUÇÃO DE TODOS.

37. Tarefa do Esclarecimento

Definição. A *tarefa do esclarecimento* (tares) é o empreendimento assistencial às outras consciências, calcada no discernimento, racionalidade e cosmoética, dedicada à vivência das verdades relativas de ponta e à construção de gestações conscienciais lúcidas visando conquistar melhores níveis de lucidez e holomaturidade.

Etimologística. A palavra *tarefa* vem do idioma Árabe, *tarîha,* "quantidade de trabalho que se impõe a alguém". Surgiu no Século XVI. O prefixo *es* deriva do idioma Latim, *ex,* "movimento para fora; transformação". O termo *claro* provém também do idioma Latim, *clarus,* "luminoso, brilhante, iluminado". Apareceu no Século XIII. O sufixo *mento* procede do mesmo idioma Latim, *mentu,* formador de substantivos derivados de verbos. O vocábulo *esclarecimento* surgiu no Século XV.

Sinonímia: 1. Tares. 2. Elucidação; informação; explicitação. 3. Desconstrução cosmoética; *impactoterapia.* 4. Desassédio interconsciencial.

Antonímia: 1. Consolação; conforto; *panos quentes.* 2. Acobertamento; camuflagem; ocultação. 3. Inculcação; intrusão. 4. Tacon.

Responsabilidade. A responsabilidade assistencial perante consciências imaturas aumenta na mesma proporção do acúmulo pessoal de conhecimento prioritário quanto à evolução consciencial.

Retribuição. Retribuir o que se recebeu na vida, em favor dos outros, é demonstração de solidariedade e fraternismo. Qualificar a retribuição, transformando-a em ações policármicas avançadas, é exemplo de autodiscernimento e *inteligência evolutiva* (IE) aplicada.

Assistenciologia. No universo da *Assistenciologia,* existem pelo menos duas tarefas a serem executadas: a *tarefa da consolação (tacon)* – primária, superficial e simpática –, e a *tarefa do esclarecimento (tares)* – avançada, profunda e quase sempre antipática.

Assistencialismo. A tacon, prática predominante do assistencialismo social, contribui ao atender conscins marginalizadas, carentes e despreparadas para viver dignamente em Sociedade.

Aprendizado. É também opção à conscin que dá os primeiros passos além do próprio ego, caracterizando a primeira etapa ou escola da interassistencialidade, pré-requisito necessário à compreensão de metodologias assistenciais avançadas, a exemplo da tares.

Comparação. Eis, para efeito de análise e estudo, 6 divergências existentes entre a tarefa da consolação e a tarefa do esclarecimento, capazes de contribuir para a elucidação do assunto:

1. **Holossoma.** Pela *Holossomática,* a tacon age *prioritariamente* nas emoções (psicossoma), enquanto a tares busca a elucidação dos fatos através da refutação lógica e discernida (mentalsoma).

2. **Confor.** Segundo a *Comunicologia,* a tacon exalta a forma, calcada em doutrinações e frases prontas, enquanto a tares exalta o conteúdo útil, buscando o questionamento e a refutação lógica.

3. **Esclarecimento.** No universo da *Parapedagogia,* a tacon privilegia o aconselhamento, enquanto a tares opta pelo esclarecimento sem inculcação ou indução.

4. **Verpon.** Ainda conforme a *Parapedagogia,* a tacon costuma *colocar panos quentes* em questões essenciais à evolução consciencial, enquanto a tares apresenta verdades relativas de ponta impulsionadoras da auto e heteroevolução.

5. **Interdependência.** Na *Holocarmalogia,* a tacon pode gerar interprisões grupocármicas, quando cria dependências e *massa de manobra,* enquanto a tares busca a vivência da interdependência consciencial, ao proporcionar instrumentos úteis ao autoconhecimento e autoevolução.

6. **Manifestação.** Consoante a *Intrafisicologia,* a tacon é facilmente encontrada nas práticas religiosas e de organizações que visam prioritariamente o assistencialismo (populismo assistencial). Já a tares é conduta-exceção, estando ainda pouco presente na Sociedade intrafísica.

Limitações. Diante do exposto, é fácil concluir: a tacon, apesar de necessária e útil neste Planeta Hospital-escola, é opção assistencial primária, apresentando efeitos limitados do ponto de vista evolutivo.

Tares. A tares chega à vida da conscin madura, interessada em esmiuçar o microuniverso consciencial, sem subterfúgios, maquilagens e mecanismos de defesa do ego.

Fuga. Já não lhe interessa o apelo a chantagens emocionais, infantilismos e regressões pensênicas peculiares às fugas do autoenfrentamento necessário. Compreende que evitar a confrontação dos fatos não altera a realidade consciencial e nem minimiza as renovações necessárias.

Responsabilidade. Não se permite transferir para terceiros a responsabilidade pela própria condição, assumindo pacificamente o comando pessoal e intransferível da própria evolução.

Recomposição. Vislumbra também a limitação do assistencialismo primário, buscando agora recompor os erros pretéritos e a conta corrente holocármica através do esclarecimento prioritário e útil a todos.

Insatisfação. Não lhe satisfaz o convencimento anticosmoético, nem tampouco a pregação de verdades absolutas inquestionáveis.

Informar. Mediante a *Comunicologia,* opta pela disseminação da informação relevante, deixando ao outro a liberdade de aceitá-la e aplicá-la segundo interesses próprios.

Verpons. A partir da *Recexologia,* procura nas verdades relativas de ponta a fonte de recins e recéxis, capazes de renovar axiomas e conceitos anacrônicos, a partir da recuperação de unidades de lucidez majoritárias.

Gescon. Esforça-se agora para produzir gestações conscienciais libertárias, compartilhando as renovações e aquisições adquiridas, com o intuito de contribuir com a deslavagem cerebral e paracerebral do maior número de consciências.

Agente. O agente da tares é a consciência, homem ou mulher, entrosada na tarefa assistencial do esclarecimento, trabalhando em favor da ampliação da consciencialidade e discernimento de outras consciências.

Retrocognição. O agente da tares lúcido é o mediador do conhecimento prioritário, atuando enquanto agente retrocognitor das ideias avançadas dos Cursos Intermissivos.

Minipeça. A intenção sincera de reeducar, sem buscar o convencimento ou a *conversão* do assistido, proporciona ao agente da tares a isenção cosmoética necessária para que se torne, com o tempo, minipeça no maximecanismo assistencial.

Vivência. O ideal para o agente da tares é a vivência aplicada quanto às informações transmitidas, ratificando sua força presencial e o efeito reeducativo.

Transmissão. Segundo Balona, sem a autoverbação do paraeducador, não há esclarecimento efetivo, apenas mera transmissão e recepção de dados (V. **Balona,** Málu; ***Paradireito e Parapedagogia na Dinâmica do ECP1;*** I Ciclo de Debates em Paradireito; 29 e 30 de agosto, 2005; CEAEC; Foz do Iguaçu).

Exemplarismo. O exemplarismo do reeducador-assistente cria força empática propícia às renovações pensênicas dos assistidos, através do impacto da informação esclarecedora autovivenciada.

Referência. A partir do autoexemplo, o educador torna-se referência positiva, modelo a ser seguido sem gurulatrias, paternalismos ou co-dependências, segundo o princípio: *se ele conseguiu, todos podem.*

Autoconhecimento. Pela *Conscienciometria,* o agente da tares há de conhecer a si mesmo, o máximo possível, para melhor informar sobre a realidade consciencial.

Assistência. De acordo com a *Experimentologia,* acerta mais o agente da tares que busca reeducar a partir do universo e nível cognitivo do reeducando, e não a partir de elucubrações filosóficas ou teorias *espetaculares* incongruentes com as necessidades e momento evolutivo do mesmo.

A TARES FAZ DO DISCERNIMENTO E DA COSMOÉTICA SEUS INSTRUMENTOS DE PERSUASÃO, EXALTANDO A LÓGICA E A RACIONALIDADE POR ONDE PASSA.

38. Reciclagem Assistencial

Definição. A *reciclagem assistencial* é o ato de renovar os princípios, métodos e abrangência da assistência realizada, qualificando as intercessões pessoais a favor da humanidade e parahumanidade, em detrimento de condutas vulgares, retrógradas e antiuniversalistas.

Etimologística. O prefixo *re* deriva do idioma Latim, *re,* "repetição; interação; reforço, intensificação". O termo *ciclo* vem do idioma Latim, *cyclus,* "período de anos", e este do idioma Grego, *kyklos,* "círculo, roda, esfera". Surgiu no Século XVIII. O vocábulo *assistência* deriva também do idioma Latim, *assistentia,* "ajuda, socorro". Apareceu no Século XVI.

Sinonímia. Eis, na ordem alfabética do assunto, 10 áreas da progressão sinonímica da reciclagem assistencial:

01. **Abnegação:** a evolução do altruísmo deliberado; a renúncia de si mesmo em favor dos outros.

02. **Conviviologia:** a vivência da interdependência consciencial; o princípio da interassistencialidade.

03. **Egocarmalogia:** o caminho para o antiegoísmo; o egocídio.

04. **Entrosamento:** a qualificação do entrosamento assistente-amparador.

05. **Esclarecimento:** a busca por verdades relativas de ponta assistenciais; a desconstrução de ideias anacrônicas; a ampliação da autoconsciência do assistido.

06. **Mentalsomática:** a ampliação da racionalidade nas abordagens assistenciais; o avanço da tares.

07. **Multidimensionalidade:** a qualificação da tenepes; a implantação da ofiex.

08. **Precisão:** o burilamento da assistência cirúrgica, técnica e sob medida.

09. **Projetabilidade:** a tecnicização da projeção desassediadora lúcida; os resgates extrafísicos.

10. **Sustentabilidade:** o aprimoramento da condição de arrimo interconsciencial assistencial; o porta-assistidos extrafísico.

Antonímia. Eis, na ordem alfabética do assunto, 10 áreas da progressão antonímica da reciclagem assistencial:

01. **Abnegação:** o aumento das reinvindicações pessoais; a indisponibilidade crescente.

02. **Conviviologia:** a dinamização da competitividade; a subjugação de terceiros.

03. **Egocarmalogia:** o egoísmo crescente; o exclusivismo excessivo.

04. **Entrosamento:** a oposição ao entrosamento assistente-amparador; a dinamização da assinergia conscin-consciex; a possessão maligna.

05. **Esclarecimento:** a disseminação de verdades absolutas anacrônicas; o incremento da inculcação anticosmoética; o embotamento da autoconsciencialidade do assistido.

06. **Mentalsomática:** o antagonismo à racionalidade assistencial; a priorização da tacon.

07. **Multidimensionalidade:** o combate à tenepes; o apego excessivo à intrafisicalidade; o materialismo crescente.

08. **Precisão:** os estupros evolutivos em série; os excessos crescentes.

09. **Projetabilidade:** o amadorismo projetivo; as projeções desperdiçadas; o combate aos resgastes extrafísicos.

10. **Sustentabilidade:** o incremento da condição de assediador-líder; a subjugação e uso de conscins satélites assediadoras.

Autoconsciência. Há atos praticados de modo inconsciente, inclusive de cunho assistencial. Importa ampliarmos a autoconsciência nas próprias ações, a fim de aproveitarmos evolutivamente as injunções existenciais presentes.

Interassistencialidade. Segundo a *Proexologia,* toda proéxis fundamenta-se no princípio da interassistencialidade, de modo a dinamizar a evolução do maior número possível de consciências.

Reflexão. Cabe a cada conscin refletir sobre os atributos, potenciais, oportunidades, habilidades pessoais e conjunções intrafísicas capazes de dinamizar a assistência praticada.

Direitos. No entanto, independente das singularidades pessoais, acerta mais quem busca alicerçar os atos assistenciais em princípios evoluídos, pautados nos direitos conscienciais, qualificando a abrangência e os resultados da assistência praticada.

Aferição. No âmbito da reeducação assistencial, importa o assistente avaliar continuamente posturas pessoais, de modo a aferir a evolução crescente ou decrescente quanto às práticas assistenciais, iguais a estas 10, enumeradas na ordem alfabética do tema:

01. **Antidemagogia.** O *nível* de altruísmo esclarecedor, libertador e antidemagógico, capaz de ampliar o discernimento e a racionalidade das demais consciências.

02. **Bioenergética.** O *nível* de autodomínio bioenergético, a caminho da desassedialidade permanente.

03. **Disponibilidade.** O *nível* de disponibilidade pessoal para atender no *momento necessário, a quem for* preciso, *onde for* possível, dentro dos princípios da Cosmoética.

04. **Fraternismo.** O *nível* de afeição deliberada por princípios conscienciais, conscins e consciexes.

05. **Incorruptibilidade.** O *nível* de incorruptibilidade vivenciada, evitando acumpliciamentos com as dificuldades e autocorrupções do assistido.

06. **Megatrafor.** O *nível* de autoconscientização e emprego prático do megatrafor pessoal, em favor dos demais.

07. ***Rapport.*** A *aplicação* consciente e qualificada do *rapport* (empatia) com conscins e consciexes, chave para qualquer assistência.

08. **Recin.** A *profundidade* das reciclagens intraconscienciais já conquistadas, passíveis de serem exemplos parapedagógicos assistenciais.

09. **Respeito.** O *nível* do respeito interconsciencial, independente do nível evolutivo do assistido.

10. **Universalismo.** O *nível* de antissectarismo exemplificado, sobrepairando os grupúsculos, grupelhos e outros tipos de favoritismos excludentes.

Limite. Do ponto de vista da *Cosmoética,* o limite das abordagens assistenciais resvala no fôlego evolutivo e livre-arbítrio do assistido.

Desautorização. Neste contexto, a *melhor boa intenção* não autoriza a conscin-assistente invadir o microuniverso do assistido, nem tampouco ditar regras e normas de comportamento, contra a vontade do mesmo, iguais aos chamados diretores espirituais ou diretores de consciência.

Autonomia. O assistente reeducador lúcido promove a autonomia das conscins atendidas, e não a co-dependência patológica.

Questionamentos. Na *Comunicologia,* acerta mais o assistente que incentiva o questionamento e a reflexão, sempre que possível, de modo a ampliar a compreensão do assistido quanto a assuntos obscuros ou desconhecidos.

Binômio. Dosificar a informação, evitando sobrecargas capazes de reprimir as emoções dos demais, é conduta inteligente ao assistente que busca aperfeiçoar a aplicação do *binômio verdade-limite.*

A RECICLAGEM ASSISTENCIAL LIBERTA A CONSCIN DA INTENÇÃO DE IMPOR MORALISMOS E INCULCAÇÕES DEMAGÓGICAS, AINDA QUE SOCIALMENTE JUSTIFICADAS.

39. Senso Universalista

Definição. O *universalismo* é o conjunto de princípios, derivado das leis básicas do Universo, contrário ao individualismo da pessoa subordinada a alguma comunidade, seja Estado, povo, Nação, humanidade planetária ou trincheira egoica tomada por *umbigo do Cosmos,* da consciência com capacidade de tratar homens, mulheres e povos igualitariamente (V. **Vieira,** Waldo; ***Homo sapiens reurbanisatus;*** 2003; página 836).

Etimologística. O termo *universal* deriva do idioma Latim, *universalis,* "geral; universal". Apareceu no Século XIV. O sufixo *ismo* procede do idioma Grego, *ismós,* "doutrina, escola, teoria ou princípio artístico, filosófico, político ou religioso". O vocábulo *universalismo* surgiu em 1874.

Sinonímia: 1. Antiegoísmo; cosmismo; cosmopolitismo; holofilosofia. 2. Abertismo consciencial; cosmovisão; generalismo. 3. Cosmocracia; Estado Mundial; transnacionalidade. 4. Multiculturalismo; poliglotismo. 5. Multidimensionalidade. 6. Megafraternidade.

Antonímia: 1. Egoísmo; nacionalismo; ortodoxia; segregacionismo. 2. Interiorose; varejismo consciencial; dogmatismo. 3. Antiglobalismo; bairrismo; ditadura; egocracia; *territorialismo.* 4. Monoculturalismo; monoglotismo. 5. Vida trancada; fechadismo consciencial. 6. Antifraternismo.

Definição. O *senso universalista* é a condição íntima de conciliação e harmonização com todos os seres do Universo; estado alcançado por indivíduos maduros, uníssonos e despertos para o universalismo puro, próprio do *Homo sapiens universalis.*

Etimologística. O termo *senso* vem do idioma Latim, *sensus*, "sentido, órgão sensório, sentimento, juízo, razão, inteligência, significação". Surgiu no Século XIV.

Sinonímia: 1. Autoconsciência do Cosmos. 2. Cidadania universalista. 3. Mentalidade aberta; senso eclético. 4. Compreensão do Paradireito.

Antonímia: 1. Sectarismo. 2. Paroquialismo; provincianismo. 3. Direito intrafísico; visão monodimensional.

Egoísmo. A consciência com egoísmo extremado e, portanto, imatura do ponto de vista evolutivo, vive siderada pelo *mundinho* pessoal, agindo de modo exclusivista, segundo interesses próprios.

Protagonismo. O restringimento perceptivo não lhe permite inserir as demais consciências em seu elenco existencial, vivendo protagonismo ectópico e antievolutivo.

Familiar. A consciência com senso familiar já expandiu *um pouco* os limites perceptivos para além da *fronteira do próprio umbigo*, percebendo-se inserida em contexto grupocármico, onde se faz necessário conjugar interesses e pontos de vista díspares. Neste contexto aprende a fazer concessões e a doar-se, ainda que apenas para o núcleo familiar.

Comunitário. Já a consciência com senso comunitário ou social extrapola os interesses do grupo nuclear, incluindo na manifestação pessoal os direitos das demais consciências, atuando de modo coletivo, em favor de todos. Nestas circunstâncias é possível encontrar esboços de atacadismo consciencial, expressos na conscientização da grupalidade avançada.

Universalista. O senso universalista chega à conscin madura, com razoável nível de *autoconscientização multidimensional* (AM), capaz de extrapolar os condicionamentos e convenções da vida humana, e descartar toda limitação intrafísica, ortodoxa, segregacionista e partidária.

Parapercepciologia. A expansão das parapercepções descortina a realidade multidimensional, permitindo à conscin com senso universalista introjetar o senso de *consciencialidade* no fluxo pensênico.

Evitações. À conscin universalista não interessa defender a si própria, nem tampouco raça, nacionalidade ou território. Evita também dogmas sectários ou qualquer doutrina capaz de separar as consciências, ao modo das posturas e tendências dos manipuladores conscienciais.

Congregação. De acordo com a *Conviviologia,* busca reunir o máximo de consciências, sem preconceitos, apriorismos, inculcações ou controle mental, respeitando e compreendendo a individualidade de todos.

Autoconhecimento. Perante a *Conscienciometria* e a *Autopesquisologia,* o autoconhecimento gerado pelas autopesquisas permanentes confere-lhe a serenidade, a autossustentabilidade e a sabedoria necessárias para conviver pacificamente, sem subordinação ou prepotência, com as diferenças e pluralidades conscienciais.

Questionamento. Se a conscin não convive bem nem consigo, como irá compreender a multiplicidade de interesses e pontos de vista díspares, decorrentes da diversidade de perfis conscienciais, sem antagonismos? A pacificação íntima é o primeiro passo para a qualificação e expansão dos relacionamentos interconscienciais (V. **Arakaki,** Kátia; ***Viagens Internacionais: O Nomadismo da Conscienciologia;*** Foz do Iguaçu, PR; 2005; página 197).

Moralismo. Conforme a *Cosmoética,* a consciência universalista descarta os moralismos humanos, sempre acanhados e reducionistas. A conscin moralista, na prática, é antípoda aos princípios universais do Cosmos, ao sentir-se dona de verdade absoluta e, portanto, no direito de ditar regras, buscando mais o controle de terceiros do que efetivamente convivência construtiva para todos os envolvidos.

Neossinapses. Segundo a *Mentalsomática,* a consciência universalista preza a interdisciplinaridade, as associações de ideias, a expansão do dicionário cerebral e todo recurso capaz de facilitar a aquisição de neossinapses.

Conhecimento. Sob a ótica da *Comunicologia,* defende a liberdade da expressão cosmoética, a Refutaciologia, o intercâmbio de ideias, a argumentação sólida e a criticidade sadia, capaz de desconstruir conceitos envilecidos rumo ao conhecimento heurístico.

Exemplarismo. Apoiado na *Assistenciologia,* o ideal é que estas conscins ampliem e qualifiquem o exemplarismo pessoal, de modo a auxiliar, através dos atos pessoais, outras conscins ainda carentes de visão pluralista, iguais às conscins manipuladoras e manipuladas.

Evidências. No mundo globalizado do Século XXI, o crescimento do senso universalista é condição inarredável, evidenciada, por exemplo, por estas 11 ocorrências:

01. **Antiviolência.** A exaltação dos princípios da não-violência e do pacifismo sobre a Terra (V. **Theophilo,** Jan; ***Um Mutirão Contra a Tortura;*** *O Globo;* Jornal; Rio de Janeiro, RJ; 15.09.03; página 10; e **Gazeta do Paraná;** Redação; ***Atos pela Paz Mundial mobilizam Estados;*** Jornal; Curitiba, PR; 22.09.01; página 7).

02. **Assistência.** O crescente número de cidadãos engajados em atividades assistenciais (V. **Oliveira,** Flávia; ***Um Mutirão de Solidariedade: Pesquisa do Ipea mostra que 59% dos Empresários do Rio promovem Ações Sociais;*** *O Globo;* Jornal; Rio de Janeiro, RJ; 25.12.99; página 17).

03. **Colégios Invisíveis da Ciência.** Os colégios invisíveis da Ciência, unindo conhecimentos sem a supremacia de determinados países.

04. **Comunicologia.** A evolução da comunicação, possibilitando aos cidadãos visão ampla e detalhada sobre a realidade planetária. Simultaneamente, novas ferramentas de comunicação instrumentam a população para enfrentar problemas globais de modo conjunto e coordenado.

05. **Conhecimento.** A democratização do conhecimento universal nas bibliotecas virtuais da internet (V. **Kelly,** Kevin; ***A Biblioteca Universal;*** *Veja;* Revista; São Paulo, SP; Julho de 2006; páginas 42 a 45).

06. **Direitos.** O crescente movimento pela defesa dos direitos humanos em geral (V. **Aggege,** Soraya; ***Fórum Social amplia Ideia de Direitos Humanos;*** *O Globo;* Jornal; Rio de Janeiro, RJ; 20.01.02; página 36).

07. **Ecologia.** A união dos povos em torno de projetos ecológicos para preservação e recuperação da Natureza (V. **Aranha,** Ana; **Arini,** Juliana; & **Leal,** Renata; ***Os Heróis do Verde;*** *Época;* Revista; São Paulo, SP; 16.10.06; páginas 51 a 57).

08. **Movimentos.** Os movimentos e Fóruns Sociais apartidários e apátridos, a favor da Humanidade (V. **Campelo,** Érika; ***Outro Planeta: Na Rica Europa, Fórum Social discute Alternativas à Globalização Capitalista;*** *Época*; Revista; São Paulo, SP; 17.11.03; páginas 80 e 81).

09. **Multiculturalismo.** A integração cultural inevitável do mundo globalizado, contribuindo com o abertismo consciencial e a mentalsomática, contrário aos *bairrismos* e *interioroses* antievolutivas.

10. **Poliglotismo.** O avanço do poliglotismo, congraçando os povos ao minimizar as barreiras idiomáticas e culturais (V. **Alves,** Terciane; ***Cresce Ensino de Idiomas Incomuns para Negócios;*** *O Estado de S. Paulo;* Jornal; São Paulo, SP; 19.05.03; página B11).

11. **Redes.** O crescimento das redes solidárias, onde pessoas e organizações de diversas partes do mundo colaboram ativamente entre si, propondo transformações nos campos da economia, política, educação, habitação, ecologia e cultura, entre outros, de modo transnacional.

O SENSO UNIVERSALISTA ABRE AS PORTAS DA MEGAFRATERNIDADE, UNINDO OS POVOS EM SOCIEDADE ÚNICA, ACIMA DOS PARTIDARISMOS RETRÓGRADOS.

PARTE VI

COSMOÉTICA

40. Cosmoética

Definição. A *Cosmoética* é a especialidade da Conscienciologia que estuda o conjunto de códigos e princípios universais cósmicos, multidimensionais, situados além da moral humana ou regras sociais, definidores da holomaturidade e discernimento máximo.

Etimologística. O elemento de composição *cosmo* vem do idioma Grego, *kósmos,* "ordem, organização; mundo, universo". Surgiu, no idioma Português, no Século XIX. A palavra *ética* deriva do idioma Latim, *ethica,* "ética, moral natural, parte da filosofia que estuda a moral", e esta do idioma Grego, *éthikós.* Apareceu no Século XV.

Sinonímia: 1. Ética universalista; Moral cósmica. 2. Autoincorruptibilidade. 3. Ortopensenidade.

Antonímia: 1. Ética intrafísica; moral humana. 2. Virtude intrafísica. 3. Autocorrupção; heterocorrupção. 4. Anticosmoética.

Unidade. A unidade de medida ou de trabalho da Cosmoética é a incorruptibilidade (V. **Vieira,** Waldo; ***Homo sapiens reurbanisatus;*** Foz do Iguaçu, PR; 2003; página 1018).

Holomaturologia. Conforme a *Holomaturologia,* a vivência segundo princípios universais definidos a partir da aplicação máxima do discernimento evidencia o nível de holomaturidade já conquistado pela conscin na vida humana.

Impossibilidades. Inexiste Cosmoética apenas teórica, fruto de elucubrações e especulações intelectuais e filosóficas, sem aplicação prática. Igualmente, é mais difícil encontrar cosmoética nas ações irrefletidas e instintivas do subcérebro abdominal, ou mesmo no pragmatismo da conscin ansiosa e afobada. *Cosmoética não é sinônimo de boa intenção.*

Origem. A Cosmoética nasce, em primeira instância, no microuniverso da própria consciência, sendo resultado do somatório de experiências vivenciadas ao longo de milhares de vidas intrafísicas. Logo, não existem consciências de igual nível cosmoético.

Poderes. A consciência dispõe de 3 poderes intraconscienciais: a vontade, a intencionalidade e a auto-organização.

Reciclagens. De acordo com a *Recexologia,* será profícuo aplicar tais poderes, em primeiro lugar, nas reciclagens intraconscienciais e existenciais otimizadoras da própria evolução.

Revolução. A real revolução é a intraconsciencial, desencadeada a partir da descoberta da Cosmoética, agindo de modo pacífico, mas, no entanto, cirúrgico, no microuniverso consciencial (V. **Salles,** Rosemary; ***Consciência em Revolução;*** Rio de Janeiro, RJ; 2003; página 132).

Exemplarismo. O exemplarismo das renovações e catarses conscienciais positivas provocam repercussões no grupo, falando por si só, em favor da evolução de todos, sem doutrinações, imposições ou manipulações.

Erro. Portanto, erra mais, mesmo agindo com boa intenção, quem usa os poderes e atributos conscienciais para inculcar ou *fazer a cabeça* dos demais, tentando remodelar atitudes e comportamentos.

Posturas. No universo da *Conviviologia,* eis 10 posturas qualificadoras da ética pessoal, passíveis de serem aplicadas em relacionamentos interconscienciais, enumeradas na ordem alfabética do tema:

01. **Concessões.** Abrir mão dos anseios e desejos egoístas em prol de maior número de consciências.

02. **Crítica.** Primar pela heterocrítica franca e construtiva, sempre precedida da autocrítica sincera e racional.

03. **Deveres.** Colocar os *deveres* pessoais antes dos *direitos* individuais.

04. **Discernimento.** Procurar, sempre que possível, enaltecer o discernimento e o juízo crítico alheio.

05. **Exemplarismo.** Ser exemplo a ser *seguido* e não exemplo a ser *combatido.*

06. **Incorruptibilidade.** Manter a integridade pessoal, sem acumpliciar-se com os atos indevidos de terceiros.

07. **Minipeça.** Buscar ser minipeça dentro de maximecanismo assistencial, minimizando ao máximo vaidades e egocentrismos imaturos.

08. **Respeito.** Respeitar a individualidade e o livre-arbítrio alheio.

09. **Responsabilidade.** Assumir, de modo franco e em favor de todos, a responsabilidade individual perante o nível evolutivo já vivenciado.

10. **Traforismo.** Exaltar o melhor de todos com vistas à dinamização grupal.

A COSMOÉTICA É PRODUTO DA AUTOCRÍTICA E DISCERNIMENTO MÁXIMOS, APLICADOS NAS MANIFESTAÇÕES MULTIDIMENSIONAIS DIÁRIAS.

41. Intencionalidade

Definição. A *intenção* é o propósito ou finalidade impulsionadora das ações pessoais.

Etimologística. A palavra *intenção* vem do idioma Latim, *intentio,* "ação de entesar, de estender; tensão; pressão; esforço; plano; intenção; vontade". Surgiu no Século XIII.

Sinonímia: 1. Finalidade; intuito. 2. Objetivo; plano; propósito.

Antonímia: 1. Despretensão; desinteresse. 2. Alheamento; indiferença.

Definição. A *intencionalidade* é a qualidade da intenção pessoal, podendo ser cosmoética ou anticosmoética na essência.

Sinonímia: 1. Qualidade dos propósitos pessoais; qualidade das tendências pessoais. 2. Carregador prático dos pensenes.

Antonímia: 1. Vontade pessoal. 2. Teaticidade. 3. Abstencionismo.

Pensenes. A intencionalidade carrega os pensenes pessoais. Agimos a partir da vontade pessoal, porém é a intencionalidade que direciona as ações; qualificá-la significa aprimorar a própria *Cosmoética.*

Manutenção. A manutenção da intenção qualificada exige auto-organização, motivação, determinação e hiperacuidade.

Desvio. Pouco adiantam os esforços da conscin bem intencionada, porém desorganizada e sem continuísmo consciencial, deixando-se influenciar pelas carências, valores deslocados e tendências pessoais patológicas, capazes de desvirtuar e desviar a intencionalidade para rumos indesejáveis.

Fracasso. Pode estar aí a causa do fracasso de certas reciclagens de vida, onde a conscin sucumbe à pressão traf*ar*ista, regredindo a padrões pensênicos ultrapassados, justamente no momento crítico da reciclagem.

Despojamento. Consoante a *Cosmoética,* a conscin despojada apresenta intencionalidade franca e transparente, sem acobertamentos ou camuflagens.

Autenticidade. É o caso daquela conscin autêntica, capaz de assumir para si traf*o*res e traf*a*res, buscando, no entanto, calcar a manifestação pessoal predominantemente na força do acerto pessoal.

Autoconsciencialidade. O estudo da natureza da intenção pessoal aumenta o nível da autoconsciencialidade, tornando a pessoa amparadora de si mesma.

Conscienciometria. Conforme a *Autoconscienciometria,* eis 10 questionamentos úteis no estudo da intencionalidade pessoal:

01. **Cosmovisão.** Almejo a visão ampla e atacadista nas abordagens conscienciais, ou sou conscin paroquial, neofóbica?

02. **Despojamento.** Já sou capaz de doar, sem pedir nada em troca, ou ainda espero a retribuição de minhas ações? Já pensei em *fazer negócio* com o meu amparador?

03. **Fraternismo.** No balanço dos pensenes diários, minhas ações tendem a ser doadoras ou priorizo os interesses estritamente pessoais?

04. ***Glasnost.*** Busco despojamento e transparência nos atos pessoais?

05. **Homeostática.** Esforço-me em manter a pensenidade hígida, controlando os momentos de patopensenidade?

06. **Liderança.** Aspiro a posição de epicentro lúcido evitando dependências patológicas?

07. **Pensenes.** Carrego os pensenes no *pen*, no *sen* ou no *ene*?

08. **Priorização.** Priorizo a aplicação e o desenvolvimento da *inteligência evolutiva* (IE) sem escravizar-me ao ciclo *despertar-ganhar dinheiro-dormir?*

09. **Sinceridade.** Esforço-me na erradicação das posturas autocorruptas?

10. **Verbação.** Minhas ações corroboram minhas intenções?

Questionamento. Você se sente cosmoeticamente confortável perante as suas intenções?

QUALIFICAR A INTENÇÃO PESSOAL PREDISPÕE A INSTALAÇÃO DE HOLOPENSENE HOMEOSTÁTICO CONGRUENTE COM O FLUXO EVOLUTIVO DO COSMOS.

42. INCORRUPTIBILIDADE

Definição. A *corrupção* é o ato ou efeito de corromper, com possível depravação de hábitos e costumes, sendo atitude francamente antagônica ao processo evolutivo.

Etimologística. O termo *corrupção* deriva do idioma Latim, *corruptio,* "corrupção, deterioração". Surgiu em 1344.

Sinonímia: 1. Desonestidade; despudor; depravação; incorreção; ignomínia. 2. Imaturidade; subcérebro abdominal.

Antonímia: 1. Incorrupção. 2. Brio; correção; decência, honradez; integridade. 3. Holomaturidade.

Definição. A *autocorrupção* é a repetição consciente de atos desonestos e imaturos, prejudiciais à autoevolução, e com os quais o agente não se sente cômodo, buscando camuflar e reprimir tais ações da lembrança.

Sinonímia: 1. Autocontradição anticosmoética; autoengano consciente; autofraude; autoengodo. 2. Autodissimulação; mentira. 3. Patopensenidade. 4. Traf*a*rismo.

Antonímia: 1. Integridade pessoal; autorrespeito. 2. Transparência; sinceridade. 3. Ortopensenidade. 4. Traf*o*rismo.

Tipos. Há, basicamente, 2 tipos de autocorrupções:

1. **Manifestas.** As autocorrupções declaradas, visíveis e de fácil identificação, assumidas publicamente pela conscin, não raro, sem pudor. O médico tabagista é exemplo típico desta situação. Em geral tais autocorrupções são as primeiras a serem expurgadas na reciclagem íntima, por serem incoerentes e desconexas à nova realidade almejada.

2. **Veladas.** As autocorrupções ocultas e dissimuladas, imbricadas em recônditos obscuros do microuniverso consciencial,

e, portanto, de difícil identificação externa. Por serem constrangedoras e incômodas, a conscin costuma negar para si tais posturas, reprimindo-as.

Mentira. Mentir para si mesmo é o primeiro passo para a instalação de comportamento fraudulento, sendo, em essência mecanismo de autocorrupção.

Automanipulação. O autoengano nasce da intenção deslocada de camuflar ou fraudar para si a própria realidade, caracterizando quadro de automanipulação anticosmoética.

Medo. Em geral, implícito neste processo, encontram-se o medo ou aversão de ver-se e tomar contato com as próprias fragilidades e conflitos íntimos, capazes de desequilibrar emocionalmente a conscin em questão.

Emocionalismo. O medo de perder o controle ou de perceber-se aquém da falsa imagem idealizada gera instabilidade emocional capaz de potencializar as autocorrupções, levando a conscin a manter-se nos autoenganos patológicos.

Acobertamento. Nesta situação, as autocorrupções atuam enquanto mecanismos de acobertamento de realidade que não se quer assumir, aliviando a ansiedade e o estresse decorrentes do autoenfrentamento franco.

Intencionalidade. Importa pesquisar a existência de ganhos secundários, ou seja, benefícios escusos indiretos, quer sejam explícitos ou subliminares.

Objetivos. Em geral, os ganhos secundários abarcam objetivos egoístas e neofóbicos, calcados no subcérebro abdominal, onde prevalecem a preservação da autoimagem e a inércia consciencial (pseudo-equilíbrio).

Conexão. O apego aos ganhos secundários mantém a conscin conectada a consciexes também avessas às renovações intraconscienciais, e, portanto, dispostos a retroalimentar a inércia da conscin autocorrupta.

Autoengano. O autoengano pode facilitar a manipulação de terceiros, quando minimiza surtos de autoculpa do manipulador, mantendo-o convenientemente inocente perante os próprios olhos. Além disso, acreditar na própria mentira permite *mentir com sinceridade,* facilitando o engodo dos demais (V. **Smith,** David Livingstone; ***Mentirosos Inatos;*** *Viver - mente&cérebro;* Revista; São Paulo, SP; Outubro de 2005; páginas 31 a 37).

Proliferação. A mentira necessita de outras para se sustentar, proliferando-se em escala geométrica e enredando a conscin em forma holopensênica autocorrupta.

Acomodação. A acomodação a este *modus vivendi* leva a conscin a embarcar no rolo compressor das autocorrupções em série, instalando forma holopensênica patológica.

Reciclagem. A ruptura deste padrão holopensênico iniciase no momento em que a conscin percebe os efeitos deletérios da própria conduta, chegando, em alguns casos, a buscar ajuda externa por sentir-se incapaz de desemaranhar sozinha a teia por ela própria construída.

Parapercepciologia. Frente à *Parapercepciologia,* esta condição inibe o desenvolvimento das parapercepções avançadas, notadamente das retrocognições e da projetabilidade lúcida.

Autoanálise. Em face da *Conscienciometria,* eis 5 variáveis úteis no estudo das autocorrupções:

1. **Causa.** Qual a causa ou força motriz de minhas autocorrupções?

2. **Objetivo.** Quais são os objetivos ou ganhos secundários almejados?

3. **Incidência.** Com que frequência sucumbo a esta condição? Faço das autocorrupções um hábito de vida?

4. **Agentes.** Quais agentes internos ou externos otimizam tal postura?

5. **Efeitos.** Quais são os efeitos deletérios ou consequências prejudiciais de minhas autossabotagens?

Racionalidade. No universo da racionalidade e da *inteligência evolutiva* (IE), o apego às autocorrupções e ganhos secundários patológicos é postura incoerente e improdutiva, pois tais logros serão sempre inferiores às conquistas evolutivas fundamentadas na Cosmoética e integridade pessoais.

Mentalsomática. Consoante a *Mentalsomática,* é pouco inteligente retroalimentar autocorrupções, quando se entende que a primeira pessoa prejudicada é a própria consciência.

Negócio. Logo, é fácil concluir: a autocorrupção é sempre um mau negócio do ponto de vista evolutivo, sendo atitude ilógica e sem sentido.

Superação. Diante da *Pensenologia* e da *Paraprofilaxia,* eis 7 pensenes úteis à superação das autocorrupções:

1. **Impactopensene:** unidade de medida da impactoterapia.

2. **Materpensene:** unidade de medida da autocrítica.

3. **Ortopensene:** unidade de medida da Cosmoética.

4. **Praxipensene:** unidade de medida da teaticidade.

5. **Qualipensene:** unidade de medida da qualificação pensênica.

6. **Raciopensene:** unidade de medida da racionalidade da consciência lúcida.

7. **Reciclopensene:** unidade de medida da reciclagem existencial.

Princípio. Eis um princípio evolutivo básico: se a consciência já concebe determinada teoria é porque já pode começar a vivenciá-la. Se a conscin já admite determinada autocorrupção é porque já está apta a superá-la.

Definição. A *heterocorrupção* é a ação da conscin objetivando haurir vantagens intrafísicas temporárias em detrimento de outras consciências, através de ações propulsoras de prejuízos, perdas, malefícios ou dolos a terceiros.

Sinonímia: 1. Desrespeito ao grupo evolutivo. 2. Corrupção grupocármica.

Antonímia: 1. Responsabilidade grupocármica. 2. Respeito ao grupo evolutivo. 3. Autocorrupção.

Resultado. Em tese, a heterocorrupção é resultado do somatório de autocorrupções cronicificadas. *Quem se acostuma com o mal em si mesmo, sente-se bem e com o direito de praticar o mal ao outro.*

Atacadismo. Os autocorruptos se autossabotam, fazendo mal a si, ao modo varejista. Os heterocorruptos fazem mal em atacado, criando interprisões grupocármicas em série, ao modo dos manipuladores conscienciais.

Início. O hábito da heterocorrupção pode iniciar-se a partir de ações aparentemente simples, até mesmo aceitas socialmente, como exaltar de modo exagerado as habilidades e experiência pessoal no currículo individual (*marketing* pessoal).

Sofisticação. A impunidade perante os atos corruptos e os resultados imediatos, traduzidos enquanto benefícios e vantagens sociais, aumento da popularidade e sucesso intrafísicos, levam a conscin corrupta a experimentar *voos mais altos,* passando a praticar heterocorrupções mais complexas.

Definição. A *incorruptibilidade* é a conduta pessoal irrepreensível e íntegra, fundamentada na autenticidade e transparência máximas, mantida com despojamento, autocrítica e autodiscernimento.

Sinonímia: 1. Autocoerência; comportamento íntegro. 2. Autoexemplificação sadia. 3. Conduta cosmoética; impecabilidade ética íntima. 4. Ortopensenidade.

Antonímia: 1. Comportamento imoral; dissimulação; devassidão. 2. Conduta amoral. 3. Patopensenidade.

Autocorrupções. Dentre os princípios cosmoéticos não há espaço para autocorrupções, mesmo as sutis e requintadas. A *Cosmoética* põe os pingos nos *iis,* não admitindo *o mais ou menos, a douração da pílula,* a lei do menor esforço ou o uso de falácias lógicas justificadoras.

Incorruptibilidade. A autoincorrupção fundamenta-se na vivência prática daquilo que a conscin já consegue compreender ou conceber como ideal. O *gap* entre o verbo e a ação (verbação), e entre a teoria e a prática (teática) mensura o nível de corrupção pessoal.

Multidimensionalidade. De acordo com a *Extrafisicologia,* é sempre tolice esconder pecadilhos mentais ou intenções espúrias. Não há segredos nem acobertamentos diante do contexto multidimensional.

Tolice. Maior tolice ainda é tentar enganar ou esconder a realidade pessoal de consciências que tudo sabem a nosso respeito e só querem ajudar: os(as) amparadores(as) extrafísicos e evoluciólogos.

Ápice. No entanto, o ápice da incorruptibilidade é a não permissão de negligências, pecadilhos ou erros em função do paradigma pessoal, onde a própria exemplificação e conduta cosmoética importam, antes de tudo, à própria consciência. Este contexto evidencia maturidade consciencial e atrai a atenção de amparadores qualificados.

Autoenfrentamento. Enfrentar a própria condição pessoal, buscando alijar condutas e posturas antievolutivas no *aqui-agora* multidimensional, é a melhor alternativa às conscins interessadas na conquista da condição da autoincorruptibilidade.

Variáveis. No universo da *Holomaturologia,* eis 15 variáveis úteis ao estudo e conquista da incorruptibilidade, enumeradas na ordem alfabética do tema:

01. **Ação.** O ato irrepreensível.

02. **Coerência.** O rigor na execução do melhor para todos.

03. **Conviviologia.** O não acumpliciamento anticosmoético.

04. **Detalhismo.** O estudo minucioso da qualidade e efeitos das ações pessoais.

05. **Disciplina.** O continuísmo nos empreendimentos prioritários.

06. **Experimentologia.** A aplicação frutífera das genialidades pessoais.

07. **Ideologia (Moral).** O esforço em viver através da Moral cósmica.

08. **Intenção.** Os propósitos qualificados.

09. **Pensenologia.** A manutenção da ortopensenidade.

10. **Responsabilidade.** A admissão franca e despojada da responsabilidade intransferível pela própria evolução.

11. **Sinceridade.** A franqueza nas auto e heteroanálises.

12. **Tenepes.** A progressão da assistência praticada.
13. **Transparência.** A *glasnost* consciencial.
14. **Verbação.** As palavras exemplificadas.
15. **Vontade.** A vontade de acertar.

A AUTORREFLEXÃO SINCERA E PROFUNDA É O REMÉDIO UNIVERSAL DISPONÍVEL CONTRA MUITOS SURTOS DE IMATURIDADE. VOCÊ JÁ REFLETIU SOBRE ISSO?

43. Exemplarismo Cosmoético

Definição. O *exemplarismo cosmoético* é a conduta pessoal irrepreensível, íntegra, fundamentada na coerência, na teática e na verbação, capaz de transformar a conscin em modelo, exemplo ou referência sadia a ser seguida pelas demais consciências.

Etimologística. O termo *exemplar* deriva do idioma Latim, *exemplaris,* "que serve de exemplo". Surgiu no Século XIV. O elemento de composição *cosmo* vem do idioma Grego, *kósmos,* "ordem, organização; mundo, universo". Apareceu, no idioma Português, no Século XIX. A palavra *ética* procede do idioma Latim, *ethica,* "ética, moral natural, parte da filosofia que estuda a moral", e esta do idioma Grego, *éthikós.* Surgiu no Século XV.

Sinonímia: 1. Comportamento irrepreensível; conduta exemplar; inteireza de caráter; postura íntegra. 2. Exemplificação cosmoética. 3. Modelo evolutivo; ideal evolutivo.

Antonímia: 1. Conduta indigna; comportamento corrupto; postura inconveniente. 2. Devassidão; indignidade. 3. Ectopia consciencial. 4. *Anti*exemplarismo; exemplificação anticosmoética.

Responsabilidade. Ninguém pode se eximir da responsabilidade das ações pessoais, capazes de provocar repercussões multidimensionais, e influenciar, de modo voluntário ou involuntário, consciências intrafísicas e extrafísicas (V. **Fonseca,** Maurício; ***Nunca pretendi Ser Exemplo para Ninguém;*** *O Globo;* Jornal; Rio de Janeiro, RJ; 27.01.02; página 51).

Reações. O fato de vivermos em grupo, em intercâmbio ininterrupto de experiências e posicionamentos pessoais, faz com que a força do exemplo pessoal, positivo ou negativo, instigue naturalmente reações nos integrantes do grupo, levando-os, em alguns casos, a imitar as posturas apreendidas.

Imitações. Consoante a *Parassociologia,* imitar o próximo é condição intrínseca às relações sociais. Pode, no entanto, ser opção inteligente, se fundamentada no autodiscernimento, ou postura antievolutiva, se calcada na impulsividade e contágios de grupos quase sempre patológicos.

Direito. Em face da *Cosmoética,* não temos o direito de interferir no livre-arbítrio de quem prefere aderir a comportamentos patológicos, anacrônicos e anticosmoéticos, restando apenas a alternativa do esclarecimento oportuno, quando possível.

Decisão. Segundo a *Egocarmalogia,* cabe a cada um, no entanto, a decisão de ser exemplo sadio a ser seguido ou exemplo mórbido a ser combatido, evidenciando a qualidade da intenção e o nível de discernimento pessoal já conquistado.

Mau exemplo. Apoiado na *Parapatologia,* o mau exemplo pessoal é decréscimo evolutivo, quando instiga os aspectos conscienciais doentios de consciências incautas e irrefletidas.

Resultados. Os resultados, nestes casos, são negativos, pois contribuem com a manutenção das imaturidades dos envolvidos, através dos contágios inevitáveis, ampliando, às vezes, a interprisão grupocármica de todos.

Profilaxia. No universo da *Paraprofilaxia,* o mau exemplo torna-se didático quando utilizado enquanto modelo de evitações úteis e inteligentes.

Antiexemplarismo. Eis, a título de análise e estudo, 10 conscins-modelo de *anti*exemplarismos, cosmoeticamente evitáveis, passíveis de serem encontradas na Socin:

01. **O cientista dogmático.**
02. **O comunicólogo desinformado.**
03. **O conscienciólogo avesso às autopesquisas.**
04. **O esportista dependente químico.**

05. **O líder semianalfabeto.**

06. **O magistrado corrupto.**

07. **O médico tabagista.**

08. **O nobelista beligerante.**

09. **O parapsíquico tanatofóbico.**

10. **O professor bibliófobo.**

Megatraf*ar*. Tais exemplos denunciam a força do megatraf*ar* de cada conscin analisada, capaz de ofuscar os aspectos sadios já desenvolvidos.

Origem. O exemplarismo nasce na conscin lúcida e bem intencionada, disposta a superar as tendências traf*ar*istas e as autocorrupções francas, rumo à retidão e higidez consciencial.

Variáveis. Eis, por exemplo, 6 variáveis úteis no estudo da conscin exemplarista, enumeradas na ordem alfabética do tema:

1. **Assistência.** A interassistencialidade vivenciada.

2. **Autoridade.** O nível de ascendência ou autoridade moral decorrente do acúmulo de vivências sadias.

3. **Força Presencial.** A força presencial chancelada pela verbação autêntica e interativa.

4. **Heurística.** A inventividade pró-evolutiva.

5. **Invulgaridade.** O nível de invulgaridade cosmoética da postura pessoal (*modus vivendi*), acima da média dos integrantes da Socin, capaz de impactar conscins e consciexes.

6. **Verbação.** A interação prática do verbo e da ação na conduta pessoal coerente e íntegra.

Evolução. Do ponto de vista da *Evoluciologia,* ninguém perde por se esforçar em ser exemplo cosmoético impulsionador da evolução de todos, *contagiando* conscins e consciexes a partir de vivências profícuas e prioritárias.

Profilaxia. O exemplarismo qualifica e potencializa as energias conscienciais, fazendo a profilaxia dos miniassédios eventuais e acidentes parapsíquicos.

Desassédio. Simultaneamente, a intensificação das ECs contribui no desassédio interconsciencial, transformando a conscin lúcida e altruísta em minipeça assistencial.

Bom exemplo. Diante da *Parapedagogia,* o *bom exemplo* sempre soma, superando de longe, em termos didáticos, os discursos e explanações teóricas vazios de experiência prática (V. **Schiavon,** Isabelle; & **Melo,** Lélia Cristina; ***Educação pelo Exemplo;*** *Gazeta do Povo;* Jornal; Curitiba, PR; 08.01.06; página 5).

Esclarecimento. O exemplarista esclarece através das próprias ações pedagógicas, sem inculcação, doutrinação ou qualquer outro recurso de manipulação consciencial.

Conscin-modelo. Pela *Intrafisicologia,* eis 7 conscins-modelo de posturas e priorizações inteligentes, afinizadas a metas evolutivas avançadas:

1. **Voluntário:** a conscin altruísta; o cooperador espontâneo; o prestador de serviço com vínculo consciencial.

2. **Reciclante:** o reciclante existencial; o retomador de tarefa; o agente de autorrenovações evolutivas; a conscin autossuperadora.

3. **Inversor:** o inversor existencial; o planificador técnico da vida intrafísica; a conscin de maturidade precoce; o jovem lúcido.

4. **Professor-pesquisador-autor:** o doador de *verpons;* o altruísta mentalsomático; o autor de obras libertárias.

5. **Tenepessista:** o energizador lúcido; a minipeça assistencial.

6. **Epicentro:** o epicentro consciencial lúcido; a liderança multidimensional cosmoética.

7. **Completista:** o completista existencial; o maximorexista; o multicompletista existencial.

Reciclagem. Sob a ótica da *Recexologia,* é mais inteligente espelhar-se em conscins autossuperadoras, que viraram a própria mesa a custa de esforço e autodeterminação, iguais a estas 5 enumeradas na ordem alfabética do tema:

1. **Autor.** O ex-paciente da Síndrome do Pânico, autor de tratado sobre o assunto.

2. **Educadora** (V. **Gazeta do Povo;** Redação; ***Ex-menina de Rua em Londrina vira Educadora de Carentes;*** Curitiba, PR: 12.10.1988; página 28).

3. **Esclarecimento.** O ex-sacerdote, atual agente da tarefa do esclarecimento.

4. **Palestrante.** O ex-alcoólatra, atual palestrante-voluntário dos Alcoólicos Anônimos (AA).

5. **Político** (V. **Nascimento,** Gilberto; ***Volta por Cima – Ex-morador de um Porão e Catador de Papel são eleitos Vereadores e o Primeiro vai Montar Gabinete com Sem-teto;*** *IstoÉ;* Revista; São Paulo, SP; 10.11.04, páginas 86 a 88).

Policarma. Com respeito à *Holocarmalogia,* os rastros pensênicos cosmoéticos da conscin exemplarista acrescem positivamente a *ficha evolutiva pessoal* (FEP), possibilitando, progressivamente, a abertura da conta corrente policármica.

A VERBAÇÃO E A TEÁTICA COSMOÉTICAS DA CONSCIN EXEMPLARISTA ASSINALAM CAMINHOS PRIORITÁRIOS RUMO À CONQUISTA DA HOLOMATURIDADE.

44. Traforismo

Trafor. O *trafor* ou *traço-força* é a habilidade ou competência pessoal capaz de impulsionar a evolução da consciência.

Etimologística. O vocábulo *traço* vem do idioma Latim, *tractiare,* e este de *trahere,* "tirar, puxar, arrastar, mover, rolar". Surgiu no Século XVI. A palavra *força* provém também do idioma Latim, *fortia,* de *fortis,* "força; ato de coragem". Apareceu no Século XIII.

Sinonímia: 1. Habilidade; competência; talento. 2. Bom hábito. 3. Maturidade consciencial; teática. 4. Inteligência evolutiva.

Antonímia: 1. Inabilidade; incompetência; inaptidão. 2. Mau hábito; vício. 3. Traf*a*r.

Conquista. O traf*o*r é conquista evolutiva, decorrente das priorizações e esforços continuados da conscin.

Passado. Logo, o traf*o*r de hoje pode dar pistas do passado multimilenar da conscin, indicando a qualidade e natureza dos empreendimentos pessoais em múltiplas existências intrafísicas.

Paragenética. O traf*o*r é herança paragenética saudável, a maior, capaz de sobrepor-se à influência da genética e da mesologia, se aplicado prioritariamente e congregado com os outros traf*o*res.

Categorias. Os traf*o*res podem ser classificados em duas categorias:

1. **Identificados.** São os traços-força já identificados pela conscin, podendo ser divididos em 2 tipos: os teóricos e os práticos.

2. **Não-identificados.** São as habilidades ainda adormecidas ou obscuras para a conscin.

Traf*o*rismo. O *traforismo* é a conduta pessoal calcada nas habilidades e predicados próprios, no qual os traços-f*o*rça básicos predominam sobre os traços-f*a*rdo.

Etimologística. O vocábulo *traço* vem do idioma Latim, *tractiare,* e este de *trahere,* "tirar, puxar, arrastar, mover, rolar". Surgiu no Século XVI. A palavra *força* provém também do idioma Latim, *fortia,* de *fortis,* "força; ato de coragem". Apareceu no Século XIII. O sufixo *ismo* procede do idioma Grego, *ismós,* "doutrina, escola, teoria ou princípio artístico, filosófico, político ou religioso".

Sinonímia: 1. Exaltação do melhor. 2. Vivência traf*o*rista; convergência dos traf*o*res pessoais. 3. Ortopensenidade.

Antonímia: 1. Exaltação do pior. 2. Patopensenidade. 3. Traf*a*rismo.

Alternativa. O traf*o*rismo é tema relevante ao estudo das manipulações conscienciais, apresentando-se enquanto alternativa cosmoética e produtiva a estes 2 tipos de consciências, quando interessadas na autossuperação:

1. **Conscin manipulada:** o investimento no traf*o*rismo pessoal a fim de libertar-se de carências intraconscienciais, insegurança pessoal, manifestação do porão consciencial ou qualquer outra vulnerabilidade capaz de colocá-la em condição passível de manipulações de toda ordem.

2. **Conscin manipuladora:** o investimento no traf*o*rismo cosmoético a fim de aprender a aplicar os atributos conscienciais de modo prioritário e universalista, contribuindo com a auto e heteroevolução.

Compléxis. Em tese, os traf*o*res são os verdadeiros recursos disponíveis para a conscin concretizar, na vida intrafísica, as diretrizes do Curso Intermissivo. Logo, o traf*o*rismo lúcido é conduta inarredável da conscin interessada na conquista do completismo existencial.

Teática. A vivência pessoal do traf*o*r apresenta 2 estágios:

1. **Identificação.** A identificação teórica do traf*o*r, representando apenas 1% da téatica do traf*o*rismo e constituindo a fase de preparação para o uso do traf*o*r. As conscins *teoriconas* tendem a estacionar e fixar sua manifestação neste patamar.

2. **Aplicação.** A aplicação efetiva do traf*o*r, com ganhos evolutivos, representando 99% da teática do traf*o*rismo. Neste estágio manifestam-se o exemplarismo e a téatica da conscin traf*o*rista.

Ortopensenidade. Consoante a *Pensenologia,* o traf*o*rismo fundamenta-se na ortopensenidade e higidez consciencial. Somos o resultado de nossas pensenizações. Viver a condição intraconsciencial conflitiva ou anticonflitiva é questão de opção pessoal e experiência evolutiva.

Saúde. Sob a ótica da *Homeostática,* a conscin traf*o*rista já demonstra razoável nível de saúde consciencial e equilíbrio holossomático, catalisando a evolução de todos por onde passa.

Discernimento. Na *Mentalsomática* e na *Cosmoética,* o discernimento e a intencionalidade orientam e qualificam a aplicação de um traf*o*r.

Genialidade. Há conscins geniais e superdotadas, aplicando a inteligência descomunal para fins escusos e anticosmoéticos. Pouco vale ser um gênio notório em determinado aspecto consciencial, porém vazio de objetivos prioritários evolutivos – *inteligência evolutiva* (IE) (V. **Ferraro,** Tânia; ***Inteligência Evolutiva nas Priorizações da Conscin no Grupo;*** *Journal of Conscientiology;* Foz do Iguaçu,

PR; 2003; páginas 173 e 174). A genialidade, neste caso, pode tornar-se elemento dificultador da própria evolução, criando interprisões grupocármicas indesejáveis.

Incorruptibilidade. Segundo a *Cosmoética* e a *Holomaturologia,* assumir os traf*o*res pessoais com autodiscernimento, e seus possíveis efeitos quanto ao aumento da responsabilidade individual e grupal, exige da conscin postura madura e cosmoética, evitando surtos de autocorrupção, regressões pensênicas e subnivelamento consciencial.

Queixa. A conscin traf*o*rista aprendeu a substituir as queixas pessoais pela postura autoimperdoadora, buscando superações constantes a partir dos traços-força.

Autoanálise. De acordo com a *Conscienciometria,* as autoanálises sinceras e profundas são recursos inarredáveis para a identificação de ambos os aspectos conscienciais: traf*o*res e traf*a*res. A conscientização quanto aos traços-f*o*rça e traços-f*a*rdo pessoais facilita o planejamento de estratégias evolutivas apropriadas e coerentes.

Profilaxia. Neste contexto, importa ressaltar o papel da acuidade, racionalidade e isenção pessoal, a fim de se evitar 2 equívocos possíveis na autoanálise: a valorização inadequada de traf*o*res ou traf*a*res (supervalorização ou subvalorização) e o radicalismo nas avaliações.

Contextualização. A contextualização dos traços identificados, fundamentada na casuística e fatuística, permite evitar erros de imaginação, elucubrações mentais, apriorismos, palpites infundados sobre a realidade pessoal e criação de autoimagens distorcidas.

Megatraf*o*r. Do ponto de vista da *Evoluciologia,* acerta mais quem se esforça por identificar e aplicar produtivamente o megatraf*o*r pessoal, traço-f*o*rça máximo, pois este atua enquanto arrimo intraconsciencial e é elemento fundamental na libertação dos traf*a*res, do subcérebro abdominal e do porão consciencial.

Hiperacuidade. A conscin traf*o*rista apoia-se na hiperacuidade máxima possível, a fim de recuperar *cons* magnos e fugir da condição de conscin vulgar, imersa no rolo compressor das inutilidades e banalidades do dia a dia.

Autovitimização. Mediante a *Parapatologia,* há quem faça da autoconscienciometria instrumento de autovitimização, quando a descoberta de um novo traf*a*r chega a ser motivo de satisfação pessoal. *A identificação de um trafar não garante reciclagens intraconscienciais, nem é sinônimo de autossuperação.*

Renovações. Segundo a *Conscienciometria,* o ideal é identificar os traf*a*res com as simultâneas renovações conscienciais desencadeadas pelos traf*o*res.

Subnível. A assunção dos traf*o*res pessoais é o caminho da erradicação da manifestação em subnível existencial da conscin acomodada em viver pela *lei do menor esforço,* utilizando o mínimo necessário de suas potencialidades.

Enfrentamento. A conscin traf*o*rista evita acomodar-se em território seguro, enfrentando os estresses e crises de crescimento sadias.

Condutas. A postura traf*o*rista exige condutas pessoais específicas, iguais a estas 9, listadas em ordem alfabética:

1. **Autenticidade.** Ser realista e franco perante a realidade consciencial.

2. **Contrafluxo.** Viver no contrafluxo da Sociedade patológica traf*a*rista, sem apelar para a belicosidade.

3. **Cosmoética.** Não sucumbir às autocorrupções, vivenciando o máximo de cosmoética já compreendida e aplicando a maturidade consciencial já conquistada.

4. **Despojamento.** Abrir mão dos traf*a*res e posturas castradoras da evolução.

5. **Disponibilidade.** Estar disponível para atender as requisições do grupo.

6. **Ousadia.** *Pensar grande,* estabelecendo metas pessoais avançadas e desafiadoras.

7. **Posicionamento.** Não temer o ônus do não e a diferença de opiniões.

8. **Responsabilidade.** Assumir, *de fato,* a responsabilidade perante o nível evolutivo pessoal.

9. **Singularidade.** Viver, de modo pacífico e cosmoético, enquanto consciência singular, invulgar.

Produtividade. A produtividade pessoal alcança a *velocidade de cruzeiro* quando a conscin aprende a convergir os traf*o*res pessoais na produção de obras libertárias em favor de todos.

Assistencialidade. Através da *Assistenciologia,* dinamizar e priorizar os traços-força é conduta mais inteligente aos interessados em qualificar e estender a assistência a um maior número de consciências.

Binômio. A dinâmica assistencial do processo evolutivo fundamenta-se no *binômio aquisição-retribuição,* quando a consciência retribui, o quanto antes e em favor dos outros, os elementos recebidos ou adquiridos ao longo de suas existências.

Desova. A desova ou o compartilhamento da riqueza intraconsciencial é o primeiro passo rumo à megafraternidade, abrindo as portas às inspirações e aos *insights* dos amparadores na execução de gestações conscienciais policármicas.

QUEM PRIORIZA A CONVERGÊNCIA DOS TRAFORES, JÁ APRENDEU A VIVER ATRAVÉS DOS PRINCÍPIOS DA COSMOÉTICA E DA MEGAFRATERNIDADE.

Bibliografia Específica

ARGUMENTAÇÃO:

01. **Abreu,** Antônio Suárez; ***A Arte de Argumentar;*** 140 p.; 21 caps.; 41 refs.; 21 x 13,5 cm; br.; 8ª Ed.; *Ateliê Editorial;* Cotia, SP; 2005.

02. **Almeida,** Roberto; & **Bueno,** Ruy; ***Apostila do Curso Formação de Autores – Módulo IV: Argumentação;*** 57 p.; 6 caps.; 1 tab.; glos. 91 termos; 1 questionário; 14 enus.; 20 refs.; 4 apênd.; 28 x 21 cm; espiralado; *Associação Internacional do Centro de Altos Estudos da Conscienciologia* (CEAEC); Foz do Iguaçu, PR; Brasil; Julho, 2004.

03. **Bernardo,** Gustavo; ***Educação pelo Argumento;*** 214 p.; 15 caps.; 2 ilus.; 4 tabs.; 1 esquema; 1 enu.; 156 refs.; 21 x 14 cm; br.; *Rocco;* Rio de Janeiro, RJ; 2000.

04. **Demo,** Pedro; ***Argumento de Autoridade x Autoridade do Argumento: Interfaces da Cidadania e da Epistemologia;*** 112 p.; 8 caps.; 2 enus.; 161 refs.; 21 x 14 cm; br.; *Tempo Brasileiro;* Rio de Janeiro, RJ; 2005.

05. **Idem;** ***Éticas Multiculturais: Sobre Convivência Humana Possível;*** 102 p.; 10 caps.; 1 microbiografia; 121 refs.; 18 x 13 cm; br.; *Vozes;* Petrópolis, RJ; 2005; capítulo 3.

06. **Navega,** Sergio; ***Pensamento Crítico e Argumentação Sólida;*** 312 p.; 8 caps.; 21 ilus.; 7 tabs.; 52 esquemas; 8 enus.; 193 refs.; 1 alf.; 23 x 15,5 cm; br.; *Publicações Intelliwise;* São Paulo, SP; 2005.

07. **Perelman,** Chaim; & **Olbrechts-Tyteca,** Lucie; ***Tratado da Argumentação: A Nova Retórica;*** trad. Maria Ermantina Galvão; pref. Fábio Ulhoa Coelho; & Michel Meyer; 652 p.; 105 caps.; 508 refs.; 21 x 14 x 3 cm; br.; *Martins Fontes;* São Paulo, SP; 2002.

08. **Schopenhauer,** Arthur; ***Como Vencer um Debate sem Precisar Ter Razão;*** trad. Daniela Caldas e Olavo de Carvalho; int. Olavo de Carvalho; 258 p.; 15 caps.; 8 enus.; 20 x 12 cm; br.; *Topbooks;* Rio de Janeiro, RJ; 1997. www.str.com.br/Scientia/falacias2.html; & www.geocities.com/Athens/Column/8413/falacias.html.

ARROGÂNCIA:

09. **Cardoso,** Clodoaldo Meneguello; ***Tolerância e seus Limites: Um Olhar Latino-americano sobre Diversidade e Desigualdade;*** 210 p.; 4 caps.; 73 refs.; 21 x 14 cm; br.; *Unesp;* São Paulo, SP; Brasil; 2003; páginas 81 a 95.

10. **Folha de S. Paulo;** Redação; ***Arrogância causou Vietnã, diz Analista;*** Jornal; Diário; Ano 85; N. 27.794; Caderno: *Mundo;* São Paulo, SP; 08.05.05; página A34.

AUTODISCERNIMENTO:

11. **Gazeta do Povo;** Redação; ***"Sou vivo, não uso Drogas";*** Jornal; Ano 83; N. 26.212; Caderno: *2º Caderno;* Seção: *Paraná;* 1 foto; Curitiba, PR; 28.07.01; página 8.

12. **Gurovitz,** Helio; ***Fazer o Bem é Bom;*** *Época;* Revista; Semanário; N. 437; Seção: *Especial;* Projeto Generosidade; 31 fotos; São Paulo, SP; 02.10.06; capa (manchete) e páginas 82 a 86.

13. **Vieira,** Waldo; ***100 Testes da Conscienciometria;*** 232 p.; 100 caps.; 14 refs.; 21 x 14 cm; br.; *Instituto Internacional de Projeciologia e Conscienciologia* (IIPC); Rio de Janeiro, RJ; 1997; página 72.

14. **Idem;** ***Enciclopédia da Conscienciologia;*** revisores: Equipe de Revisores do Holociclo – CEAEC; 772 p.; abrevs.; 1 biografia; 1 *CD-ROM;* 240 contrapontos; cronologias; 35 *e-mails;* 4 endereços; 961 enus.; estatísticas; 2 filmografias; 1 foto; 240 frases enfáticas; 5 índices; 574 neologismos; 526 perguntas; 111 remissiologias; 12 siglas; 12 *sites;* 15 tabs.; 6 técnicas; 201 refs.; 1 apênd.; alf.; estrang.; ono.; tab.; 28 x 21 x 4 cm; enc.; Ed. Protótipo – Avaliação das Tertúlias; *Associação Internacional do Centro de Altos Estudos da Conscienciologia* (CEAEC); & *Associação Internacional Editares;* Foz do Iguaçu, PR; 2006; páginas 241 a 245.

AUTONOMIA CONSCIENCIAL:

15. **Ramos,** Jussara; ***Autonomia Consciencial;*** 1 tab.; 14 refs.; Conscientia: III Anais do Cinvéxis; vol. 6; no 4; Out-Dez, 2002; *Associação Internacional do Centro de Altos Estudos da Conscienciologia (CEAEC);* Foz do Iguaçu, PR; páginas 166 a 172.

16. **Ruiz,** Castor M. M. Bartolomé; ***As Encruzilhadas do Humanismo;*** Vozes; Petrópolis, RJ; 2006; página 103.

17. **Soares,** Fátima; ***Experimentologia – Norteador Autoconscienciоterápico;*** 7 enus.; 11 refs.; in: *Proceedings of the 4th Consciential Health Meeting;* Journal of Conscientiology; *International Academy of Consciousness* (IAC); vol. 9; N. 33-Supplement; Foz do Iguaçu, PR; 7 a 10 de setembro de 2006; páginas 189 a 202.

18. **Takimoto,** Nário; ***Princípios Teáticos da Conscienciotерapia;*** 15 enus.; 3 tabs.; in: *Proceedings of the 4th Consciential Health Meeting;* Journal of Conscientiology; *International Academy of Consciousness* (IAC); vol. 9; no 33-Supplement; Foz do Iguaçu, PR; 7 a 10 de setembro de 2006; páginas 11 a 28.

AUTORIDADE:

19. **Bobbio,** Norberto; & **Manteucci,** Nicola; & **Pasquino,** Gianfranco; ***Dicionário de Política ("Dizionario di Política");*** trad. Carmen C. Varriale & outros; coord. trad. João Ferreira; rev. Geral João Ferreira e Luis Guerreiro Pinto Cacais; 2 Vols.; VI + 1.318 p.; glos. 344 termos; 2.000 refs.; alf.; 18 x 13 x 3 cm; br.; 12ª Ed.; Brasília, DF; *Editora Universidade de Brasília;* 1999; página 90.

20. **Burke,** Peter; ***A Fabricação do Rei: A Construção da Imagem Pública de Luís XIV (The Fabrication of Louis XIV);*** trad. Maria Luiza X. de A. Borges; 254 p.; 12 caps.; 88 ilus.; 463 refs.; alf.; 23 X 16 cm; br.; *Zahar;* Rio de Janeiro, RJ; 1994.

21. **Hoffer,** Eric; ***Fanatismo e Movimentos de Massa;*** trad. Sylvia Jabotá; IV + 168 p.; 18 caps.; 106 refs.; 14 x 21 cm; br.; Lidador; Rio de Janeiro, RJ; 1951.

22. **Kojève,** Alexandre; ***La Noción de Autoridad (La Notion de l'autorité);*** trad. Heber Cardoso; apres. François Terré; 128 p.; 7 caps; 2 apêndices; 20 x 13 cm; br.; *Nueva Visión;* Buenos Aires, Argentina; 2004.

23. **Mucchielli,** Roger; ***Psicologia da Relação da Autoridade (Psychologie de la Relation d'autorité);*** trad. Jeanne Marie Claire Pucheau & Vera Siqueira Jaccoud; revisor Luiz Lorenzo Rivera; 200 p.; 12 caps.; 1 gráf.; 7 testes; 24 enus.; 97 refs.; 22 x 15 cm; br.; *Martins Fontes;* São Paulo, SP; Brasil; 1979; páginas 11 a 42.

24. **Sennett,** Richard; ***Autoridade (Authority);*** trad. Vera Ribeiro; 270 p.; 6 caps.; alf.; 21 x 14 cm; br.; *Record;* Rio de Janeiro, RJ; 2001.

25. **Vieira,** Waldo; ***700 Experimentos da Conscienciologia;*** 1.058 p.; 700 caps.; 147 abrevs.; 600 enus.; 8 índices; 2 tabs.; 300 testes; glos. 280 termos; 5.116 refs.; alf.; geo.; ono.; 28,5 x 21,5 x 7 cm; enc.; *Instituto Internacional de Projeciologia* (IIP); Rio de Janeiro, RJ; 1994; página 736.

AUTOPESQUISA:

26. **Vieira,** Waldo; ***Conscienciograma: Técnica de Avaliação da Consciência Integral;*** 344 p.; 150 abrevs.; 11 enus.; 100 folhas de avaliação; 4 índices; 2.000 itens; glos. 282 termos; 7 refs.; alf.; 21 x 14 cm; br.; *Instituto Internacional de Projeciologia* (IIP); Rio de Janeiro, RJ; 1996.

BINÔMIO CONTEÚDO-FORMA:

27. **Coelho,** Marcelo; ***Por que Escrevo: O Impulso da Comunicação Solitária;*** *Folha de S. Paulo;* Jornal; Diário; Ano 78; N. 25.234; Caderno: *Ilustrada;* São Paulo, SP; 05.05.98; página 5.

28. **Veja;** Redação; ***Por que Todos mentem;*** Revista; Semanário; Ano 35; N. 39; Ed. 1.771; São Paulo, SP; 02.10.02; páginas 94 a 104.

29. **Vieira,** Waldo; ***200 Teáticas da Conscienciologia;*** 260 p.; 200 caps.; 13 refs.; alf.; 21 x 14 cm; br.; *Instituto Internacional de Projeciologia* (IIP); Rio de Janeiro, RJ; 1997; página 70.

30. **Teich,** Daniel Hessel; ***O Risco da Crendice;*** *Veja;* Revista; Semanário; Ed. 1733; Ano 35; N. 1; São Paulo, SP; 09.01.02; páginas 9 a 13.

CARÊNCIA INTRACONSCIENCIAL:

31. **Bernstein,** Albert J.; ***Vampiros Emocionais: Como lidar com Pessoas que sugam Você;*** 284 p.; 13 caps.; 9 ilus.; 1 microbiografia; 5 testes; 12 enus.; 22 x 16 cm; br.; *Campus;* Rio de Janeiro, RJ; 2001.

32. **Vicenzi,** Luciano; ***Coragem para Evoluir;*** pref. Málu Balona; 188 p.; 8 caps.; 50 refs.; glos. 29 termos; 21 x 14 cm; br.; *Instituto Internacional de Projeciologia e Conscienciologia* (IIPC); Rio de Janeiro, RJ; 2001.

33. **Vieira,** Waldo; ***Homo sapiens reurbanisatus;*** 1.584 p.; 479 caps.; 139 abrevs.; 40 ilus.; 7 índices; 102 sinopses; glos. 241 termos; 7.653 refs.; alf.; geo.; ono.; 27 x 21 x 7 cm; enc.; *Associação Internacional do Centro de Altos Estudos da Conscienciologia* (CEAEC); Foz do Iguaçu, PR; 2003; página 646.

CENSURA:

34. **Aquino,** Maria Aparecida; ***Censura, Imprensa, Estado Autoritário (1968-1978);*** apres. prof. Alberto Dines; 270 p.; 4 caps.; 2 ilus.; 40 fotos; 16 tabs.; 156 refs.; 23,5 x 16 cm; br.; *EDUSC;* Bauru, SP; 1999.

35. **Carvalho,** Olavo; ***Censura, Ontem e Hoje: Agora Ela é Científica e Meticulosa;*** *Época;* Revista; Semanário; Ano 3; N. 152; 1 ilus.; São Paulo, SP; 16.04.01; página 52.

36. **Côrtes,** Celina; ***Censura de Batina: O Padre Carioca João Machado Evangelho é Obrigado a Cortar Trechos de O Papa Negro;*** *IstoÉ;* Revista; Semanário; Ed. 1.766; 2 fotos; São Paulo, SP; 06.08.03; página 86.

37. **D'Ercole,** Ronaldo; ***Empresa censura Reportagem da Revista "Você S/A", da Abril;*** *O Globo;* Jornal; Diário; Ano LXXVIII; N. 25.386; Seção: *Economia;* Rio de Janeiro, RJ; 06.02.03; página 23.

38. **Gazeta do Povo;** Redação; ***Escândalos Reabrem Debates Sobre a Monarquia Britânica;*** Jornal; Diário; Ano 85; N. 27.045; Seção: *Mundo;* 1 foto; Curitiba, PR; 12.11.03; página 31.

39. **Idem;** Redação; ***Livros de Potter vão para Fogueira;*** Jornal; Diário; Ano 83; N. 26.364; Curitiba, PR; 28.12.01; capa.

40. **Haidar,** Rodrigo; ***Censura no Ar;*** *Carta Capital;* Revista; Quinzenário; Ano VII; N. 141; 2 fotos; São Paulo, SP; 28.02.01; páginas 28 e 29.

41. **Folha de S. Paulo;** Redação; ***Diretor de Deus É Pai diz que MTV censurou a Série a Pedido de d. Eugenio Sales;*** Jornal; Diário; Ano 80; N. 26.076; Seção: *Brasil;* São Paulo, SP; 12.11.03; página A8.

42. **Idem;** Redação; ***China baixa Novo Pacote de Censura à Rede;*** Jornal; Diário; Ano 85; N. 27.935; Seção: *Mundo;* 1 foto; São Paulo, SP; 26.09.05; página A14.

43. **Idem;** Redação; ***Vaticano prepara Texto sobre Preservativos;*** Jornal; Diário; Ano 86; N. 28.145; Seção: *Mundo;* 1 foto; São Paulo, SP; 24.04.06; página A12.

44. **Idem;** Redação; ***China recruta "Bajulador On-Line";*** Jornal; Diário; Ano 85; N. 27.806; Seção: *Mundo;* São Paulo, SP; 20.05.05; página A16.

45. **Marques,** Toni; ***Censura em Nome do Politicamente Correto;*** *O Globo;* Jornal; Diário; Ano LXXVIII; N. 25.140; Seção: *O Mundo;* 1 ilus.; Rio de Janeiro, RJ; 09.06.02; página 44.

46. **Michael,** Andréa; ***Governo recupera Documentos da Censura;*** *Folha de S. Paulo;* Jornal; Diário; A 85; N. 27.969; São Paulo, SP; 30.10.05; página A14.

47. **O Globo;** Redação; ***Entidades reagem a Censura Prévia a Jornal;*** Jornal, Diário; Ano LXXVIII; N. 25.282; Seção: *O País;* 10 enus.; 2 fichários; Rio de Janeiro, RJ; 25.10.02; página 16.

48. **Idem;** Redação; ***Caça às Bruxas nos EUA: Universidades têm Lista de Professores e Alunos Considerados Antiamericanos;*** Jornal; Diário; Seção: *O Mundo;* Ano LXXIX; N. 25.684; 3 fotos; Rio de Janeiro, RJ; 01.12.03; página 22.

49. **Veja;** Redação; ***Chávez Quer Censura;*** Revista; Semanário; Ano 37; N. 42; Ed. 1876; Seção: *Internacional;* 1 foto; São Paulo, SP; 20.10.04; página 120.

50. **Vicent,** Mauricio; ***Cuba suspende Venda de "Revistas de Fofocas";*** *Folha de S. Paulo;* Jornal; Diário; Ano 78; N. 25.442; Caderno: *Mundo;* Seção: *Multimídia;* São Paulo, SP; 29.11.98; página 25.

51. **Schafer,** Sarah; ***Blogger Nation: A Proliferation of Voices is Slowly dismantling the Status Quo in China;*** *Newsweek;* Revista; Semanário; Vol. CXLVII; N. 9; 4 fotos; New York, EUA; 27.02.06; páginas 16 a 20.

COMUNICOLOGIA:

52. **Breton,** Philippe; ***A Manipulação da Palavra;*** trad. Maria Stela Gonçalves; ver. Maurício B. Leal; & Fátima Cavallaro; & Tereza Gouvêa; 168 p.; 8 caps.; 82 refs.; 21 x 14 cm; br.; *Edição Loyola;* São Paulo, SP; 1999; páginas 19 e 96.

53. **Dimbley,** Richard; & **Burton,** Graeme; ***Mais do que Palavras: Uma Introdução à Teoria da Comunicação;*** trad. Plínio Cabral; 216 p.; 19 caps.; 1 ilu.; glos. 39 termos; 11 fotos; 1 tab.; 23 esquemas; 25 enus.; 21 x 13,5 cm; br.; *Summus;* São Paulo, SP; 1990.

54. **Escobar,** Herton; ***Pela Internet, 5 Pessoas ligam Você ao Mundo;*** *O Estado de S. Paulo;* Jornal; Diário; Ano 124; N. 40.106; Seção: *Sociedade/ Ciência;* 1 mapa; São Paulo, SP; 08.08.03; página A12.

55. **Lazzarotto,** Gisley; & **Rossi,** Janete Schaeffer; & **Guareschi,** Neuza; et al; ***Comunicação e Controle Social;*** antologia; pref. Roberto Ramos; 72 p.; 5 caps.; 29 enus.; 61 refs.; 21 x 13,5 cm; br.; 4ª Ed.; *Vozes;* Petrópolis, RJ; Brasil; 2001.

56. **Ribeiro,** Lair; ***Comunicação Global: A Magia da Influência;*** pref. Ozires Silva; 132 p.; 20 caps.; 46 ilus.; 1 teste; 4 enus.; 20,5 x 14 cm; br.; 13ª Ed.; *Objetiva;* Rio de Janeiro, RJ; 1993.

57. **Vieira,** Waldo; ***Homo sapiens reurbanisatus;*** 1.584 p.; 479 caps.; 139 abrevs.; 40 ilus.; 7 índices; 102 sinopses; glos. 241 termos; 7.653 refs.; alf.; geo.; ono.; 27 x 21 x 7 cm; enc.; *Associação Internacional do Centro de Altos Estudos da Conscienciologia* (CEAEC); Foz do Iguaçu, PR; 2003.

CONSCIÊNCIA MANIPULADORA ANTICOSMOÉTICA:

58. **Aith,** Marcio; ***EUA estudam Divulgar Informações Falsas;*** *Folha de S. Paulo;* Jornal; Diário; Ano 82; N. 26.621; Caderno: *Mundo;* 1 foto; São Paulo, SP; 20.02.02; página A11.

59. **Corrêa,** Silvia; & **Dias,** Pedro Leite; ***Serra e Marta manipulam Dados em Debate;*** *Folha de S. Paulo;* Jornal; Diário; Ano 84; N. 27.590; Caderno: *Eleições;* 8 fotos; 1 infográfico; São Paulo, SP; 16.10.04; página A6.

60. **Dyer,** Dr. Wayne W.; ***Não se deixe Manipular pelos Outros;*** trad. Ruy Jungmann; pref. Susan Dyer; 278 p.; 10 caps.; 6 testes; 27 enus.; 20,5 x 13,5 cm; br.; 8ª Ed.; *Record;* Rio de Janeiro, RJ; 1978.

61. **Fiúza,** Murilo de Melo; ***Militares negociaram com Vaticano, diz Pesquisador;*** *Folha de S. Paulo;* Jornal; Diário; Ano 84; N. 21.392; Caderno: *Brasil;* São Paulo, SP; 01.04.04; página A15.

62. **Hudson,** Alexandra; ***Ratzinger manipula, diz Dissidente;*** Reportagem; *Folha de S. Paulo;* Jornal; Diário; Ano 85; N. 27.768; Seção: *Mundo;* São Paulo, SP; 12.04.05; página A9.

63. **Nazare-Aga,** Isabelle; ***Os Manipuladores estão entre Nós;*** trad. Aurélio Rebello; 318 p.; 16 caps.; 1 esquema; 22 enus.; 35 refs.; 23 x 15,5 cm; br.; *Ediouro;* Rio de Janeiro, RJ; 1998.

64. **Vieira,** Waldo; ***Homo sapiens reurbanisatus;*** 1.584 p.; 479 caps.; 139 abrevs.; 40 ilus.; 7 índices; 102 sinopses; glos. 241 termos; 7.653 refs.; alf.; geo.;

ono.; 27 x 21 x 7 cm; enc.; *Associação Internacional do Centro de Altos Estudos da Conscienciologia* (CEAEC); Foz do Iguaçu, PR; 2003; página 719 a 723.

CONSCIÊNCIA MANIPULÁVEL:

65. **Arbex Jr.,** José; ***Marionetes do Tio Sam;*** Artigo; *Caros Amigos Especial: O Golpe de 64;* Tabloide; Mensário; N. 19; 2 refs.; 1 *site;* São Paulo, SP; 03.04; página 17.

66. **Blair,** David; ***Bin Laden usa Crianças como Escravas no Sudão;*** *O Globo;* Jornal; Diário; Ano LXXIV; N. 23.965; Seção: *Mundo/Ciência e Vida;* Rio de Janeiro, RJ; 11.04.99; página 40.

67. **Dyer,** Dr. Wayne W.; ***Não se deixe Manipular pelos Outros;*** trad. Ruy Jungmann; pref. Susan Dyer; 278 p.; 10 caps.; 6 testes; 27 enus.; 20,5 x 13,5 cm; br.; 8ª Ed.; *Record;* Rio de Janeiro, RJ; 1978.

68. **Kelley,** Robert; ***O Poder dos Seguidores: Como Criar os Verdadeiros Líderes (The Power of Followership);*** trad. Nancy Aparecida A. Teixeira; 232 p.; 10 caps.; 6 gráfs.; 3 questionários; 16 enus.; 90 refs.; 20,5 x 13,5 cm; br.; *Siciliano;* São Paulo, SP; 1993.

69. **Lins,** Paulo; ***Os Filhos viram Armas dos Pais;*** Artigo; *O Globo;* Jornal; Diário; Ano LXXVII; N. 24.916; Caderno: *Jornal da Família;* 1 foto; Rio de Janeiro, RJ; 28.10.01; página 5.

70. **Nazare-Aga,** Isabelle; ***Os Manipuladores estão entre Nós;*** trad. Aurélio Rebello; 318 p.; 16 caps.; 1 esquema; 22 enus.; 35 refs.; 23 x 15,5 cm; br.; *Ediouro;* Rio de Janeiro, RJ; 1998.

71. **O Globo;** Redação; ***Pequenos Gestos que fazem o Cliente ser Fiel à Marca;*** Jornal; Diário; Ano LXXIX; N. 25.634; Caderno: *Boa Chance;* 2 fotos; Rio de Janeiro, RJ; 12.10.03; página 10.

72. **Pinheiro,** Diogo; ***Acusado confessa Exploração de Menores;*** Reportagem; *Folha de S. Paulo;* Jornal; Diário; Ano 83; N. 27.176; Caderno: *Cotidiano;* 1 foto; São Paulo, SP; 29.08.03; página C1.

73. **Vieira,** Waldo; ***Homo sapiens reurbanisatus;*** 1.584 p.; 479 caps.; 139 abrevs.; 40 ilus.; 7 índices; 102 sinopses; glos. 241 termos; 7.653 refs.; alf.; geo.; ono.; 27 x 21 x 7 cm; enc.; *Associação Internacional do Centro de Altos Estudos da Conscienciologia* (CEAEC); Foz do Iguaçu, PR; 2003; páginas 719 a 723.

CONSCIENCIOLOGIA:

74. **Daou,** Dulce; ***Autoconsciência e Multidimensionalidade;*** pref. Tânia Guimarães; 282 p.; 33 caps.; biografias; citações; endereços; estatísticas; 92 enus.;

microbiografias; 18 sites; siglas; tabs.; glos. 171 termos; 174 refs.; alf.; ono.; 21 x 14 cm; br; *Editares;* Foz do Iguaçu, PR; 2005.

75. **Vieira,** Waldo; ***700 Experimentos da Conscienciologia;*** 1.058 p.; 700 caps.; 147 abrevs.; 600 enus.; 8 índices; 2 tabs.; 300 testes; glos. 280 termos; 5.116 refs.; alf.; geo.; ono.; 28,5 x 21,5 x 7 cm; enc.; *Instituto Internacional de Projeciologia* (IIP); Rio de Janeiro, RJ; 1994.

76. **Idem; *Projeciologia: Panorama das Experiências da Consciência Fora do Corpo Humano;*** 1.248 p.; 525 caps.; 150 abrevs.; 43 ilus.; 5 índices; 1 sinopse; glos. 300 termos; 2.041 refs.; alf.; geo.; ono.; 27 x 21 x 7 cm; enc.; 4ª Ed. revisada e ampliada; *Instituto Internacional de Projeciologia e Conscienciologia* (IIPC); Rio de Janeiro, RJ; 1999.

COSMOÉTICA:

77. **Bueno,** Priscila; ***A Ética construída pela Solidariedade e Respeito;*** Entrevista; *Gazeta do Povo;* Jornal; Diário; Ano 86; N. 27.147; Caderno: *Economia;* 1 foto; Curitiba, PR; 24.02.04; página 16.

78. **Gazeta do Povo;** Redação; ***Honestidade;*** Coleção: *Valores Humanos;* 8 volumes; V. 6; Jornal; Diário; Ano 85; N. 27.028; Suplemento: *Especial;* 6 ilus.; 21 fotos; Curitiba, PR; 26.10.05; 11 páginas.

79. **Gianeetti,** Eduardo; ***Ética, Ciência e Mercado;*** Artigo; *Folha de S. Paulo;* Jornal; Diário; Ano 78; N. 25.278; Caderno: *Ilustrada;* 1 ilus.; São Paulo, SP; 18.06.98; página 7.

80. **Salles,** Rosemary; ***Consciência em Revolução;*** pref. Waldo Vieira; 216 p.; 24 caps.; 29 refs.; ono.; 21 x 14 cm; *Instituto Internacional de Projeciologia e Conscienciologia* (IIPC); Rio de Janeiro, RJ; 2003; página 132.

81. **Teixeira,** Jerônimo; ***40 Questões do Dia-a-Dia sobre o que é Certo ou Errado;*** *Veja;* Revista; Semanário; Ano 39; N. 12; Ed. 1.949; 9 fotos; 10 ilus.; São Paulo, SP; 29.03.06; páginas 58 a 68.

82. **Vieira,** Waldo; ***Homo sapiens reurbanisatus;*** 1.584 p.; 479 caps.; 139 abrevs.; 40 ilus.; 7 índices; 102 sinopses; glos. 241 termos; 7.653 refs.; alf.; geo.; ono.; 27 x 21 x 7 cm; enc.; *Associação Internacional do Centro de Altos Estudos da Conscienciologia* (CEAEC); Foz do Iguaçu, PR; 2003; página 1018.

DESASSÉDIO INTERCONSCIENCIAL:

83. **Artoni,** Camila; ***O Fantástico Mundo do* Marketing;** *Galileu;* Revista; Mensário; N. 167; 1 ilus.; 15 fotos; 1 tab.; São Paulo, SP; Junho, 2005; capa e páginas 30 a 39.

84. **Edward,** José; ***Assédio Moral – O Lado Sombrio do Trabalho;*** *Veja;* Revista; Semanário; Ano 38; N. 28; Ed. 1.913; 3 tabs.; 1 enu.; 5 fotos; São Paulo, SP; 13.06.05; páginas 104 a 108.

85. **Hirigoyen,** Marie-France; ***Assédio Moral: A Violência Perversa no Cotidiano;*** trad. Maria Helena Kuhner; 224 p.; 12 caps.; 9 enus.; 42 refs.; epíl.; 21 x 13,5 cm; br.; *Bertrand Brasil;* Rio de Janeiro, RJ; 2000.

86. **O Estado do Paraná;** Redação; ***Tabagismo mata Dez Mil Pessoas por Dia, diz OMS;*** Jornal; Diário; Ano 53; Ed. 16.014; Curitiba, PR; 30.05.04; página 24.

87. **Paiva,** Esdras; ***Assédio é Crime;*** *Veja;* Revista; Semanário; Ano 31; N. 37; Ed. 1.564; São Paulo, SP; 16.09.98; páginas 11 a 15.

88. **Vieira,** Waldo; ***Homo sapiens reurbanisatus;*** 1.584 p.; 479 caps.; 139 abrevs.; 40 ilus.; 7 índices; 102 sinopses; glos. 241 termos; 7.653 refs.; alf.; geo.; ono.; 27 x 21 x 7 cm; enc.; *Associação Internacional do Centro de Altos Estudos da Conscienciologia* (CEAEC); Foz do Iguaçu, PR; 2003; página 432.

DOUTRINAÇÃO RELIGIOSA:

89. **Ângelo;** Cláudio; ***Seleção Sobrenatural;*** *Folha de S. Paulo;* Jornal; Diário; Ano 84; N. 27.696; Caderno: *Mais;* 1 ilus.; São Paulo, SP; 30.01.05; página 4.

90. **Brum,** Eliane; & **Rubin,** Débora; ***A Vida Íntima do Opus Dei;*** *Época;* Revista; Semanário; Ano, 8; N. 400; 11 fotos; 16.01.06; páginas 62 a 70.

91. **Carvalho,** Bernardo; ***Liturgia do Medo;*** *Folha de S. Paulo;* Jornal; Diário; Ano 84; N. 27.474; 1 foto; São Paulo, SP; página E6.

92. **Chiavenato,** Júlio José; ***Religião: da Origem à Ideologia;*** 360 p.; 15 caps.; 2 tabs.; 129 refs.; 14 x 21 cm; *Funpec-Editora;* Ribeirão Preto, SP; 2002; páginas 11 a 27; 36 a 39.

93. **Coelho,** Luciana; ***Boneca de Véu que lê Alcorão É Alternativa Islâmica à Barbie;*** *Folha de S. Paulo;* Jornal; Diário; Ano 84; N. 27.507; 1 foto; São Paulo, SP; 25.07.04; página A17.

94. **Edward,** José; ***A Força do Senhor;*** *Veja;* Revista; Semanário; Ano 35; N. 26; Ed. 1.758; 3 tabs.; 3 grafs.; 22 fotos; São Paulo, SP; 03.07.02; páginas 88 a 95.

95. **Ferreira,** Dario Fortes; & **Lauand,** Jean; & **Silva,** Marcio Fernandes da; ***Opus Dei: Os Bastidores. História. Análise. Testemunho;*** revisoras Áurea G. T. Vasconcelos; & Raissa Castro Oliveira; 230 p.; 5 caps.; 2 apênds.; 26 *sites;* 12 refs.; 3 biografias; 23 enus.; 21 x 14 cm; br.; *Vênus Editora;* Campinas, SP; 2005.

96. **Filho,** Francisco Alves; ***Na Onda – Padre Zeca conquista Juventude Dourada***; *IstoÉ;* Revista; Semanário; Ed. 1521; 3 fotos; São Paulo, SP; 25.11.98; páginas 82 e 83.

97. **Folha de S. Paulo;** Redação; ***Lobby Religioso veta Pesquisa com Embrião;*** Jornal; Diário; Caderno: *Folha Ciência;* Ano 83; N. 27.337; 1 foto; São Paulo, SP; página A14.

98. **Idem;** Redação; ***França veta Uso de Véu Islâmico na Escola;*** Jornal; Diário; Ano 83; N. 27.342; 1 fichário; 1 foto; São Paulo, SP; 11.04.04; página A11.

99. **Frutuoso,** Suzane; ***Balada do Senhor***; *Época;* Revista; Semanário; Ano 6; N. 328; 5 fotos; São Paulo, SP; 30.08.04; páginas 60 e 61.

100. **Gleiser,** Marcelo; ***O Desafio Criacionista;*** *Folha de S. Paulo;* Jornal; Diário; Ano 84; N. 27.689; São Paulo, SP; 23.01.05; página 9.

101. **Guedes,** Cilene; & **Mendes,** Daniela; ***Pastores da Prosperidade;*** *Época;* Revista; Semanário; Ano 2; N. 124; São Paulo, SP; 02.10.2000, páginas 56 a 61.

102. **Lima,** Maurício; ***Esta dá Ibope: Tolerante na Área dos Costumes, Igreja Evangélica atrai Ricos e Famosos;*** *Veja;* Revista; Semanário; Ed. 1.669; Ano 33; N. 40; 1 tab.; 8 fotos; São Paulo, SP; 04.10.2000; páginas 90 a 92.

103. **Lima,** Samarone; & **Paixão,** Roberta; ***Salvos pela Palavra;*** Reportagem; *Veja;* Revista; Semanário; Seção: *Religião;* 9 fotos; 1 fichário; São Paulo, SP; 15.07.98; páginas 86 a 92.

104. **Linhares,** Juliana; ***Como se forma um Pregador;*** *Veja;* Revista; Semanário; Ano 39; N. 27; Ed. 1964; 2 fotos; São Paulo, SP; 12.07.06; páginas 84 e 85.

105. **Mattos,** Laura; ***No DVD, Padre Marcelo é Mais Astro do que Já havia sido no Cinema;*** *Folha de S. Paulo;* Jornal; Diário; Ano 84; N. 27.463; São Paulo, SP; 11.06.04; página E9.

106. **Mena,** Fernanda; ***Revista une Novo Testamento e Mundo Pop;*** *Folha de S. Paulo*; Jornal; Diário; Ano 83; N. 27.220; 1 foto; São Paulo, SP; 12.10.03, página 24.

107. **Oliveira,** Renan; ***Pentecostais Brasileiros fazem Milagres nos EUA;*** *O Estado de S. Paulo;* Jornal; Diário; Ano 120; N. 38.442; Seção: *Geral;* 1 foto; São Paulo, SP; 17.01.99; página A12.

108. **Orlandi,** Eni Pulcinelli; Org.; ***Palavra, Fé, Poder;*** 102 p.; 7 caps.; 4 ilus.; 4 tabs.; 3 esquemas; 21 x 14 cm; br.; *Ponte;* Campinas, SP; 1987; páginas 94 a 96.

109. **Idem;** ***A Linguagem e Seu Funcionamento: As Formas do Discurso;*** 276 p.; 16 caps.; 13 esquemas; 8 enus.; 136 refs.; 21 x 14 cm; br.; 4ª Ed.; 2ª Imp.; *Pontes;* Campinas, SP; 2001; páginas 239 a 262.

110. **Pereira,** Paula; ***Animação para a Alma***; *Época;* Revista; Semanário; Ano 3; N. 136; 18 fotos; São Paulo, SP; 25.12.2000; páginas 86 a 92.

111. **Pereira,** Paula; ***A Fé está On-line;*** *Época;* Revista; Semanário; Ano 5; N. 253; 5 ilus.; 2 fotos, Rio de Janeiro, RJ; 24.03.03, páginas 64 e 65.

112. **Silberstein,** Elisabeth Castejón Lattaro; ***Opus Dei: A Falsa Obra de Deus. Alerta às Famílias Católicas;*** 342 p.; 71 caps.; 79 abrevs.; 1 biografia; 7 cronologias; 1 entrevista; 186 enus.; 22 fichários; glos. 192 termos; 1 organograma; 96 perguntas; 71 refs.; 37 respostas; 18 *sites* de apoio; 18 *sites* de crítica; 211 *sites* oficiais; 85 *sites* não oficiais; 23 x 16 cm; br.; 2ª Ed.; *Betty Silberstein; Edição da Autora;* São Paulo, SP; 2005.

113. **Veja;** Redação; ***Fé pelo Celular;*** Revista; Semanário; Ano 37; N. 36; Ed. 1.870; 4 ilus.; 1 foto; São Paulo, SP; página 135.

114. **Idem;** Redação; ***A Ciência da Fé;*** Revista; Semanário; Ano 34; N. 50; Ed. 1.731; 1 ilus.; 6 fotos; São Paulo, SP; 19.12.01; páginas 130 a 133.

115. **Vieira,** Waldo; ***Manual da Tenepes: Tarefa Energética Pessoal;*** 138 p.; 34 caps.; 5 refs.; glos. 238 termos; 147 abrevs.; alf.; 21 x 14 cm; br.; Rio de Janeiro, RJ; *Instituto Internacional de Projeciologia e Conscienciologia* (IIPC); 1995; página 13.

116. **Vicenzi,** Luciano; ***Coragem para Evoluir;*** pref. Málu Balona; 188 p.; 8 caps.; 50 refs.; glos. 29 termos; 21 x 14 cm; br.; *Instituto Internacional de Projeciologia e Conscienciologia* (IIPC); Rio de Janeiro, RJ; 2001; página 45.

117. **Weis,** Bruno; & **Cortes,** Celina; & **Pereira,** Cilene; ***Uma Droga chamada Esperança;*** *IstoÉ;* Revista; Semanário; Ed. 1.496; 1 ilus.; 5 fotos; São Paulo, SP; 03.06.98; capa e páginas 142 a 151.

118. **Weiberg,** Monica; ***Fé na Educação***; *Veja;* Revista; Semanário; Ano 37; N. 39; Ed. 1.873; 2 fotos; São Paulo, SP; 29.09.04; páginas 72 e 73.

DUPLA EVOLUTIVA:

119. **Brasil,** Sandra; ***Vale a Pena Consertar?*** *Veja;* Revista; Semanário; Ano 39; N. 9; Ed. 19.46; 1 enu.; 7 fotos; São Paulo, SP; 08.03.06; páginas 104 a 107.

120. **Folha de Londrina;** Redação; ***Casamento era usado como Subterfúgio;*** Jornal; Diário; Ano 53; N. 15.673; Seção: *Especial;* 1 ilus.; Londrina, PR; 20.10.02; página 13.

121. **Gazeta do Povo;** Redação; ***Casal comemora 70 Anos de União: João e Esmeralda estão Casados desde 1933;*** Jornal; Diário; Ano 85; N. 26.775; Seção: *Paraná;* 1 foto; 1 fichário; 1 enu.; Curitiba, PR; 15.02.03; página 4.

122. **Jorge,** Mariliz Pereira; ***Juntos, mas nem Tanto;*** *Revista da Folha;* Revista; Semanário; Ano 10; N. 497; 6 fotos; São Paulo, SP; 25.11.01; páginas 8 a 13.

123. **Nazare-Aga,** Isabelle; ***Os Manipuladores do Amor;*** 192 p.; 11 caps.; 1 tab.; 1 esquema; 29 enus.; 46 refs.; 23 x 15 cm; br.; *Pergaminho;* Cascais, Portugal; 2001.

124. **Oyama,** Thaís; ***Amor S/A;*** *Veja;* Revista; Semanário; Ano 35; N. 14; Ed. 1.746; Seção: *Família;* 1 ilus.; São Paulo, SP; 10.04.02; páginas 74 e 75.

125. **Pereira,** Cilene; & **Teixeira,** Paulo César; ***Unidos para Sempre ou .... Até que o Patrimônio os separe;*** *IstoÉ;* Revista; Semanário; Seção: *Comportamento;* 11 fotos; 1 tab.; São Paulo, SP; 17.04.96; páginas 48 a 53.

126. **Vieira,** Waldo; ***Manual da Dupla Evolutiva;*** 212 p.; 40 caps.; 16 refs.; alf.; 21 x 14 cm; br.; Rio de Janeiro, RJ; *Instituto Internacional de Projeciologia e Conscienciologia* (IIPC); 1997; página 134.

EDUCAÇÃO:

127. **Castro,** Gilda de; ***Professor Submisso, Aluno-cliente;*** 152 p.; 6 caps.; 3 ilus.; 10 esquemas; 10 fichários; 40 refs.; 21 x 14 cm; *DP&A Editora;* Rio de Janeiro, RJ; 2003.

128. **Castro,** Eder Alonso; & **Ramos-de-Oliveira,** Paula; Org.; ***Educando para Pensar;*** 128 p.; 9 caps.; 12 enus.; 144 refs.; 21 x 14 cm.; br.; *Thomson;* São Paulo, SP; 2002.

129. **Constantino,** Luciana; ***Educação recebe Fatia Menor da Receita;*** *Folha de S. Paulo;* Jornal; Diário; Ano 83; N. 27.221; Caderno: *Cotidiano;* 3 gráfs.; 2 fichários; São Paulo, SP; 13.10.03; página C1.

130. **Dias,** Maria Clarice; & **Padilla,** Ivan; ***Este Brasil quer Ler;*** *Época;* Revista; Semanário; Ano 3; N. 150; São Paulo, SP; 02.04.01; páginas 86 a 95.

131. **Escóssia,** Fernanda; ***No Brasil, 5,8 Milhões têm Curso Superior;*** *Folha de S. Paulo;* Jornal; Diário; Ano 83; N. 27.272; 2 fotos; 5 gráfs.; São Paulo, SP; 03.12.03; página C1.

132. **Franklin,** Leonardo; ***Sucateamento do Ensino preocupa Reitores;*** *Gazeta do Paraná;* Jornal, Diário; Ano XIII; N. 4.034; Curitiba, PR; 10.02.04, página 4.

133. **Freire,** Paulo; ***Educação como Prática da Liberdade;*** 158 p.; 7 caps.; 10 ilus.; 1 apênd.; 21 x 14 cm; br.; 27ª Ed.; *Paz e Terra;* Rio de Janeiro, RJ; 2003.

134. **Idem; *Pedagogia da Autonomia: Saberes Necessários à Prática Educativa;*** pref. Edna Castro de Oliveira; 146 p.; 3 caps.; 17 x 12 cm; br.; 30ª Ed.; *Paz e Terra;* São Paulo, SP; 2004.

135. **Gazir,** Augusto; ***Escolas do Rio vão Ensinar Criacionismo;*** *Folha de S. Paulo;* Jornal; Diário; Ano 84; N. 27.434; 2 fotos; São Paulo, SP; 13.05.04; página A16.

136. **Gerchmann,** Léo; ***Com Verba Pública, MST dá Aula a 100 Mil;*** *Folha de S. Paulo;* Jornal; Diário; Ano 79; N. 25.758; 1 foto; São Paulo, SP; 11.10.1999; página 7.

137. **Lembo,** John M.; ***Por que falham os Professores;*** X + 124 p.; 8 caps.; 1 tab.; 50 refs.; 21 x 14 cm; 12ª reimpressão; *Editora Pedagógica e Universitária Ltda;* São Paulo, SP; Brasil; 1975; página 5.

138. **Macedo,** Vanessa; ***Aulas-fantasmas, Notas Falsas;*** *O Globo;* Jornal; Diário; Ano 84; N. 27.685; 1 enu.; 2 fotos; Rio de Janeiro, RJ; 21.08.01; página 12.

139. **Moraes,** Rita; ***Um Show de Professor;*** *IstoÉ;* Revista; Semanário; Ed. 1.458; 4 ilus.; 1 gráf.; 5 fotos; São Paulo, SP; 10.09.97; páginas 70 a 73.

140. **O Estado do Paraná;** Redação; ***Professorado Brasileiro tem Pior Salário do Mundo;*** Jornal; Diário; Ano 52; N. 15.516; Seção: *Atas e Editais;* 1 foto; Curitiba, PR; 05.10.02; página 21.

141. **O Estado de S. Paulo;** Redação; ***EUA vão Subsidiar Ensino Religioso;*** Jornal; Diário; Seção: *Internacional;* Ano 123; N. 39.700; 1 foto; São Paulo, SP; 28.06.02; página A17.

142. **Pinto,** Álvaro Vieira; ***Sete Lições sobre Educação de Adultos;*** int. Dermeval Saviani; 118 p.; 7 caps.; 15 enus.; 21 x 14; br.; 11ª Ed.; *Cortez Editora;* São Paulo, SP; 2000; páginas 29, 39, 61, 63 e 64.

143. **Prochet,** Ricardo; ***Professores à Luta;*** *O Estado do Paraná;* Jornal; Diário; Ano 50; N. 14.945; Seção: *Opinião;* Curitiba, PR; 06.12.2000; página 4.

144. **Vieira,** João Luiz; & **Velloso,** Beatriz; ***Massagista de Cérebro;*** *Época;* Revista; Semanário; Ano IV; N. 184; 3 fotos; São Paulo, SP; páginas 72 e 73.

145. **Weinberg,** Mônica; ***A Receita dos Bons Alunos;*** *Veja;* Revista; Semanário; Ed. 1.855; Ano 37; N. 21; Seção: *Educação;* 1 enu.; 1 tab.; 2 fotos; 1 ref.; São Paulo, SP; 26.05.04; páginas 106 e 107.

146. **Wiederhecker,** Angélica; & **Giraldez,** Ricardo; ***Revolução na Escola: MST educa um Exército de 40 Mil Estudantes em Todo o País com Princípios Políticos Inspirados no Socialismo;*** *IstoÉ;* Revista; Semanário; Ed. 1.498; 3 ilus.; 7 fotos; São Paulo, SP; 17.06.98; páginas 63 a 69.

ELOQUÊNCIA:

147. **Achcar,** Tatiana; ***Falar Demais aborrece e afasta os Ouvintes;*** *Folha de S. Paulo*; Reportagem; Jornal; Diário; Suplemento; Ano 83; N. 27.287; Caderno: *Cotidiano;* Seção: *Equilíbrio/Saúde;* 6 fotos; São Paulo, SP; 18.02.03; páginas 4 e 5.

148. **Cerney,** J. V.; ***O Poder da Comunicação: A Arte de Vencer por Meio das Palavras;*** trad. Lígia Junqueira; 238 p.; 15 caps.; 1 tabela; 8 testes; 2 questionários; 40 enus.; 20,5 x 13,5 cm; br.; *Ibrasa;* São Paulo, SP; 1978.

149. **Filho,** Pedro Paulo**;** ***A Revolução da Palavra: Uma Visão do Homo loquens;*** pref. Prof. Admir Ramos; 242 p; 14 caps.; 21 x 14 cm; br.; 2ª Ed.; *Edições Siciliano;* São Paulo, SP; 1977; páginas 72 a 84.

150. **Stettner,** Morey; ***O Poderoso Som do Silêncio;*** *Nova*; Revista; Mensário; São Paulo, SP; Outubro de 1995; páginas 108 e 109.

EXEMPLARISMO COSMOÉTICO:

151. **Época;** Redação; ***Um Belo Exemplo;*** Revista; Semanário; Ano 4; N. 216; Seção: *Memória;* 1 foto; São Paulo, SP; 08.07.02; página 94.

152. **Fonseca,** Maurício; ***Nunca pretendi Ser Exemplo para Ninguém;*** *O Globo;* Jornal; Diário; Ano LXXVII; N. 25.006; 1 foto; Rio de Janeiro, RJ; 27.01.02; página 51.

153. **Gaspar,** Malu; ***Quando o Mau Exemplo vem de Cima;*** *Veja;* Revista; Semanário; Ano 35; N. 2; Ed. 1.734; Seção: *Brasil;* 10 fotos; São Paulo, SP; 16.01.02; páginas 36 a 39.

154. **Gazeta do Paraná;** Redação; ***Catadora de Papel retoma Estudos;*** Jornal; Diário; Ano 81; N. 25.336; Curitiba, PR; 28.02.99; página 20.

155. **Gazeta do Povo;** Redação; ***O Poder do Exemplo;*** Jornal; Diário; Ano 28; N. 1.321; Caderno: *Gazetinha*; 1 enu.; 6 ilus.; 4 fotos; Curitiba, PR; 14.10.2000; página dupla central (espelho).

156. **Idem;** Redação; ***Ex-menina de Rua em Londrina vira Educadora de Carentes;*** Jornal; Diário; Ano 80; N. 25.199; 1 foto; Curitiba, PR; 12.10.1988; página 28.

157. **Kostman,** Ariel; ***Meu Pai fuma Maconha Comigo;*** *Veja;* Revista; Semanário; Ano 34; N. 45; Ed. 1.726; Seção: *Comportamento;* 1 ilus.; 1 foto; São Paulo, SP; 14.11.02; páginas 98 e 99.

158. **Mariano,** Margarete; ***Para Virar a Própria Mesa;*** *Diário de Pernambuco;* Jornal; Diário; Caderno: *Viver Mulher;* Recife, PE; 01.05.2000; página C5.

159. **Nascimento,** Gilberto; ***Volta por Cima – Ex-morador de um Porão e Catador de Papel são eleitos Vereadores e o Primeiro vai Montar Gabinete com Sem-teto;*** *IstoÉ;* Revista; Semanário; Ed. 1.831; Seção: *Cidadania;* 3 fotos; São Paulo, SP; 10.11.2004, páginas 86 a 88.

160. **Schiavon,** Isabelle; & **Melo,** Lélia Cristina; ***Educação pelo Exemplo;*** *Gazeta do Povo;* Jornal; Diário; Ano 87; N. 27.827; 1 ilus.; Caderno: *Viver Bem;* Curitiba, PR; 08.01.06; página 5.

IMPRENSA:

161. **Abramo,** Perseu; ***Padrões de Manipulação na Grande Imprensa;*** apres. José Arbex Junior; pref. Hamilton Octavio Souza; posf. Aloysio Biondi; 64 p.; 1 cap.; 3 enus.; 19 x 13 cm; br.; *Editora Fundação Perseu Abramo;* São Paulo, SP; 2003; páginas 23 a 46.

162. **Altman,** Fábio; ***A Luta pela Mente;*** Reportagem; *Época;* Revista; Semanário; Ano 3; Ed. 178; 1 fotomontagem; 7 fotos; 3 fichários; 2 entrevistas; São Paulo, SP; 15.10.01; páginas 76 a 82.

163. **Cornu,** Daniel; ***Ética da Informação (Éthique de L'information);*** trad. Laureano Pelegrin; revisor Mário Mazzilli; 192 p.; 5 caps.; 24 refs.; 19 x 12 cm; br.; *EDUSC;* Bauru, SP; 1998.

164. **Veja;** Redação; ***Mentiras em Massa: O New York Times faz Autocrítica: A Ex-mártir da Liberdade de Imprensa era de Fato Rainha do Engodo;*** Revista; Semanário; Ano 38; N. 44; Ed. 1.929; 1 foto; São Paulo, SP; 02.11.05; página 74.

INCORRUPTIBILIDADE:

165. **Éboli,** Evandro; & **Pessoa,** Flávio; ***A Conta da Corrupção: Irregularidades de Auditores deram Prejuízo de R$ 200 Milhões à União;*** *O Globo;* Jornal; Diário; Ano LXXIX; N. 25.589; Seção: *Rio;* 3 fotos; Rio de Janeiro, RJ; 28.08.03; página 12.

166. **Gazeta do Povo;** Redação; ***Corrupção desbanca Economia e vira Maior Problema no Brasil;*** Jornal; Diário; Ano 87; N. 27.800; Seção: *Brasil;* 1 foto; Curitiba, PR; 10.12.05; chamada capa e página 17.

167. **Smith,** David Livingstone; ***Mentirosos Inatos;*** *Viver - Mente & Cérebro;* Revista; Mensário; Ano XIV; Ed. 153; São Paulo, SP; Outubro, 2005; páginas 31 a 37.

168. **Idem;** ***Por que Mentimos: os Fundamentos Biológicos e Fisiológicos da Mentira;*** trad. Marcello Lino; 196 p.; 8 caps.; 240 refs.; alf.; 23 x 16 cm; br.; *Editora Campus;* Rio de Janeiro, RJ; 2006; páginas 10 a 13 e 23.

INTENCIONALIDADE:

169. **Conde,** Roberto Cortes; ***Buenas Intenciones, Malos Resultados;*** Reportagem; *La Nación;* Jornal; Diário; Ano 133; N. 47.090; Seção: *Política;* 1 ilus.; 6 fotos; 1 gráfico; Buenos Aires, Argentina; 17.11.02; página 12.

170. **Veja;** Redação; ***O Caos das Boas Intenções;*** Revista; Semanário; Ano 36; N. 40; Ed. 1.823; Seção: *Carta ao Leitor;* 1 foto; São Paulo, SP; 08.10.03; página 9.

171. **Tostão; *Segundas Intenções;*** *Folha de S. Paulo;* Jornal; Diário; Ano 83; N. 27.234; Caderno: *Esporte;* Seção: *Futebol;* São Paulo, SP; 26.10.03; página 7.

JUÍZO CRÍTICO:

172. **Bem,** Daryl J.; ***Convicções, Atitudes e Assuntos Humanos;*** trad. Carolina Martuscelli Bori; 190 p.; 7 caps.; 4 tabs.; 4 enus.; 112 refs.; alf.; 19 x 12 cm; br.; *Editora da Universidade de S. Paulo;* São Paulo, SP; 1973.

173. **Carraher,** David W.; ***Senso Crítico: Do Dia-a-Dia às Ciências Humanas;*** apres. Dr. Francisco Gomes de Matos; 164 p.; 7 caps.; 7 ilus.; 2 tabs.; 8 enus.; 40 refs.; alf.; 21 x 14 cm; br.; *Thomson Pioneira;* São Paulo, SP; 1983; páginas 8, 12, 14, 28, 35, 37, 38 e 135.

174. **Ide,** Pascal; ***A Arte de Pensar (L'Art de Penser – Guide Pratique);*** trad. Paulo Neves; XIII + 300 p.; 35 caps.; 1 tab.; 26 enus.; 35 refs.; 21 x 14 cm; br.; 2ª Ed.; *Livraria Martins Fontes Editora;* São Paulo, SP; 2000.

175. **Navega,** Sergio; ***Pensamento Crítico e Argumentação Sólida;*** 312 p.; 8 caps.; 21 ilus.; 7 tabs.; 52 esquemas; 8 enus.; 193 refs.; 1 alf.; 23 x 15,5 cm; br.; *Publicações Intelliwise;* São Paulo, SP; 2005.

MANIPULAÇÃO CONSCIENCIAL ANTICOSMOÉTICA:

176. **Beck,** Martha; ***Maquiagem: Governo investiga Drops Kid's;*** *O Globo;* Jornal; Diário; Ano LXXXIX; N. 25.581; Seção: *Economia;* Rio de Janeiro, RJ; 20.08.03; página 22.

177. **Bernstein,** Albert J.; ***Vampiros Emocionais: Como lidar com Pessoas que sugam Você;*** 284 p.; 13 caps.; 9 ilus.; 1 microbiografia; 5 testes; 12 enus.; 22 x 16 cm; br.; *Editora Campus;* Rio de Janeiro, RJ; 2001.

178. **Breton,** Philippe; ***A Manipulação da Palavra;*** trad. Maria Stela Gonçalves; ver. Maurício B. Leal; & Fátima Cavallaro; & Tereza Gouvêa; 168 p.; 8 caps.; 82 refs.; 21 x 14 cm; br.; *Edição Loyola;* São Paulo, SP; 1999.

179. **Brown,** J. A. C.; ***Técnicas de Persuasão: Da Propaganda à Lavagem Cerebral (Techiniques of Persuasion: From Propaganda to Brainwashing);*** trad. Octavio Alves Velho; pref. C. A. Mace; 302 p.; 12 caps.; 3 enus.; 51 refs.; 21 x 14 cm; br.; 3ª Ed.; *Zahar;* Rio de Janeiro, RJ; 1976.

180. **Corrêa,** Sílvia; ***Técnicos apontam Maquiagem em Balanço;*** *Folha de S. Paulo;* Jornal; Diário; Ano 84; N. 27.500; Caderno: *Folha Cotidiano;* 1 tab.; 2 gráfs; São Paulo, SP; 18.07.04; página C1.

181. **Dyer,** Dr. Wayne W.; ***Não se deixe Manipular pelos Outros;*** trad. Ruy Jungmann; pref. Susan Dyer; 278 p.; 10 caps.; 6 testes; 27 enus.; 20,5 x 13,5 cm; br.; 8ª Ed.; *Record;* Rio de Janeiro, RJ; 1978.

182. **Guibu,** Fábio; ***Família acusa MST de Manipular Lavrador;*** *Folha de S. Paulo;* Jornal; Diário; Ano 80; N. 26.048; Seção: *Brasil;* 1 foto; São Paulo, SP; 27.07.2000; página A12.

183. **Haering,** Bernhard; ***Medicina e Manipulação: O Problema Moral da Manipulação Clínica, Comportamental e Genética (Medicina e Manipolazione);*** trad. Honório Dalbosco; 252 p.; 6 caps.; alf.; ono.; 144 refs.; 21 x 14 cm.; *Editora Paulinas;* São Paulo, SP; 1977; páginas 7 a 55.

184. **Herman,** Edward; & **Chomsky,** Noam; ***A Manipulação do Público (Manufacturing Consent);*** trad. Bazán Tecnologia e Linguística; 470 p.; 7 caps.; 11 tabs.; 911 refs.; 23 x 16 cm; br.; *Editora Futura;* São Paulo, SP; 2003.

185. **Idem,** Pascal; ***A Arte de Pensar (L'Art de Penser – Guide Pratique);*** trad. Paulo Neves; XIII + 300 p.; 35 caps.; 1 tab.; 26 enus.; 35 refs.; 21 x14 cm; br.; 2ª Ed.; *Livraria Martins Fontes;* São Paulo, SP; 2000; páginas 32, 35 a 45 e 97.

186. **Kramer,** Dora; ***Patriotismo e Manipulação;*** *Gazeta do Povo;* Diário; Jornal; Ano 86; N. 27.343; Seção: *Brasil;* Curitiba, PR; 07.07.04; página 12.

187. **Lerner,** Harriet Goldhor; ***O Jogo da Dissimulação (Dance of Deception);*** trad. Beatriz Raposo de Medeiros; 252 p.; 13 caps.; epíl.; 20 x 12,5 cm; br.; *Editora Best Seller;* São Paulo, SP; 1993.

188. **Meerloo,** Jost A. M.; ***Lavagem Cerebral – Menticídio: O Rapto do Espírito;*** trad. Eugênia Moraes Andrade; & Raul de Moraes; XI + 384 p.; 18 caps.; 1 microbiografia; 123 refs.; 21 x 14 cm; br.; *Ibrasa;* São Paulo, SP; 1980.

189. **Nazare-Aga,** Isabelle; ***Os Manipuladores estão entre Nós;*** trad. Aurélio Rebello; 318 p.; 16 caps.; 1 esquema; 22 enus.; 35 refs.; 23 x 15,5 cm; br.; *Ediouro;* Rio de Janeiro, RJ; 1998.

190. **Idem;** ***Os Manipuladores do Amor;*** 192 p.; 11 caps.; 1 tab.; 1 esquema; 29 enus.; 46 refs.; 23 x 15 cm; br.; *Pergaminho;* Cascais, Portugal; 2001.

191. **Neiva,** Paula; ***Estudo Tarja Preta: Laboratórios são Acusados de Manipular Dados de Pesquisa sobre Medicamento Antidiabetes;*** *Veja;* Revista; Semanário; Ano 38; N. 44; Ed. 1.929; 6 ilus.; 1 tab.; 3 fotos; São Paulo, SP; 02.11.05; páginas 98 e 99.

192. **Passos,** José Meirelles; ***Big Brother vigiará Cada Um nos EUA;*** *O Globo;* Jornal; Diário; Ano LXXVIII; N. 25.312; Seção: *O Mundo;* 1 foto; Rio de Janeiro, RJ; 24.11.02; página 54.

193. **Rolli,** Claudia; & **Fernandes,** Fátima; ***Apagão Estatístico distorce Dados de Emprego;*** *Folha de S. Paulo;* Jornal, Diário; Ano 84; N. 27.437; Caderno: *Folha Dinheiro;* 1 tab.; 1 foto; São Paulo, SP; 16.05.05; página B1.

194. **Sargant,** William; ***A Conquista da Mente: Fisiologia da Conversão e Lavagem Cerebral (Battle for the Mind);*** trad. Aydano Arruda; 246 p.; 11 caps.; 3 enus.; 38 fotos; 58 refs.; 21 x 13,5 cm; br; *Ibasa;* São Paulo, SP; 1968.

195. **Vieira,** Waldo; ***Homo sapiens reurbanisatus;*** 1.584 p.; 479 caps.; 139 abrevs.; 40 ilus.; 7 índices; 102 sinopses; glos. 241 termos; 7.653 refs.; alf.; geo.; ono.; 27 x 21 x 7 cm; enc.; *Associação Internacional do Centro de Altos Estudos da Conscienciologia* (CEAEC); Foz do Iguaçu, PR; 2003; página 467.

PERFIL CONSCIENCIOMÉTRICO:

196. **Vieira,** Waldo; ***Homo sapiens reurbanisatus;*** 1.584 p.; 479 caps.; 139 abrevs.; 40 ilus.; 7 índices; 102 sinopses; glos. 241 termos; 7.653 refs.; alf.; geo.; ono.; 27 x 21 x 7 cm; enc.; *Associação Internacional do Centro de Altos Estudos da Conscienciologia* (CEAEC); Foz do Iguaçu, PR; 2003; páginas 80 a 82.

PERSUASÃO:

197. **Breton,** Philippe; ***A Manipulação da Palavra;*** trad. Maria Stela Gonçalves; ver. Maurício B. Leal; & Fátima Cavallaro; & Tereza Gouvêa; 168 p.; 8 caps.; 82 refs.; 21 x 14 cm; br.; *Edição Loyola;* São Paulo, SP; 1999; página 96.

198. **Camocardi,** Elêusis M.; & **Flory,** Suely F. V.; ***Estratégias de Persuasão: Em Textos Jornalísticos, Literários e Publicitários;*** 142 p.; 4 caps.; 4 esquemas; 4 ilus.; 6 enus.; 87 refs.; *Arte & Ciência;* São Paulo, SP; 2003.

199. **Chalita,** Gabriel; ***A Sedução no Discurso: O Poder da Linguagem nos Tribunais de Júri;*** 168 p.; 7 caps.; 12 ilus.; 76 refs.; 21 x 14 cm; br.; 2ª Ed. rev.; *Editora Saraiva;* São Paulo, SP; 2004.

200. **Citelli,** Adilson; ***Linguagem e Persuasão;*** 80 p.; 6 caps.; glos. 23 termos; 3 esquemas; 13 enus.; 9 refs.; 16 x 12 cm; br.; 15ª Ed.; 7ª Imp.; *Editora Ática;* São Paulo, SP; 2002.

201. **Sampaio,** Arlete; ***Demagogia da Fome;*** *Folha de S. Paulo*; Jornal; Diário; Ano 78; N. 25.230; Caderno: *Cotidiano;* São Paulo, SP; 01.05.98; página 3.

202. **Scolese,** Eduardo; ***Petista pretende Usar Emoção em Programa na TV;*** *Folha de S. Paulo;* Jornal; Diário; Ano 82; N. 26.856; Caderno: *Eleições Governadores;* 2 fotos; São Paulo, SP; 13.10.02; página 9.

POLÍTICA ANTIUNIVERSALISTA:

203. **Aguilera,** Rafael Ramírez; & **Victoriano,** Rafael Ramírez; ***Breve Diccionario de la Política;*** 256 p.; glos. 624 termos; 97 refs.; alf.; 22 x 15 cm; br.; *Ediciones Mensajero;* Bilbao, Espanha; 1997; página 188.

204. **Arakaki,** Cristina; & **Silva,** Wildenilson; ***Colegiado Gestor: Uma Experiência de Gestão Participativa em Instituição Conscienciocêntrica;*** Anais da I Jornada de Administração Conscienciológica; 1 esquema; 3 enus.; 1 tab.; 26 refs.; *Instituto Internacional de Projeciologia e Conscienciologia (IIPC);* Foz do Iguaçu, PR; 4 a 7 de setembro de 2004; páginas 159 a 171.

205. **Bobbio,** Norberto; & **Manteucci,** Nicola; & **Pasquino,** Gianfranco; ***Dicionário de Política ("Dizionario di Política");*** trad. Carmen C. Varriale & outros; coord. trad. João Ferreira; rev. Geral João Ferreira e Luis Guerreiro Pinto Cacais; 2 Vols.; VI + 1318 p.; glos. 344 termos; 2.000 refs.; alf.; 18 x 13 x 3 cm; br.; 12ª Ed.; Brasília, DF; *Editora Universidade de Brasília;* 1999; páginas 954 a 968.

206. **Bombig,** José Alberto; & **Abranches,** Virgilio; ***Governo Lula usa Imagem Enganosa na TV;*** *Folha de S. Paulo;* Jornal; Diário; Ano 84; N. 27.389; 1 foto; São Paulo, SP; 29.03.04; página A6.

207. **Bombig,** José Alberto; ***Governo tira Outro Comercial Enganoso do Ar;*** *Folha de S. Paulo;* Jornal; Diário; Ano 84; N. 27.391; 2 fotos; São Paulo, SP; 31.03.04; página A5.

208. **Braga,** Isabel; ***Manobras do Fundo do Baú;*** *O Globo;* Ano LXXIX; N.25.824; 2 fotos; Rio de Janeiro, RJ; 29.04.04; página 3.

209. **Chagnollaud,** Dominique; ***Dicionário da Vida Política e Social ("Dictionnaire de la Vie Politique el Sociale");*** trad. Ana Rabaça; 246 p.; glos. 51 termos; 18,5 x 12 cm; *Plátano Edições Técnicas;* Lisboa, Portugal; Maio, 1999; páginas 174 a 178.

210. **Charaudeau,** Patrick; ***Discurso Político (Le Discours Politique: les Masques du Pouvoir);*** trad. Dílson Ferreira da Cruz & Fabiana Komesu; 328 p.; 20 caps.; 1 esquema; 3 enus.; 165 refs.; 23 x 15,5 cm; br.; *Editora Contexto;* São Paulo, SP; 2006; páginas 90, 91, 98, 105, 106, 107, 108.

211. **Dieguez,** Consuelo; & **Carneiro,** Marcelo; ***Rádio,* Marketing *e Gogó;*** *Veja;* Revista; Semanário; Ano 34; N. 27; Ed. 1.708; 10 fotos; São Paulo, SP; 11.07.01; páginas 44 a 47.

212. **Fernandes,** António Teixeira; ***Os Fenómenos Políticos: Sociologia do Poder;*** 326 p.; 6 caps.; 1 enu.; 1 esquema; 24 x 17 cm ; *Edições Afrontamento;* Porto, Portugal; 1988.

213. **Folha de S. Paulo;** Redação; ***Planalto usa Ministros e Prefeitos para Pressionar Deputados da Base;*** Jornal; Diário; Ano 85; N. 27.938; São Paulo, SP; 29.09.05; página A8.

214. **Idem;** Redação; ***PFL manobra e adia Votação da Previdenciária;*** Jornal; Diário; Ano 83; N. 27.160; São Paulo, SP; 13.08.03; página A5.

215. **Gaspari,** Elio; ***A Esperteza do PT jogou o Ibope numa Enrascada;*** *Folha de S. Paulo;* Jornal; Diário; Ano 84; N. 27.486; 5 grafs.; 3 fotos; São Paulo, SP; 4.07.04; página A13.

216. **Horta,** Ana Magdalena; ***A Revolução Européia;*** *Época;* Revista; Semanário; A. IV; N. 189; 18 fotos; 3 ilus.; 8 fichários; 11 grafs.; 31.12.01; páginas 83 a 93.

217. **Maisonnave,** Fabiano; ***Novela é a Nova Arma de Chávez para Vencer Plebiscito;*** *Folha de S. Paulo;* Jornal; Diário; Ano 84; N. 27.486; 1 foto; São Paulo, SP; 04.07.04; página A20.

218. **Manso,** Bruno Paes; ***Dados Defasados fazem Brasil Cair Sete Posições: Paulo Renato fala em Manipulação;*** *O Estado de S. Paulo;* Jornal; Diário; Ano 125; N. 40.443; 1 gráfico; 1 foto; São Paulo, SP; 15.07.04; página A10.

219. **Marquis,** Christopher; ***Relatório acusa Bush de Manipular a Ciência;*** *Folha de S. Paulo;* Jornal; Diário; Ano 124; N. 40.108; 1 foto; São Paulo, SP; 10.08.03; página A16.

220. **Moreira,** Assis; ***Depois da "Euroforia", os Desafios;*** *Gazeta Mercantil;* Jornal; Diário; Ano LXXXI; N. 22.295; Caderno: *Relatório Gazeta Mercantil;* São Paulo, SP; 25.03.02; capa.

221. **Osakabe,** Haquira; ***Argumentação e Discurso Político;*** 224 p.; 5 caps.; 2 tabs.; 1 gráf.; 21 enus.; 117 refs.; 21 x 14 cm; br.; 2ª Ed.; *Martins Fontes;* São Paulo, SP; 1999.

222. **Patu,** Gustavo; ***Governo libera R$ 500mi para Congressistas;*** *Folha de S. Paulo;* Jornal; Diário; Ano 85; N. 27.933; São Paulo, SP; 24.09.05; página A5.

223. **Petry,** André; ***A Aula Magna da Corrupção;*** *Veja;* Revista; Semanário; Ano 38; Ed. 1.911; N. 26; 13 fotos; São Paulo, SP; 29.06.05; páginas 68 e 69.

224. **Rohde,** David; & **Gall,** Carlotta; ***Afegãos vão à Escola para Aprender a Votar;*** *Folha de S. Paulo;* Jornal; Diário; Ano 84; N. 27.579; 1 foto; São Paulo, SP; 05.10.04; página A9.

225. **Ribeiro,** João Ubaldo; ***Política: Quem manda; Por Que manda; Como manda;*** 166 p.; 16 caps.; 1 tab.; 1 enus.; 21 x 14 cm; 5ª Ed.; *Nova Fronteira;* Rio de Janeiro, RJ; 1998.

226. **Roberts,** Geoffrey K.; ***Dicionário da Análise Política (Dictionary of Political Analysis);*** Coleção Perspectivas do Homem; trad. Leônidas Gontijo de Carvalho; XVI + 256 p.; Vol. 88; 1 ilus.; glos. 500 termos; alf.; 21 x 14 cm; br.; *Civilização Brasileira;* Rio de Janeiro, RJ; 1972; página 184.

227. **Salomon,** Marta; & **Valente,** Rubens; ***Lobistas tentam Influir em Decisões de CPIs;*** *Folha de S. Paulo;* Jornal; Diário; Ano 85; N. 27.941; São Paulo, SP; 02.10.05; página A18.

228. **Sousa,** José Pedro Galvão; & **Garcia,** Clovis Lema; & **Carvalho,** José Fraga Teixeira de; **Dicionário de Política;** 558 p.; glos. 523 termos; alf.; 24,5 x 17,5 x 3,5 cm; enc.; *T. A. Queiroz Editor;* São Paulo, SP; 1998; páginas 424 e 425.

229. **Trevisan,** Cláudia; ***Partido Comunista Chinês lança Campanha para Doutrinar Filiados;*** *Folha de S. Paulo;* Jornal; Diário; Ano 84; N. 27.869; São Paulo, SP; 23.01.05; página A27.

POSICIONAMENTO PESSOAL:

230. **Wheires,** Kelly; ***Posicionamento Consciencial;*** 4 enus.; 1 tab.; 17 refs.; Conscientia: III Anais do Cinvéxis; vol. 6; no 4; *Associação Internacional do Centro de Altos Estudos da Conscienciologia* (CEAEC); Foz do Iguaçu, PR; Out-Dez 2002; páginas 193 a 201.

PRIORIZAÇÃO EVOLUTIVA:

231. **Costa,** Len; ***Compras, Vício com Bagagem Psicológica;*** *O Estado de S. Paulo;* Jornal; Diário; Ano 122; N. 39.250; São Paulo, SP; 14.12.03; página B 08.

232. **Ferraz,** Eduardo; ***O Pior Inimigo é a Tradição;*** *Exame;* Revista; Quinzenário; Ano 35; Ed. 737; 1 foto; São Paulo, SP; 04.04.01; páginas 88 a 98.

233. **Fonseca,** Celso; ***Sensações à Venda;*** *IstoÉ;* Revista; Semanário; Ano 125; N. 40.439; São Paulo, SP; 06.10.04; páginas 07 a 11.

234. **Gazeta do Povo;** Redação; ***Tabagismo mata uma Pessoa por Minuto na América Latina;*** Jornal; Diário; Ano 85; N. 27.065; Curitiba, PR; 02.12.03; capa.

235. **Gómez,** J.; ***Libera tu Estrés con Una Descarga de Adrenalina;*** *DT;* Madrid, Espanha; Maio, 2003; páginas 204 e 205.

236. **Knoploch,** Carol; ***Celebridade: Uma Indústria Bem Sucedida;*** *O Estado de S. Paulo;* Jornal; Diário; Ano 124; N. 40.172; Caderno: *Telejornal;* Ano 11; N. 592; 30 fotos; São Paulo, SP; 12.10.03; páginas T05 a T07.

237. **Mendes,** Antonio Celso; ***O que é Essencial na Vida;*** *Gazeta do Povo;* Jornal; Diário; Ano 86; N. 2.756; Curitiba, PR; 12.06.04; página 11.

238. **Moraes,** Alexandra; ***Cultura Inútil;*** *Folha de S. Paulo;* Jornal; Diário; Ano 85; N. 27.963; Caderno: *Folhateen;* 2 ilus.; São Paulo, SP; 24.10.05; página 3.

239. **O Estado de S. Paulo;** Redação; ***Colecionadores provam: Tem Gosto para Tudo;*** Jornal; Diário; São Paulo, SP; 24.03.02; páginas 02 e 03.

240. **O Globo;** Redação; ***Títulos Esotéricos são Sucesso de Vendas num Mercado que Ainda pode Aumentar;*** Jornal; Diário; Ano LXXIV; N. 23.868; Rio de Janeiro, RJ; 04.01.99; página 03.

241. **Idem;** Redação; ***Modismos para Durar uma Estação;*** Jornal; Diário; Ano LXXIV; Ano N. 23.829; Suplemento: *Zona Sul;* Rio de Janeiro, RJ; 26.11.98; página 28.

242. **Peconick,** Alexandre; ***Loucos pela Fama;*** *Incrível;* Revista; Mensário; Ano IV; N. 51; Seção: *Recordes;* 5 fotos; 1 ref.; Rio de Janeiro, RJ; Janeiro, 1997; páginas 63 a 65.

243. **Petraglia,** Marcelo; ***Quero Ser Famoso;*** *Jornal do Brasil;* Jornal; Diário; Ano CXI; N. 349; Caderno: *Domingo;* Ano 26; N. 1.351; 11 fotos; 1 tab.; Rio de Janeiro, RJ; 06.10.04; páginas 23 a 28.

244. **Ramonet,** Ignácio; ***Propagandas Silenciosas;*** trad. Lúcia M. Endlich Orth; 240 p.; 9 caps.; *Editora Vozes;* Petrópolis, RJ; 2002; página 64.

245. **Silva,** Silvana; ***Município Gaúcho autoriza Rinha de Galos;*** *Zero Hora;* Jornal; Diário; Ano 38; N. 13.300; Porto Alegre, RS; 21.02.02; página 38.

246. **Super Interessante;** Redação; ***Por um Momento de Glória;*** Revista; Mensário; N. 3; São Paulo, SP; Dezembro, 1987; páginas 79 a 81.

247. **Veiga,** Aida; & **Frutuoso**, Suzane; ***Espelho Quebrado;*** *Época;* Revista; Semanário; Ano 7; N. 363; São Paulo, SP; 02.05.05; páginas 63 a 65.

PROJEÇÃO CONSCIENTE:

248. **Buononato,** Flávio; & **Teles,** Mabel; ***Síntese das Vivências do Grupo de Desenvolvimento da Projetabilidade Lúcida;*** in *Conscientia: II Jornada da Parapercepciologia;* 10 enus.; 3 refs.; *Associação Internacional do Centro de Altos Estudos da Conscienciologia* (CEAEC); 2006; páginas 298 a 304.

249. **Vieira,** Waldo; ***Projeciologia: Panorama das Experiências da Consciência Fora do Corpo Humano;*** 1.248 p.; 525 caps.; 150 abrevs.; 43 ilus.; 5 índices; 1 sinopse; glos. 300 termos; 2.041 refs.; alf.; geo.; ono.; 27 x 21 x 7 cm; enc.; 4ª Ed. revisada e ampliada; *Instituto Internacional de Projeciologia e Conscienciologia* (IIPC); Rio de Janeiro, RJ; 1999.

250. **Idem; *Projeções da Consciência: Diário de Experiências Fora do Corpo Físico;*** 224 p.; glos. 25 termos; alf.; 21 x14 cm; 4ª Ed. revisada; *Instituto Internacional de Projeciologia* (IIP); Rio de Janeiro; RJ; 1992.

RECICLAGEM INTRACONSCIENCIAL:

251. **Abreu,** Marcelo; ***Virada de Mesa;*** *Assefaz;* Revista; Trimestral; Ano VII; N. 30; 6 fotos; 2 enus.; 1 ilus.; 1 fichário; Brasília, DF; Janeiro a Março de 2003; páginas 8 a 15.

252. **Gazeta do Povo;** Redação; ***Engenheiro muda de Vida e passa em 10 Vestibulares;*** Jornal; Diário; Ano 86; N. 27.471; Seção: *Paraná;* 1 foto; Curitiba, PR; 15.01.05; página 8.

253. **Guzzi,** Flávia; ***Mudar ou Mudar: Relato de Uma Reciclante Existencial;*** pref. Málu Balona; revisores Ana Luiza Resende, et al; 222 p.; 14 caps.; endereços; 15 enus.; 1 entrevista; glos. 300 termos; 20 refs.; alf.; 20,5 x 14 cm; br.; 2ª Ed. Revisada; *Instituto Internacional de Projeciologia e Conscienciologia* (IIPC); Rio de Janeiro, RJ; 2000.

254. **Leite,** Zeca Corrêa; ***Uma Vida Reescrita;*** *Folha de Londrina;* Jornal; Diário; Ano 52; N. 15.002; Caderno: *Folha Dois;* 1 foto; Londrina, PR; 01.07.01; capa.

SEDUÇÃO PUBLICITÁRIA:

255. **Alencar,** Kennedy; ***"Trabalho Sério" será Slogan de Publicidade para Abafar Crise;*** *Folha de S. Paulo;* Jornal; Diário; Ano 84; N. 27.381; São Paulo, SP; 21.03.04; página A12.

256. **Beck,** Martha; ***Laboratório multado por Propaganda Enganosa;*** *O Globo;* Jornal; Diário; Ano LXXVII; N. 25.071; Rio de Janeiro, RJ; 02.04.02; página 27.

257. **Cardoso,** Cíntia; ***EUA querem Banir Anúncio de "Milagre" para Emagrecer;*** *Folha de S. Paulo;* Jornal; Diário; Ano 83; N. 27.283; Seção: *Dinheiro;* São Paulo, SP; 14.12.03; página A28.

258. **Carvalho,** Nelly; ***Publicidade: A Linguagem da Sedução;*** 176 p.; 7 caps.; 1 ilus.; 23 fotos; 2 grafs.; 14 enus.; 172 refs.; 21 x 14 cm; br.; 3ª Ed.; 3ª Imp.; *Editora Ática;* São Paulo, SP; 2001; páginas 13, 14, 18, 19, 22, 45 e 49.

259. **Chomsky,** Noam; ***Controle da Mídia: Os Espetaculares feitos da Propaganda (Control Media: The Spetacular Achievements of Propaganda);*** trad. Antônio Augusto Fontes; 96 p.; 20 caps.; 21 x 12 cm; br.; *Graphia Editorial;* Rio de Janeiro, RJ; 2003.

260. **Elliott,** Stuart; **Merchandising *chega aos Desenhos Animados;*** *Folha de S. Paulo;* Jornal; Diário; Ano 84; N. 27.597; 1 ilus.; São Paulo, SP; 23.10.04; página B13.

261. **Fattah,** Hassan; ***Mundo Árabe vê Guerra na Mídia entre Al Qaeda e Oponentes;*** *Folha de S. Paulo;* Ano 85; N. 27.969; São Paulo, SP; 30.10.05; página A26.

262. **Folha de S. Paulo;** *Redação;* ***TV Iraniana encoraja Ataque Suicida em* Cartoon;** *Folha de S. Paulo;* Ano 85; N. 27.975; São Paulo, SP; 05.11.05; página 28.

263. **Idem;** *Redação;* ***Hollywood amplia Investimento no Mercado de Filmes Evangélicos;*** Jornal; Diário; Ano 85; N. 27.973; São Paulo, SP; 03.11.05; página E3.

264. **Garcia,** Nelson Jahr; ***O que é Propaganda Ideológica;*** 100 p.; 4 caps.; 3 ilus.; 15 x 11 cm; br. *Editora Brasiliense;* São Paulo, SP; 1982.

265. **Girard,** Laurence; ***Franceses fazem Campanha Antipublicidade;*** *Folha de S. Paulo;* Jornal; Diário; Ano 83; N. 27.269; São Paulo, SP; 30.11.03; página A30.

266. **Negreiros,** Adriana; ***É Você na Fita;*** *Veja;* Revista; Semanário; Ano 36; N. 50; Ed. 1.833; Seção: *Consumo;* 3 ilus.; São Paulo, SP; 17.12.03; páginas 102 e 103.

267. **Packard,** Vance; ***Nova Técnica de Convencer;*** trad. Aydano Arruda; 248 p.; 23 caps.; 21 x 14 cm; br.; 5ª Ed.; *Ibrasa;* São Paulo, SP; 2000.

268. **Shanker,** Thom; & **Schmitt,** Eric; ***Guerra Secreta de Propaganda: EUA estudam Operações para Influenciar a Opinião Pública em Países Amigos;*** *O Globo;* Jornal; Diário; Seção: *Mundo;* Ano LXXVII; N. 25.335; 2 fotos; Rio de Janeiro, RJ; 17.12.02; página 30.

SEITAS:

269. **Almeida,** Álvaro; & **Pinto,** Max; ***A Era da Consciência;*** *IstoÉ;* Revista; Semanário; N. 1.425; 19 fotos; 2 ilus.; São Paulo, SP; 22.01.97; páginas 40 a 45.

270. **Araújo,** Chico; ***Adeptos de Seita matam Filhos no Acre;*** *Folha de Londrina,* Ano 50; N. 14.268; Londrina, PR; 26.11.98; página 6.

271. **Dantas,** Edna; & **Rodrigues,** Juca; ***A Terra Prometida da Seita* Moon;** *IstoÉ;* Revista; Semanário; Ed. 1.386; São Paulo, SP; 02.04.96; páginas 36 a 39.

272. **Folha de S. Paulo;** Redação; ***Guru de Seita Japonesa É Condenado à Morte;*** Jornal; Diário; Ano 84; N. 27.359; 2 fotos; São Paulo, SP; 28.02.04; página A13.

273. **Furtado,** Clarissa; ***Justiça quebra Sigilo da Organização de* Moon;** *Gazeta Mercantil;* Jornal; Diário; Ano LXXXI, N. 22.265; São Paulo, SP; 07.02.02; página A13.

274. **Gohn,** Maria da Glória; ***O Protagonismo da Sociedade Civil: Movimentos Sociais, ONGs e Redes Solidárias;*** 120 p.; 10 caps.; Vol. 123; 91 refs.; 17 x 10,5 cm; *Cortez;* São Paulo, SP; 2005.

275. **Gomes,** Lu; ***No Céu com Elvis;*** *IstoÉ;* Revista; Semanário; N. 1580; 1 ilus.; 1 foto; São Paulo, SP: 12.01.2000; páginas 54 e 55.

276. **Menconi,** Darlene; ***Doce Luxúria;*** *IstoÉ;* Revista; Semanário; Ed. 1.749; São Paulo, SP; 09.04.03; páginas 88 e 89.

277. **Mortensen,** Leon; ***Raelianos: Clonaciones a 250.000 Euros;*** *Gaceta Internacional;* Revista; Bimensário; Ano XIV; N. 57; 6 fotos; Madrid, Espanha; Março/Abril 03; páginas 32 a 34.

278. **O Globo;** Redação; ***Seita diz Ter criado Bebê Clonado;*** Jornal; Diário; Ano LXXVIII; N. 25.346; Seção: *O Mundo;* 2 fotos; Rio de Janeiro, RJ; 28.12.02; página 30.

279. **Segatto,** Cristiane; ***Recepção Delirante;*** *Época;* Revista; Semanário; N. 254; 4 fotos; São Paulo, SP; 31.03.03; páginas 66 e 67.

280. **Silva,** Chico; ***ETs, Clones e Gurus;*** *IstoÉ;* Revista; Semanário; Ed. 1.746; 6 fotos; 1 entrevista; São Paulo, SP; 19.03.2003; páginas 56 a 60.

SENSACIONALISMO:

281. **Aranha,** Ana; & **Arini,** Juliana; & **Leal,** Renata; ***Os Heróis do Verde;*** *Época;* Revista; Semanário; N. 439; 13 fotos; São Paulo, SP; 16.10.06; páginas 51 a 57.

282. **Bortoloti,** Marcelo; ***Publicitários questionam Ação Contra Baixaria na TV;*** *Folha de S. Paulo;* Jornal; Diário; Ano 83; N. 27.045; Caderno: *TVFolha;* 1 foto; São Paulo, SP; 20.04.03; página 4.

283. **Cardoso,** Adalberto Moreira; ***A Força da Política de Massa;*** *O Globo;* Jornal; Diário; Ano LXXVIII; N. 25.238; Seção: *O País;* Rio de Janeiro, RJ; 12.09.02; página 10.

284. **Caversan,** Luiz; ***Especialistas criticam TV;*** *Folha de S. Paulo;* Jornal; Diário; Ano 83; N. 27.332; Seção: *Cotidiano;* São Paulo, SP; 01.02.04; página C3.

285. **Croitor,** Cláudia; ***Os Novos Reis da Baixaria;*** *Folha de S. Paulo;* Jornal; Diário; Ano 81; N. 26.534; Caderno: *Imagem;* Tabloide; Revista; Semanário; 4 fotos; 1 ilus.; 2 fichários; 1 enu.; São Paulo, SP; 25.11.01; página dupla central.

286. **Patury,** Felipe; & **Brasil,** Sandra; ***O Poder Eleitoral da TV;*** *Veja;* Revista; Semanário; Ano 35; N. 33; Ed. 1.765; 1 ilus. 2 tabs.; 10 fotos; São Paulo, SP; 21.08.02; páginas 37 a 41.

287. **Primeira Leitura;** Redação; ***TV Espanhola na Arena da (De)Informação;*** Revista; Mensário; Ano 2; N. 17; 2 fotos; São Paulo, SP; Julho, 2003; páginas 74 e 75.

288. **Vila-Nova,** Carolina; ***Mídia da Argentina favorece Kirchner;*** *Folha de S. Paulo;* Jornal; Diário; Ano 84; N. 27.387; Seção: *Mundo;* 2 fotos; São Paulo, SP; 27.03.04; página A16.

289. **Sodré,** Muniz; ***O Monopólio da Fala: Função e Linguagem da Televisão no Brasil;*** 156 p.; 5 caps.; 20 x 12 cm; br.; *Vozes;* Petrópolis, RJ; Brasil; 1977.

290. **Schwartz,** Tony; ***Mídia: O Segundo Deus (Media: The Second God);*** trad. Ana Maria Rocha; 158 p.; 17 caps.; Vol. 8; 43 ilus.; 1 microbiografia; 21 x 14 cm; br.; *Summus Editorial;* São Paulo, SP; 1985.

291. **Weinberg,** Mônica; & **Valladares,** Ricardo; ***No Fundo do Esgoto: Ratinho mostra Criança sendo Torturada e aproveita para Ajudar Candidato a Prefeito;*** *Veja;* Revista; Semanário; Ano 33; N. 44; Ed. 1.673; 2 fotos; São Paulo, SP; 01.11.2000; página 97.

SENSO UNIVERSALISTA:

292. **Abreu,** Marcelo; ***O Último Muro;*** *IstoÉ;* Revista; Semanário; N. 1630; Seção: *Internacional;* 1 ilus.; 3 fotos; 1 mapa; São Paulo, SP; 27.12.2000; páginas 114 a 116.

293. **Aggege,** Soraya; ***Fórum Social amplia Idéia de Direitos Humanos;*** *O Globo;* Jornal; Diário; Ano LXXVII; N. 24.999; Rio de Janeiro, RJ; 20.01.02; página 36.

294. **Alves,** Terciane; ***Cresce Ensino de Idiomas Incomuns para Negócios;*** *O Estado de S. Paulo;* Jornal; Diário; Ano 124; N. 40.025; Caderno: *Economia;* Seção: *Carreiras;* 1 foto; São Paulo, SP; 19.05.03; página B11.

295. **Arakaki,** Kátia; ***Viagens Internacionais: O Nomadismo da Conscienciologia;*** pref. Simone de La Tour; 294 p.; 33 caps.; 13 abrevs.; endereços; 123 enus.; glos. 155 termos; 244 refs.; alf.; geo.; ono.; 14 x 21 cm; br.; *Editares;* Foz do Iguaçu, PR; 2005; página 197.

296. **Burke,** Peter; ***É Difícil a Destruição dos Muros Invisíveis;*** *Folha de S. Paulo;* Jornal; Diário; Ano 79; N. 25.782; 1 foto; 1 gráfico; São Paulo, SP; 04.11.99; página 2.

297. **Campelo,** Érika; ***Outro Planeta: Na Rica Europa, Fórum Social discute Alternativas à Globalização Capitalista;*** *Época;* Revista; Semanário; N. 287; 4 fotos; 1 fichário; São Paulo, SP; 17.11.03; páginas 80 e 81.

298. **Cardoso,** Clodoaldo Meneguello; ***Tolerância e seus Limites: Um Olhar Latino-americano sobre Diversidade e Desigualdade;*** 210 p.; 4 caps.; 73 refs.; 21 x 14 cm; br.; *Editora Unesp;* São Paulo, SP; 2003.

299. **Cavallari,** Marcelo; & **Amorim,** Ricardo; ***A Muralha vai Cair?;*** *Época;* Revista; Semanário; N. 408; 5 fotos; São Paulo, SP; 13.03.06; páginas 40 a 42.

300. **Demo,** Pedro; ***Éticas Multiculturais: Sobre Convivência Humana Possível;*** 102 p.; 10 caps.; 1 microbiografia; 121 refs.; 18 x 13 cm; br.; *Vozes;* Petrópolis, RJ; 2005; páginas 17 a 23 e 36.

301. **Gazeta do Paraná;** Redação; ***Atos pela Paz Mundial mobilizam Estados;*** Jornal; Diário; Ano X; N. 3.197; 1 foto; Curitiba, PR; 22.09.01; página 7.

302. **Gazeta do Povo;** Redação; ***Alemanha comemora Unificação;*** Jornal; Diário; Ano 84; N. 26.643; Caderno: *Mundo;* Curitiba, PR; 04.10.02; página 28.

303. **Kelly,** Kevin; ***A Biblioteca Universal;*** *Veja;* Revista; Semanário; Edição Especial; Ano 39; N. 71; Ed. 1.966; 4 fotos; São Paulo, SP; Julho, 2006; páginas 42 a 45.

304. **Luiz,** Edson; ***Sete Países que falam Português vão Adotar Cidadania Única;*** *O Estado de S. Paulo;* Jornal; Diário; Ano 123; N. 39.728; Seção: *Geral;* 1 mapa; São Paulo, SP; 26.07.02; página A12.

305. **Oliveira,** Flávia; ***Um Mutirão de Solidariedade: Pesquisa do Ipea mostra que 59% dos Empresários do Rio promovem Ações Sociais;*** *O Globo;* Jornal; Diário; Ano LXXV; N. 24.224; 1 foto; Rio de Janeiro, RJ; 25.12.99; página 17.

306. **Pinheiro,** Márcia; ***O Fim da Fronteira;*** *Carta Capital;* Revista; Semanário; A XI; N. 349; 2 fotos; São Paulo, SP; 6.07.05; página 39.

307. **Rollemberg;** Armando; ***"A Solução é o Universalismo";*** *UnB Revista;* entrevista; Trimestral; Ano 1; N. 1; 4 fotos; Brasília, DF; Janeiro a Março, 2001; páginas 24 a 28.

308. **Schelp,** Diogo; ***Tsunami de Solidariedade;*** *Veja;* Revista; Semanário; Ano 38; Ed. 1827; N. 2; 11 fotos; 3 tabs.; São Paulo, SP; 12.01.05; páginas 56 a 69.

309. **Theophilo,** Jan; ***Um Mutirão contra a Tortura;*** *O Globo;* Jornal; Diário; Ano LXXIX; N. 25.607; 1 foto; Rio de Janeiro, RJ; 15.09.03; página 10.

310. **Verhofstadt,** Guy; ***Carta Aberta aos Antimundialistas;*** artigo; *Folha de S. Paulo;* Jornal; Diário; Ano 81; N. 26.474; Seção: *Mundo;* São Paulo, SP; 26.09.01; página A8.

311. **Zanini,** Fábio; ***"Muro de Belfast" divide Comunidade;*** *Folha de S. Paulo;* Jornal; Diário; Ano 79; N. 25; Seção: *Mundo;* 1 fichário; 1 foto; São Paulo, SP; 05.12.99; página 26.

TAREFA DO ESCLARECIMENTO:

312. **Almeida,** Júlio; ***Qualificações da Consciência;*** pref. Waldo Vieira; 250 p.; 14 caps.; endereços; 193 enus.; siglas; 1 teste; tabs.; glos. 210 termos; 403 refs.; alf.; estrangeirismos; ono; 21 x 14 cm; br.; *Associação Internacional Editares;* Foz do Iguaçu, PR; 2005.

313. **Balona,** Málu; ***Paradireito e Parapedagogia na Dinâmica do ECP1;*** I Ciclo de Debates em Paradireito; 5 enus.; 32 refs.; Foz do Iguaçu, PR; 29 e 30 de agosto, 2005.

314. **Filho,** William Helal; ***Solidariedade ou Ordem Urbana?;*** *O Globo;* Jornal; Diário; Ano LXXX; N. 26.260; Caderno: *Zona Sul;* 1 foto; Rio de Janeiro, RJ; 30.06.05; páginas 16 e 17.

315. **Gazeta do Povo;** Redação; ***Freqüentadores aprovam Refeição a R$ 1;*** Jornal; Diário; Ano 87; N. 27.685; Seção: *Paraná;* 1 foto; Curitiba, PR; 17.08.05; página 5.

316. **Oliveira,** Flavia; ***É Inevitável Dar o Peixe. Por Muito Tempo!;*** Entrevista: Marcelo Medeiros; *O Globo;* Jornal; Diário; Ano LXXIX; N. 25.557; Seção: *Economia;* 1 foto; Rio de Janeiro, RJ; 27.07.03; página 40.

317. **Sá,** Xico; ***Autor Canadense satiriza a Auto-ajuda e a Filosofia da Consolação;*** *Folha de S. Paulo;* Jornal; Diário; Ano 83; N. 27.023; Caderno: *Folha Ilustrada;* São Paulo, SP; 29.03.03; página 4.

318. **Vieira,** Waldo; ***700 Experimentos da Conscienciologia;*** 1.058 p.; 700 caps.; 147 abrevs.; 600 enus.; 8 índices; 2 tabs.; 300 testes; glos. 280 termos; 5.116 refs.; alf.; geo.; ono.; 28,5 x 21,5 x 7 cm; enc.; *Instituto Internacional de Projeciologia* (IIP); Rio de Janeiro, RJ; 1994; páginas 410 a 416.

TAXOLOGIA DAS CARÊNCIAS INTRACONSCIENCIAIS:

319. **Vieira,** Waldo; ***Homo sapiens reurbanisatus;*** 1.584 p.; 479 caps.; 139 abrevs.; 40 ilus.; 7 índices; 102 sinopses; glos. 241 termos; 7.653 refs.; alf.; geo.; ono.; 27 x 21 x 7 cm; enc.; *Associação Internacional do Centro de Altos Estudos da Conscienciologia* (CEAEC); Foz do Iguaçu, PR; 2003; página 646.

TAXOLOGIA DO PODER:

320. **Cezimbra,** Márcia; ***O Poder do Choro: Homens causam Polêmica ao Usar em Público a Força Comovente das Lágrimas;*** *O Globo;* Jornal; Diário; A. LXXVIII; N. 25.332; Caderno: *Jornal da Família;* 1 ilus.; 2 fotos; Rio de Janeiro, RJ; 14.04.02; capa.

321. **Epstein,** Isaac; ***Gramática do Poder;*** 214 p.; 7 caps.; 13 enus.; 12 gráficos; 3 tabs.; 1 ilus.; 1 foto; ono.; *Editora Ática;* São Paulo, SP; 1993; páginas 26 a 40.

322. **Fernandes,** António Teixeira; ***Os Fenómenos Políticos: Sociologia do Poder;*** 326 p.; 6 caps.; 1 enu.; 1 esquema; 24 x 17 cm ; *Edições Afrontamento;* Porto, Portugal; 1988.

323. **Greene,** Robert; & **Elffers,** Joost; ***As 48 Leis do Poder (The 48 Laws of Power);*** trad. Talita M. Rodrigues; 458 p.; 48 caps.; 1 microbiografia; 24 x 16 cm; br.; *Editora Rocco;* Rio de Janeiro, RJ; 2000.

324. **James,** Oliver; ***"Psicopata de Sucesso" pode Estar em Cargo de Chefia: Pesquisa na Inglaterra mostra que Detentores de Poderes tendem a Apresentar Distorções de Personalidade;*** *O Estado de S. Paulo;* Jornal; Diário; Ano 126; N. 40.728; Seção: *Negócios;* São Paulo, SP; 21.04.05; página B14.

TRAFORISMO:

325. **Cohen,** David; ***Supere os seus Pontos Fracos;*** Reportagem; *Exame;* Revista; Quinzenário; Ano 32; N. 17; Ed. 668; 2 fotos; 2 enus.; 1 teste; 1 fichário; São Paulo, SP; 12.08.98; página 84 a 88.

326. **Ferraro,** Tânia; ***Inteligência Evolutiva nas Priorizações da Conscin no Grupo;*** *Journal of Conscientiology;* periódico; vol.5; n. 20S; Suplemento:

Anais da III Jornada de Saúde da Consciência; International Academy of Consciousness; 2003; página 173 e 174.

327. **Macarini,** Walmor; ***A Qualidade Oculta das Pessoas;*** *Folha do Paraná;* Jornal; Diário; Ano 52; N. 15.054; Seção: *Opinião;* 1 ilus.; Londrina, PR; 01.02.01; página 3.

TRINÔMIO PODER-POSIÇÃO-PRESTÍGIO:

328. **Cohen,** David; ***Nunca abuse do Poder;*** Entrevista: Allan Cohen; *Exame;* Revista; Quinzenário; Ano 38; N. 5; Ed. 813; 1 foto; São Paulo, SP; 17.03.04; páginas 62 a 64.

329. **Gigantes,** Philippe; ***Poder e Ambição (Power and Greed);*** trad. Gilson Baptista Soares; 286 p.; 16 caps.; 23 ilus.; 20 fotos; 193 refs.; 1 apênd.; 22,5 x 15,5 cm; br.; *Ediouro;* Rio de Janeiro, RJ; 2004.

330. **Graieb,** Carlos; ***Eles têm o Poder;*** *Veja;* Revista; Semanário; Ano 36; N. 31; Ed. 1.814; Seção: *Especial;* 40 fotos; 40 fichários; São Paulo, SP; 06.08.03; páginas 94 a 104.

331. **Hillman,** James; ***Tipos de Poder: Um Guia para o uso Inteligente do Poder nos Negócios;*** trad. Sônia Régis; pref. Gustavo Barcellos; rev. Merle Scoss & Gustavo Barcellos; 238 p.; 30 caps.; 31 ilus.; 22 x 16 cm; br.; *Cultura Editores Associados;* São Paulo, SP; Abril, 2001.

332. **Martin,** Roderick; ***Sociologia do Poder;*** trad. Waltensir Dutra; 226 p.; 11 caps.; 2 esquemas; 20,5 x 14 cm; br.; *Zahar;* Rio de Janeiro, RJ; 1978.

333. **Pinheiro,** Daniela; ***A Descoberta da Ambição;*** *Veja;* Revista; Semanário; Ano 39; N. 8; Ed. 1.945; 1 ilus.; 8 enus.; 8 fotos; 1 teste; São Paulo, SP; 01.03.06; páginas 54 a 61.

334. **Pinto,** Marcus Barros; ***O Poder é um Terremoto da Vida;*** *Jornal do Brasil;* Diário; Ano CXI; N. 14; 2 fotos; Rio de Janeiro, RJ; 22.04.01; página 12.

DICIONÁRIOS:

335. **Aurox,** Sylvain; & **Weil,** Yvonne; ***Dicionário de Filosofia: Temas e Autores ("Dictionnaire des Auteurs et des Thèmes de la Philosophie");*** trad. Miguel Serras Pereira; 460 p.; glos. 200 termos; alf.; 21 x 14 x 3,5 cm; br.; 2ª Ed.; *Edições ASA;* Lisboa, Portugal; Novembro, 1996.

336. **Bobbio,** Norberto; & **Manteucci,** Nicola; & **Pasquino,** Gianfranco; ***Dicionário de Política ("Dizionario di Política");*** trad. Carmen C. Varriale & outros; coord. trad. João Ferreira; rev. Geral João Ferreira e Luis Guerreiro Pinto Cacais; 2 Vols.; VI + 1318 p.; glos. 344 termos; 2.000 refs.; alf.; 18 x 13 x 3 cm;

br.; 12ª Ed.; *Editora Universidade de Brasília;* Brasília, DF; 1999.

337. **Cherubim,** Sebastião; ***Dicionário de Figuras de Linguagem;*** VIII + 74 p.; glos. 291 termos; 13 enus.; 109 refs.; 21,5 x 15,5 cm; br.; *Livraria Pioneira Editora;* São Paulo, SP; 1989.

338. **Erbolato,** Mário; ***Dicionário de Propaganda e Jornalismo;*** pref. J. B. Pinho; ver. M. Clarice Sampaio Villac; 44 p.; 89 ilus.; 100 símbolos; glos. 4.000 termos; 1 tab.; 23 abrevs.; 2 apênds.; 74 refs.; 21,5 x 14,5 cm; enc.; *Papirus;* Campinas, SP; 1985.

339. **Giles,** Thomas Ransom; ***Dicionário de Filosofia: Termos e Filósofos;*** X + 264p.; glos. 1.420 termos; 23 x 16 cm; br.; São Paulo, SP; *EPU – Editora Pedagógica Universitária;* 1993.

340. **Hinnells,** John R.; org.; ***Dicionário das Religiões (The Penguim Dictionary of Religions);*** trad. Octavio Mendes Cajado; 378 p.; 15 ilus.; glos. 1.100 termos; 1 tab.; 11 mapas; 10 abrevs.; índice sinóptico; alf.; 23 x 16 cm; br.; 10ª Ed.; *Editora Cultrix;* São Paulo, SP; 1995.

341. **Johnson,** Allan G.; ***Dicionário de Sociologia – Guia Prático da Linguagem Sociológica (The Blackwell Dictionary of Sociology – A User's Guide to Sociological Language);*** trad. Ruy Jungmann; cons. Renato Lessa; XIV + 300 p.; glos. 1.000 termos; 5 tabs.; 10 figs.; 105 microbiografias; alf.; 23 x 16 cm; br.; *Jorge Zahar;* Rio de Janeiro, RJ; 1997.

342. **Meca,** Diego Sanchez; ***Diccionario de Filosofia;*** 498 p.; glos. 1.011 termos; ono.; alf.; 21 x 15 x 3,5 cm; br.; *Alderaban Ediciones;* Madrid, Espanha; 1996.

343. **Moreira,** Júlio César Tavares; & **Pasquale,** Perroti Pietrangelo; & **Dubner,** Alan Gilbert; ***Dicionário de Termos de* Marketing;** 356 p.; 3 microbiografias; glos. 3.250 termos; 3 fotos; 1 questionário; 268 abrev.; 48 refs.; alf.; 18 x 10,5 cm; br.; 2ª Ed. rev. e aum.; *Atlas;* São Paulo, SP; 1997.

344. **Ruiz,** Luis Alberto; ***Diccionario de Sectas e Herejias;*** 268 p.; 20 x 15 cm; enc.; 1ª Ed.; *Editorial Claridad;* Buenos Aires, Argentina; Janeiro, 1997.

Filmografia

Ligações Perigosas. **Título Original:** *Dangerous Liaisons.* **País:** EUA; & Reino Unido. **Data:** 1988. **Duração:** 120 min. **Gênero:** Drama. **Idade** (censura)**:** 16 anos. **Idioma:** Inglês. **Cor:** Colorido. **Legendado:** Espanhol; Inglês; & Português (em DVD). **Direção:** Stephen Frears. **Elenco:** Glenn Close; John Malkovich; Michelle Pfeiffer; Swoosie Kurtz; Keanu Reeves; Mildred Natwick; & Uma Thurman. **Produção:** Norma Heyman; & Hank Moonjean. **Desenho de Produção:** Stuart Craig. **Direção de Arte:** Gavin Bocquet; & Gérard Viard. **Roteiro:** Christopher Hampton, baseado na obra de Choderlos de Laclos. **Fotografia:** Philippe Rousselot. **Música:** George Fenton. **Montagem:** Mick Audsley. **Cenografia:** Gérard James. **Companhia:** *Lorimar Film Entertainment; NFH Productions; & Warner Bros. Pictures.* **Outros dados:** Oscar de melhor roteiro adaptado, direção de arte e figurinos. **Sinopse:** Na França do século XVIII, nobres ociosos dedicam-se a demolir reputações entre si.

Advogado do Diabo. **Título Original:** *The Devil's Advocate.* **País:** EUA; & Alemanha. **Data:** 1997. **Duração:** 144 min. **Gênero:** Suspense. **Idade (censura):** 14 anos. **Idioma:** Inglês; Alemão; Italiano; & Mandarim (em DVD). **Cor:** Colorido. **Legendado:** Português. **Direção:** Taylor Hackford. **Elenco:** Keanu Reeves; Al Pacino; Charlize Theron; Jeffrey Jones; Judith Ivey; & Craig T. Nelson. **Produção:** Anne Kopelson; Arnold Kopelson; & Arnon Milchan. **Desenho de Produção:** Bruno Rubeo. **Direção de Arte:** Dennis Bradford. **Roteiro:** Jonathan Lemkin; & Tony Gilroy, baseados na obra de Andrew Neiderman. **Fotografia:** Andrzej Bartkowiak. **Música:** James Newton Howard. **Montagem:** Mark Warner. **Cenografia:** Roberta J. Holinko. **Efeitos Especiais:** Cinesite (Hollywood); Cinovation Studios; D. Rez Hollywood; Digital Muse; Editel; Pacific Ocean Post Digital Film Group; & The Computer Film Company. **Companhia:** *Kopelson Entertainment; New Regency Pictures; Taurus Film; & Warner Bros.* **Sinopse:** Em Nova York, jovem advogado de pequena cidade vai trabalhar em famoso escritório jurídico. Porém, fatos estranhos começam a ocorrer no novo emprego.

A Intérprete. **Título Original:** *The Interpreter.* **País:** Reino Unido; EUA; & França. **Data:** 2005. **Duração:** 128 min. **Gênero:** Crime; Drama; & Suspense. **Idade (censura):** 14 anos. **Idioma:** Inglês; Francês; & Português. **Cor:** Colorido. **Legendado:** Espanhol; Inglês; & Português (em DVD). **Direção:** Sydney Pollack. **Elenco:** Nicole Kidman; & Sean Penn. **Produção:** Tim Bevan; Eric Fellner; & Kevin Misher. **Desenho de Produção:** Jon Hutman. **Direção de Arte:** Zack Grobler; Tom Warren; & Dan Yarhi. **História:** Martin Stellman; & Brian Ward. **Roteiro:** Charles Randolph; Scott Frank; & Steven Zaillian. **Fotografia:** Darius

Khondji. **Música:** James Newton Howard; Jack Johnson (canção: "F-Stop blues"); & William V. Malpede (outras canções). **Montagem:** William Steinkamp. **Cenografia:** Beth A. Rubino. **Efeitos Especiais:** Hammerhead Productions; Pacific Title & Art Studio; & Rhythm & Hues. **Companhia:** *Working Title Films; Misher Films; Mirage Entertainment; & Studio Canal.* **Sinopse:** Intérprete da ONU escuta, por acidente, conversa sobre tentativa de assassinato de líder africano. Ela sofrerá ameaças e terá a proteção de agente federal americano.

Otelo. **Título Original:** *Othello.* **País:** EUA; & Reino Unido. **Data:** 1995. **Duração:** 123 min. **Gênero:** Drama. **Idade (censura):** 14 anos. **Idioma:** Inglês. **Cor:** Colorido. **Legendado:** Espanhol; Inglês; & Português (em DVD). **Direção:** Oliver Parker. **Elenco:** Laurence Fishburne; Irène Jacob; Kenneth Branagh; & Nathaniel Parker. **Produção:** David Barron; & Luc Roeg. **Desenho de Produção:** Tim Harvey. **Direção de Arte:** Livia Borgognoni; & Desmond Crowe. **Roteiro:** Oliver Parker (adaptação da obra de William Shakespeare). **Fotografia:** David Johnson. **Música:** Charlie Mole. **Montagem:** Tony Lawson. **Companhia:** *Castle Rock Entertainment; Columbia Pictures Corporation; Dakota; & Imminent Film Productions.* **Sinopse:** Otelo, o mouro de Veneza, é casado com a bela Desdêmona. Porém, Iago irá envenenar o relacionamento sugerindo a traição de Dedêmona e Otelo acaba sendo possuído por ciúme doentio.

As Bruxas de Salem. **Título Original:** *The Crucible.* **País:** EUA. **Data:** 1996. **Duração:** 124 min. **Gênero:** Drama. **Idade (censura):** 12 anos. **Idioma:** Inglês. **Cor:** Colorido. **Legendado:** Espanhol; Inglês; & Português (em DVD). **Direção:** Nicholas Hytner. **Elenco:** Daniel Day-Lewis; Winona Ryder; Paul Scofield; Joan Allen; Bruce Davison; & Rob Campbell. **Produção:** Robert A. Miller; & David V. Picker. **Desenho de Produção:** Lilly Kilvert. **Direção de Arte:** John Warnke. **Roteiro:** Arthur Miller, baseado na obra do próprio Arthur Miller. **Fotografia:** Andrew Dunn. **Música:** George Fenton. **Montagem:** Tariq Anwar. **Cenografia:** Gretchen Rau. **Companhia:** *20th Century Fox.* **Sinopse:** Na Massachusetts do Século XVII, grupo de garotas participa de ritual profano e causa onda de histeria na comunidade onde vivem e pessoas inocentes acabam perseguidas.

Bárbaros e Traidores. **Título Original:** *The Lion in Winter.* **País:** EUA. **Data:** 2003. **Duração:** 148 min. **Gênero:** Drama. **Idade (censura):** 14 anos. **Idioma:** Inglês. **Cor:** Colorido. **Legendado:** Inglês; & Portugês (em DVD). **Direção:** Andrei Konchalovsky. **Elenco:** Patrick Stewart; & Glenn Close. **Produção:** Dyson Lovell. **Desenho de Produção:** Roger Hall. **Direção de Arte:** János Szabolcs. **Roteiro:** James Goldman. **Fotografia:** Sergei Kozlov. **Música:** Richard Hartley. **Montagem:** Henry Richardson. **Cenografia:** István Tóth. **Efeitos Especiais:** Multifilm Special Effects Ltd. **Companhia:** *Flying Freehold Productions;*

HCC Happy Crew Company; Hallmark Entertainment; Showtime Networks Inc. **Outros dados:** Produção para televisão e vencedor do Globo de Ouro para melhor atriz em filme produzido para TV (Glenn Close). **Sinopse:** No reino de Henrique II, saber em quem confiar é questão de sobrevivência, pois os herdeiros reais estão dispostos a tudo para ocuparem o trono.

O Homem que Copiava. **Título Original:** *O Homem que Copiava.* **País:** Brasil. **Data:** 2003. **Duração:** 123 min. **Gênero:** Comédia. **Idade (censura):** 14 anos. **Idioma:** Português. **Cor:** Colorido. **Legendado:** Espanhol; Francês; Inglês; & Português (em DVD). **Direção:** Jorge Furtado. **Elenco:** Lázaro Ramos; Leandra Leal; Luana Piovani; & Pedro Cardoso. **Produção Executiva:** Nora Goulart; & Luciana Tomasi. **Direção de Arte:** Fiapo Barth. **Roteiro:** Jorge Furtado. **Fotografia:** Alex Sernambi. **Música:** John Fogerty. **Montagem:** Giba Assis Brasil. **Cenografia:** Sílvia Guerra; Bolivar Lauda; & Marnei Pereira. **Companhia:** Globo Filmes; & Casa de Cinema de Porto Alegre. **Sinopse:** André, 20 anos, operador de fotocopiadora em papelaria, precisa de trinta e oito reais para impressionar Sílvia. Ajudado pelo amigo Cardoso, e depois também pela colega de trabalho Marinês, André faz muitos planos para conseguir o dinheiro. E todos dão certo. E aí os problemas se iniciam.

Prenda-me se for Capaz. **Título Original:** *Catch Me If You Can.* **País:** EUA. **Data:** 2002. **Duração:** 141 min. **Gênero:** Ação. **Idade (censura):** 12 anos. **Idioma:** Inglês; & Francês. **Cor:** Colorido. **Legendado:** Espanhol; Inglês; & Português (em DVD). **Direção:** Steven Spielberg. **Elenco:** Leonardo DiCaprio; Tom Hanks; & Christopher Wal-ken. **Produção:** Walter F. Parkes; & Steven Spielberg. **Desenho de Produção:** Jeannine Claudia Oppewall. **Direção de Arte:** Sarah Knowles; Michele Laliberte; & Peter Rogness. **Roteiro:** Jeff Nathanson, baseado no livro de memórias de Frank Abagnale Jr. (escrito também por Stan Redding). **Música:** Burt Bacharach (canção: "The look of love"); Ram Buck (canção: "I'll Be Home For Christmas"); Kim Gannon (canção: "I'll Be Home For Christmas"); Walter Kent (canção: "I'll Be Home For Christmas"); & John Williams. **Montagem:** Michael Kahn. **Cenografia:** Elaine O'Donnell; & Leslie A. Pope. **Companhia:** *Amblin Entertainment;* Bungalow 78 Productions; DreamWorks SKG; Kemp Company; Magellan Filmed Entertainment; Parkes/ MacDonald; & Splendid Pictures Inc. **Sinopse:** Frank Abagnale Jr (Leonardo DiCaprio) é adolescente normal dos subúrbios de Nova York nos anos 60. Sua vida muda radicalmente quando a família perde a casa e eles são obrigados a mudar para bairro mais pobre. Quando o pai de Frank (Christopher Walken) vai pedir empréstimo no banco, faz o filho se passar por motorista particular. Nesse momento Frank percebe poder enganar as pessoas e se dar bem na vida.

O Homem que Não Vendeu sua Alma. **Título Original:** *A Man for All Seasons.* **País:** EUA. **Data:** 1988. **Duração:** 151 min. **Gênero:** Drama. **Idioma:** Inglês. **Cor:** Colorido. **Direção:** Charlton Heston. **Elenco:** Charlton Heston; John Gielgud; & Vanessa Redgrave. **Produção:** Fraser Clarke Heston. **Roteiro:** Robert Bolt. **Cenografia:** Joanne Woollard. **Companhia:** *Agamemnon Films.* **Outros dados:** Produção para TV. **Sinopse:** No Século XVII, o rei Henrique VIII da Inglaterra decide se divorciar de Catarina de Aragão e pressiona o chanceler Thomas More para conseguir a anulação do casamento. Porém, o chanceler recusa-se a homologar a decisão.

O Enigma do Colar. **Título Original:** *The Affair of the Necklace.* **País:** EUA. **Data:** 2001. **Duração:** 118 min. **Gênero:** Drama. **Idade (censura):** 18 anos. **Idioma:** Inglês. **Cor:** Colorido. **Legendado:** Espanhol; Francês; Inglês; & Português (em DVD). **Direção:** Charles Shyer. **Elenco:** Hilary Swank; Jonathan Pryce; Simon Baker; Adrien Brody; & Brian Cox. **Produção:** Broderick Johnson; Andrew A. Kosove; Redmond Morris; & Charles Shyer. **Desenho de Produção:** Alex McDowell. **Direção de Arte:** Jean-Michel Ducourty. **Roteiro:** John Sweet. **Fotografia:** Ashley Rowe. **Música:** David Newman; & Peter Skuce (canção: "One Fine Queenly Day"). **Montagem:** David Moritz. **Cenografia:** Philippe Turlure. **Efeitos Especiais:** Flash Barrandov A.S.; Snow Business International; & The Computer Film Company. **Companhia:** *Alcon Entertainment.* **Sinopse:** Pouco antes da Revolução Francesa ocorrer, jovem deixa a família adotiva a fim de recuperar o nome e a posição perante a aristocracia da época.

Glossário da Conscienciologia

Amparador – Consciex auxiliadora de uma conscin ou de várias conscins; benfeitor extrafísico. Expressões equivalentes, arcaicas, desgastadas e envilecidas pelo emprego continuado: *anjo da guarda; anjo guardião; anjo de luz; guia; mentor.*

Andaimes conscienciais – *Muletas* psicológicas ou fisiológicas quando dispensáveis.

Androssoma *(andro + soma)* – O corpo humano masculino ou específico do homem.

Animismo (Latim: *animus,* alma) – Conjunto dos fenômenos intra e extracorpóreos produzidos pela conscin, sem interferências externas, como, por exemplo, o fenômeno da projeção consciente induzida pela própria vontade.

Antipensene *(anti + pen + sen + ene)* – O pensene antagônico, comum nas refutações, nos omniquestionamentos e nos debates produtivos.

Assedialidade – Intrusão pensênica interconsciencial, doentia. Expressão equivalente, anacrônica: *obsessão*; há numerosas conscins que se defendem contra esta palavra.

Assistenciologia – Especialidade da Conscienciologia aplicada às técnicas de amparo e auxílio interconsciencial considerando a realidade consciencial multisserial e holossomática.

Atacadismo consciencial – Sistema de comportamento individual caracterizado pela diretriz de se levar em conjunto, ou de eito, os atos conscienciais, sem deixar rastros ou *gaps* evolutivos, negativos, para trás.

Autoconsciencialidade – Qualidade do nível de autoconhecimento por parte da própria consciência; megaconhecimento.

Autoconscientização multidimensional (**AM**) – Condição da lucidez madura da conscin quanto à vida consciencial no estado evoluído de multidimensionalidade, alcançado através da PL, ou projetabilidade lúcida.

Autoimperdoador – Conscin – homem ou mulher – que não se perdoa, em suas autodisciplinas, quanto aos próprios erros e omissões, a fim de eliminar as autocorrupções conscientes. Esta condição sadia se antepõe à condição, também sadia, do *hetero*perdoador (ou *hetero*-perdoadora), *perdoador universal,* sincero, em relação a todos os seres, para sempre, *um princípio básico da maxifraternidade.*

Automimese existencial – Imitação, por parte da conscin, das próprias vivências ou experiências passadas, sejam do renascimento intrafísico atual ou de existências anteriores.

Automimeticidade – Qualidade consciencial da automimese existencial.

Autopensene *(auto + pen + sen + ene)* – O pensene da própria consciência.

Autorrevezamento consciencial – Condição avançada em que a consciência evolui entrosando uma existência intrafísica com outra, consecutivamente *(proéxis vinculadas),* ao modo dos elos de uma cadeia *(seriéxis),* dentro do seu ciclo multiexistencial *(holobiografia).*

Baratrosfera – É a dimensão extrafísica patológica da paratroposfera terrestre, usada como domicílio coletivo de consciexes anticosmoéticas, doentias, parapsicóticas e paracomatosas.

Binômio admiração-discordância – Postura da conscin, madura quanto à evolução consciencial, que já sabe viver em coexistência pacífica com uma outra conscin, a quem ama e admira, e, ao mesmo tempo, não concorda sempre ou 100% com ela quanto aos seus pontos de vista, opiniões ou posicionamentos.

Cardiochacra *(cardio + chacra)* – O quarto chacra básico, agente influente na emotividade da conscin, vitalizador do coração e dos pulmões.

Chacra – Núcleo ou campo limitador de energia consciencial, cujo conjunto constitui basicamente o *holochacra,* paracorpo energético dentro do soma, fazendo a junção com o psicossoma, atuando como ponto de conexão pelo qual a EC flui de um veículo consciencial para outro. A palavra *chacra* é um dos nossos *limites críticos neologísticos.*

Ciclo multiexistencial – Sistema ou condição de alternância contínua, em nosso nível evolutivo médio, de um período de renascimento intrafísico *(seriéxis)* com outro período pós-desativação somática, extrafísico, ou a *intermissão.*

Clima interconsciencial – Condição do multientendimento em um encontro interconsciencial, estabelecida através de pensenes afinizados, especialmente *carregados* nas ECs, ou energias conscienciais. Há climas, *climinhas* e *climões* interconscienciais.

Compensação intraconsciencial – Técnica conscienciométrica fundamentada no emprego maior de um atributo consciencial, mais desenvolvido *(trafor),* sobre outro, ou outros atributos conscienciais menos desenvolvidos *(trafares)* no microuniverso da conscin.

Compléxis *(comple + exis)* – Condição da completude existencial da proéxis da consciência humana.

Comunicologia – Área ou especialidade da Conscienciologia que estuda a comunicabilidade da consciência de todas as naturezas e formas, inclusive a comunicação interconsciencial entre as dimensões conscienciais, considerando a projetabilidade consciencial lúcida e as abordagens da consciência "inteira" *(holossoma, holobiografia, holomemória).*

Comunidade extrafísica – Reunião e vida em comum de consciexes em uma dimensão extrafísica.

Con – Unidade hipotética de medida do nível de lucidez da conscin ou da consciex.

Confor *(con + for)* – Interação do conteúdo *(ideia, essência)* com a forma *(apresentação, linguagem)* nos processos da comunicação interconsciencial *(Comunicologia).*

Conscienciograma – Planilha técnica das medidas avaliativas do nível de evolução da consciência; megateste consciencial que tem por modelo o *Homo sapiens serenissimus,* responsável por uma conta corrente egocármica positiva. Instrumento básico empregado nos testes conscienciométricos.

Conscienciologia – Ciência que estuda a consciência de modo integral, holossomático, multidimensional, multimilenar, multiexistencial e, sobretudo, conforme as suas reações perante as EIs e as ECs, bem como em seus múltiplos estados.

Consciencólogo (a) – Conscin empenhada no estudo permanente e na experimentação objetiva, dentro do campo de pesquisas da Conscienciologia, na qualidade de agente de renovações evolutivas *(agente retrocognitor),* no trabalho libertário das consciências em geral.

Conscienciometria – Disciplina ou área que estuda as medidas conscienciológicas, ou da consciência, através dos recursos e métodos oferecidos pela Conscienciologia, capazes de assentar as bases possíveis da *matematização da consciência.* Instrumento principal: conscienciograma.

Consciencioterapia – Especialidade que estuda o tratamento, alívio ou remissão de distúrbios da consciência, executados através dos recursos e técnicas derivados da Conscienciologia.

Consciex *(consci + ex)* – Consciência *extra*física; o paracidadão ou paracidadã da Sociex. Sinônimo envilecido pelo uso: *desencarnado.*

Conscin *(consci + in)* – Consciência *intra*física; a personalidade humana; o cidadão ou cidadã da Socin. Sinônimo envilecido pelo uso: *encarnado.*

Conviviologia – Especialidade da Conscienciologia aplicada ao estudo da comunicabilidade consciencial no que diz respeito à dinâmica das interrelações que se estabelecem entre as consciências ou princípios conscienciais que coexistem em qualquer dimensão e suas consequências holocármicas e evolutivas.

Continuísmo consciencial – Condição da inteireza – sem brechas na continuidade da vida consciencial através da previsão providencial e do autorrevezamento evolutivo, ou seja: a emenda desta vivência do momento, às vivências imediatamente anterior e posterior, incessantemente, em um todo coeso e único, sem solução de continuidade nem experiências conscienciais estanques.

Cosmoética *(cosmo + ética)* – Ética ou reflexão sobre a moral cósmica, multidimensional, que define a holomaturidade, situada além da moral social, intrafísica, ou que se apresenta sob qualquer rótulo humano. É uma especialidade da Conscienciologia.

Cosmoeticidade – Qualidade cosmoética da consciência.

Curso intermissivo – Conjunto de disciplinas e experiências teáticas administradas à consciex, depois de determinado nível evolutivo, durante o período da intermissão consciencial, dentro do seu ciclo de existências pessoais, objetivando o completismo consciencial *(compléxis)* da próxima seriéxis.

Desassim *(desas + sim)* – Desassimilação simpática de ECs exercida pela impulsão da vontade, normalmente através do EV.

Desperticidade – Qualidade consciencial do ser desperto.

Desperto *(des + per + to)* – Ser intrafísico, ou conscin, desassediado, permanente, total, plenamente autoconsciente da sua qualidade de desperticidade.

Dessoma *(des + soma)* – Desativação somática, próxima e inevitável para todas as conscins; projeção final; *primeira morte*; morte biológica; monotanatose. A dessoma (simplesmente) ou *primeira* dessoma é a desativação do corpo humano ou soma. A *segunda* dessoma é a desativação do holochacra. A *terceira* dessoma é a desativação do psicossoma.

Dupla evolutiva – Duas consciências que interagem positivamente em evolução conjunta; condição existencial de *evolutividade intercooperativa* a dois.

Ectopia consciencial – Execução insatisfatória da proéxis, de maneira excêntrica, deslocada, fora do roteiro programático escolhido para a própria vida intrafísica.

Egocarma *(ego + carma)* – Princípio de causa e efeito, atuante na evolução da consciência, quando centrado exclusivamente no ego em si. Estado do livre-arbítrio preso ao egocentrismo infantil. A palavra *carma* é outro dos nossos *limites críticos neológisticos.*

Egopensene *(ego + pen + sen + ene)* – O mesmo que autopensene; a *unidade de medida* do egoísmo consciencial, segundo a Conscienciologia, ou, mais apropriadamente, a Consciencimetria.

Energia consciencial (**EC**) – A energia imanente que a consciência emprega em suas manifestações em geral; o *ene* do pensene.

Energia imanente (**EI**) – Energia primária, vibratória, essencial, multiforme, impessoal, difusa e dispersa em todos os objetos ou *realidades* do Universo, de modo onipotente, ainda indomada pela consciência humana, e demasiadamente sutil para ser descoberta e detectada pelos atuais instrumentos tecnológicos.

Energossomática – Especialidade da Conscienciologia. Estudo das manifestações da consciência humana *(conscin)* derivadas do energossoma *(holochacra),* bem como as manobras energéticas e consequente influência sobre a autopensenidade e os estados de coincidência e descoincidência da conscin.

Epicon *(epi + con)* – Epicentro consciencial; conscin-chave do epicentrismo operacional, que se torna um fulcro de lucidez, assistencialidade e construtividade interdimensional, através da ofiex. Tem relação direta com a *tenepes* ou a tarefa energética pessoal.

Estado vibracional (**EV**) – Condição técnica de dinamização máxima das energias do holochacra, através da impulsão da vontade.

Euforex *(eufor + ex)* – Condição de euforia extrafísica, após a desativação somática, gerada pelo cumprimento razoável da proéxis; euforia *post-mortem*; paraeuforia; euforia pós-somática.

Euforin *(eufor + in)* – Condição da euforia intrafísica, antes da desativação somática gerada pelo cumprimento razoável da proéxis; euforia *pré-mortem*. Condição predisponente ideal à moréxis positiva.

Evoluciologia – Especialidade da Conscienciologia que estuda a evolução da consciência abordada de modo integral, em alto nível, matéria adstrita especificamente ao evoluciólogo ou orientador evolutivo.

Evoluciólogo – Consciência coadjutora da coordenação inteligente da proéxis *(programação existencial)* ou da evolução consciencial de uma ou mais consciências, do mesmo grupocarma. Expressão mais adequada do que *orientador evolutivo.*

Experimentologia – Especialidade da Conscienciologia aplicada aos experimentos evolutivos da consciência em todas as formas, naturezas e categorias.

Extrafísico – Relativo àquilo que esteja fora, ou além, do estado *intra*físico ou humano; estado consciencial *menos* físico do que o soma.

Fenômeno projetivo – Ocorrência parapsíquica específica do âmbito de pesquisa da Projeciologia.

Gestação consciencial – Produtividade evolutiva, útil, da consciência humana, dentro do quadro de obras pessoais da programática da sua proéxis.

Ginossoma *(gino + soma)* – O corpo humano feminino ou específico da mulher, especializado na reprodução animal da vida intrafísica da conscin; o corpo afrodisíaco.

Grafopensene *(grafo + pen + sen + ene)* – A *assinatura pensênica* da consciência humana ou intrafísica.

Grupalidade – Qualidade do grupo evolutivo da consciência; condição da evolutividade em grupo.

Grupocarma *(grupo + carma)* – Princípio de causa e efeito, atuante na evolução da consciência, quando centrado no grupo evolutivo. Estado do livre-arbítrio individual, quando ligado ao grupo evolutivo.

Grupocarmalogia – Especialidade da Conscienciologia aplicada aos estudo das relações ou princípios de causa e efeito atuantes na evolução da consciência quando centrados no grupo evolutivo *(Ciência dos grupos evolutivos; rede de relações evolutivas).*

Guia cego *(amaurótico)* – Consciência amoral ou inexperiente que ajuda outra consciência, de modo anticosmoético, segundo os seus interesses egoicos do momento, em detrimento de outras.

Heteropensene *(hetero + pen + sen + ene)* – O pensene de outrem em relação a nós.

Hiperacuidade – Qualidade da lucidez máxima da conscin alcançada pela recuperação – que lhe é possível – dos cons.

Hiperpensene *(hiper + pen + sen + ene)* – O pensene heurístico; a ideia original da descoberta; o pensene neofílico; a *unidade de medida* da invenção, segundo a Conscienciometria.

Holocarma *(holo + carma)* – Reunião dos 3 tipos de ações e reações conscienciais – egocarma, grupocarma e policarma – dentro dos princípios de causa e efeito, atuantes na evolução da consciência.

Holocarmologia. Especialidade da Conscienciologia. Estuda a conta corrente holocármica da consciência em evolução, abarcando a egocarmalidade, a grupocarmalidade e a policarmalidade. É subcampo científico da Evoluciologia.

Holochacra *(holo + chacra)* – Paracorpo energético da consciência humana.

Holochacralidade – Qualidade das manifestações da conscin derivadas do holochacra ou corpo energético.

Holomaturidade *(holo + maturidade)* – Condição da maturidade integrada – biológica, psicológica, holossomática e multidimensional – da consciência humana.

Holomaturologia – Especialidade da Conscienciologia aplicada ao estudo da maturidade da consciência humana, maturidade integral, biológica, psicológica e multidimensional ou holossomática, em todas as formas de manifestações e suas consequências evolutivas.

Holomemória *(holo + memória)* – Memória causal, composta, multimilenar, multiexistencial, implacável, ininterrupta, pessoal, que retém todos os fatos relativos à consciência; multimemória; polimemória.

Holopensene *(holo + pen + sen + ene)* – Pensenes agregados ou consolidados. Sinônimo envilecido pelo uso: *egrégora*. Esta palavra gera resistência em larga faixa dos leitores sérios das ciências.

Holossoma *(holo + soma)* – Conjunto dos veículos de manifestação da conscin: soma, holochacra, psicossoma e mentalsoma; e da consciex: psicossoma e mentalsoma.

Holossomática – Estudo específico do holossoma. É uma especialidade da Conscienciologia.

Homeostase holossomática – Estado integrado, hígido, de harmonia do holossoma.

Homo sapiens serenissimus – Consciência quando na vivência integral da condição do serenismo lúcido. Sinônimo de emprego popular: *Serenão.*

Incompléxis *(in + comple + exis)* – Condição existencial da proéxis incompleta da consciência humana.

Infocomunicologia – Especialidade da Conscienciologia que estuda a informática aplicada aos contextos de comunicação e da didática da consciência quando considerada "inteira". É um subcampo da Parapedagogia.

Instituição conscienciocêntrica – Aquela que centraliza seus objetivos na consciência em si, e em sua evolução; cooperativa consciencial, dentro da *Socin Conscienciológica,* com base nos vínculos empregatício e consciencial.

Interprisão grupocármica – Condição da inseparabilidade grupocármica do princípio consciencial evolutivo ou consciência.

Intraconsciencialidade – Qualidade das manifestações específicas da intimidade da consciência.

Intrafisicalidade – Condição da vida intrafísica, humana, ou da existência da consciência humana.

Intrafisicologia – Especialidade da Conscienciologia aplicada ao estudo das relações e vivências da conscin nesta dimensão intrafísica ou humana.

Intrusão energética – Invasão de uma consciência em outra através das ECs ou do holochacra.

Intrusão pensênica – Invasão de uma consciência em outra através do mentalssoma.

Intrusão volitiva – Invasão da vontade de uma consciência em outra através da heterossugestão ou hetero-hipnose.

Inversor existencial – Conscin que se dispõe a executar a invéxis na vida intrafísica.

Invéxis *(inve + exis)* – Técnica da inversão existencial executada pela consciência humana ou intrafísica.

Materpensene *(mater + pen + sen + ene)* – Ideia-mãe ou a matriz de todo um desenvolvimento de tese, teoria ou ensaio, o *leit-motif,* o pilar mestre ou o pensene predominante em um holopensene.

Maturidade integrada – Estado da maturidade consciencial mais evoluída, além da maturidade biológica ou física, e da maturidade mental ou psicológica; holomaturidade.

Maxifraternidade – Condição interconsciencial, universalista, mais evoluída, fundamentada na fraternidade pura da consciência autoimperdoadora e heteroperdoadora, meta inevitável na evolução de todas as consciências. Sinônimo: Megafraternidade.

Maximoréxis *(maxi + mor + exis)* – Condição da moréxis existencial – a maior – ou quando vem para a conscin *completista,* na qualidade de acréscimo ou adendo (base superavitária), quanto ao compléxis da sua proéxis; portanto, a execução de um *extra sadio* de um mandato existencial concluído.

Maxiproéxis *(maxi + pro + exis)* – Programação existencial máxima, *por atacado,* ou visando a execução de tarefa na vivência do universalismo e da maxifraternidade, com bases policármicas.

Megameta – O objetivo maior da autoevolução para a consciência.

Megapoder – A condição evoluída de lucidez magna, cosmoética, da consciência.

Megatraf*ar* *(mega + tra + far)* – O traf*ar* máximo da consciência.

Megatraf*or* *(mega + tra + for)* – O traf*or* máximo da consciência.

Melex *(mel + ex)* – Condição da melancolia extrafísica, pós-somática ou *post-mortem*; paramelancolia.

Melin *(mel + in)* – Condição da melancolia intrafísica ou *pré-mortem.*

Mentalsoma *(mental + soma)*– Corpo mental; o *paracorpo* do discernimento da consciência. Plural: *mentaissomas.*

Mentalsomática – Especialidade da Conscienciologia. Estuda o mentalsoma, o paracorpo do discernimento e suas consequências evolutivas para a consciência. É subcampo científico da Holossomática.

Microuniverso consciencial – A consciência considerada de per si, como um todo, englobando todos os seus atributos, pensenes e manifestações no desenvolvimento da sua evolução. O microcosmo da consciência em relação ao macrocosmo do Universo.

Miniproéxis *(mini + pro + exis)* – Programação existencial mínima, *a varejo,* ou objetivando a execução de uma tarefa mínima, ainda grupocármica.

Moréxis *(mor + exis)* – Condição da moratória existencial, ou um complemento de vida intrafísica, facultado a determinadas conscins, conforme o seu mérito holocármico. A moréxis pode apresentar uma base deficitária – a menor – minimoréxis; ou superavitária – a maior – maximoréxis, quanto aos resultados da proéxis.

Multicompléxis *(multi + compl + exis)* – Multicompletismo existencial ou o compléxis obtido através da execução de várias programações existenciais *(proéxis)* em diversas vidas intrafísicas *(seriéxis)* consecutivas.

Neofilia – Adaptação fácil da conscin às situações, coisas e acontecimentos novos. Oposto de neofobia.

Neopensene *(neo + pen + sen + ene)* – O pensene da conscin, quando se manifesta através de novas sinapses ou conexões interneuroniais, capaz de criar a recin ou a reciclagem *intra*consciencial; a *unidade de medida* da renovação consciencial, segundo a Conscienciologia, ou, mais apropriadamente, a Conscienciometria.

Ofiex *(ofi + ex)* – Oficina extrafísica do epicon intrafísico (praticante da tenepes). Os recursos e *instalações* extrafísicas da ofiex são múltiplos e surpreendentes. Um holopensene domiciliar.

Ortopensene *(orto + pen + sen + ene)* – O pensene *reto* ou cosmoético, próprio da holomaturidade consciencial; a *unidade de medida* da cosmoética prática, segundo a Conscienciometria.

Para – Prefixo que significa *além de, ao lado de*, como em *paracérebro*. Significa, também, *extrafísico*.

Paracérebro – Cérebro extrafísico do psicossoma da consciência nos estados extrafísico *(consciex),* intrafísico *(conscin)* e projetado, quando através do psicossoma.

Paracomatose consciencial – Estado de coma extrafísico da conscin, quando projetada, que permanece invariavelmente inconsciente e, portanto, sem rememorações extrafísicas.

Paradigma consciencial – Teoria-líder da Conscienciologia fundamentada na própria consciência.

Parafisiologia – Fisiologia dos veículos de manifestação da consciência, excluído o corpo humano ou soma. É uma especialidade da Conscienciologia.

Paragenética – A genética adstrita às heranças da consciência, através do psicossoma, da vida anterior ao embrião humano. É uma especialidade da Conscienciologia.

Para-história – É a especialidade da Conscienciologia aplicada ao estudo da História da Consciência e do Cosmos, além da autobiografia da conscin, desta vida, e da História Humana, de modo multidimensional, através da extrafisicologia, das retrocognições e da projetabilidade consciencial lúcida.

Parapatologia – Patologia dos veículos de manifestação da consciência, excluído o corpo humano ou soma. É uma especialidade da Conscienciologia.

Parapedagogia – Especialidade da Conscienciologia. Estuda a filosofia da educação e a pedagogia além dos recursos materiológicos, através da lucidez multidimensional e recursos da projetabilidade.

Parapercepciologia – Especialidade da Conscienciologia. Estuda as parapercepções da consciência, fenômenos e consequências evolutivas. É subcampo científico da Parafenomenologia.

Paraprofilaxia – Especialidade da Conscienciologia aplicada ao estudo que transcende os limites da intrafisicologia, a fim de prevenir a consciência contra desacertos e incoveniências em todas as dimensões em que se manifesta.

Parassociologia – Especialidade da Conscienciologia. Estuda a filosofia, as técnicas e as práticas da Sociedade intrafísica *(Socin)* e das Sociedades extrafísicas *(Sociexes)* e suas consequências na vida multidimensional.

Patopensene *(pato + pen + sen + ene)* – O pensene patológico ou da amência consciencial; o *pecadilho mental;* a vontade patológica; a intenção doentia; a *ruminação cerebral.*

Pensene *(pen + sen + ene)* – Unidade de manifestação prática da consciência, segundo a Conscienciologia, que considera o pensamento ou ideia *(concepção),* o sentimento ou a emoção e a EC *(energia consciencial)* em conjunto, de modo indissociável.

Pensenologia – Especialidade da Conscienciologia aplicada ao estudo dos pensenes, a pensenidade e os pensenedores da consciência, sua parafisiologia e parapatologia.

Pensenidade – Qualidade da consciência pensênica de alguém.

Policarma *(poli + carma)* – Princípio de causa e efeito, atuante na evolução da consciência, quando centrado no senso e vivência da maxifraternidade cósmica, além do egocarma e do grupocarma.

Policarmalogia – Especialidade da Conscienciologia aplicada ao estudo das relações ou princípios de causa e efeito atuantes na evolução da consciência quando centrados no senso de vivência da maxifraternidade cósmica, além do egocarma e grupocarma.

Porão consciencial – Fase de manifestação infantil e adolescente da conscin, até chegar ao período da adultidade, caracterizada pelo predomínio dos traf*a*res mais primitivos da consciência multiveicular, multiexistencial e multimilenar.

Pré-serenão – Conscin, ou consciex, que ainda não vive o serenismo lúcido.

Primener *(prim + ener)* – Primavera energética; condição pessoal, mais ou menos duradoura, de apogeu das ECs sadias e construtivas.

Princípios pessoais – Conjunto de valores e iniciativas norteadores da vida consciencial, escolhido pela consciência, a partir da holomaturidade, multidimensionalidade e cosmoética vivida.

Priorologia – Especialidade da Conscienciologia aplicada aos estudos técnicos ou pesquisas dos atos ou efeitos dos primados das priorizações evolutivas da consciência, conscin ou consciex.

Proéxis *(pro + exis)* – Programação existencial específica de cada conscin em sua seriéxis, no caso, a existência intrafísica.

Proéxis avançada – Programação existencial da conscin, líder evolutiva, dentro de uma tarefa libertária específica do grupocarma, mais universalista e policármica, onde é *mini*peça lúcida e atuante dentro do *maxi*mecanismo da equipe multidimensional.

Proexologia – Especialidade da Conscienciologia aplicada ao estudo da programação existencial *(proéxis)* das conscins em geral e suas consequências evolutivas.

Projeção consciente (PC) – Projeção da conscin para além do soma; experiência extracorpórea.

Projeciografia – Estudo técnico dos registros projeciológicos. É uma especialidade da Conscienciologia.

Projeciologia (Latim: *projectio,* projeção; grego: *logos,* tratado) – Ciência que estuda as projeções da consciência e seus efeitos, inclusive as projeções das ECs para fora do holossoma. É uma especialidade da Conscienciologia.

Projetabilidade lúcida (PL) – Qualidade parafisiológica, projetiva, lúcida, da consciência, capaz de descoincidir-se ou tirar os seus veículos de manifestação da condição de alinhamento do holossoma, inclusive através da impulsão da própria vontade.

Projetarium – Base física preparada tecnicamente para a produção das PCs.

Psicossoma (Grego: *psyckhé,* alma; *soma,* corpo) – Paracorpo emocional da consciência; o *corpo objetivo* da conscin.

Psicossomática – Especialidade da Conscienciologia aplicada ao estudo das emoções da consciência, a partir do psicossoma, o paracorpo dos desejos.

Recexibilidade – Qualidade da execução intrafísica da recéxis.

Recéxis *(rec + exis)* – Técnica da reciclagem existencial executada pela consciência humana.

Recexologia – Especialidade da Conscienciologia aplicada ao estudo da filosofia, da técnica e da prática da recéxis, ou reciclagem existencial, dentro da intrafisicalidade, que tem seu início pela recin ou a reciclagem intraconsciencial.

Reciclante existencial – Conscin que se dispõe a executar a recéxis.

Recin *(reci + in)* – A reciclagem intrafísica, existencial, *intra*consciencial ou a renovação cerebral da conscin através da criação de novas sinapses ou conexões interneuroniais capazes de permitir o ajuste da proéxis, a execução da recéxis, a invéxis, a aquisição de ideias novas, os neopensenes, os hiperpensenes e outras conquistas neofílicas da consciência humana automotivada.

Retrocognição (Latim: *retro,* atrás; *cognoscere,* conhecer) – Faculdade perceptiva pela qual a conscin fica conhecendo fatos, cenas, formas, objetos, sucessos e vivências pertencentes ao tempo passado distante, comumente relacionados com a sua holomemória.

Robéxis *(rob + exis)* – Robotização existencial; condição da conscin troposférica, excessivamente escravizada à intrafisicalidade ou quadridimensionalidade.

Sedução holochacral – Ação energética, com intenção dominadora mais ou menos consciente, de uma consciência sobre outra(s).

Serenão – Nome popular do *Homo sapiens serenissimus.*

Serialidade – Qualidade da consciência sujeita às seriéxis.

Seriéxis *(seri + exis)* – 1. Seriação existencial evolutiva da consciência; existências sucessivas; renascimentos intrafísicos em série.

2. Vida humana ou intrafísica. Sinônimo desgastado e envilecido pelo uso excessivo para a primeira acepção: *reencarnação;* esta palavra arcaica não mais atinge as pessoas sérias dedicadas às pesquisas de ponta da consciência.

Sexossoma *(sexo + soma)* – O soma considerado especificamente quanto ao seu sexo.

Sexossomática – Estudo específico do soma quanto ao seu sexo, ou sexossoma, e suas relações com a conscin, seja o homem ou a mulher. É uma especialidade da Conscienciologia.

Sinalética parapsíquica – Existência, identificação e emprego autoconsciente dos sinais energéticos, anímicos, parapsíquicos e personalíssimos, ou que toda conscin possui.

Sociex *(soci + ex)* – Sociedade Extrafísica ou das consciexes. Plural: Sociexes.

Socin *(soci + in)* – Sociedade Intrafísica ou das conscins; Sociedade Humana. Plural: Socins.

Soltura do holochacra – Condição de liberdade relativa de atuação do paracorpo energético da conscin, em relação ao psicossoma e ao soma.

Soma – Corpo humano; o corpo do indivíduo do reino *Animal,* filo *Cordata,* classe *Mamíferos,* ordem *Primatas,* família *Hominídia,* gênero *Homo,* espécie *Homo sapiens,* o mais elevado nível de animal sobre este Planeta; apesar do exposto, o veículo mais rústico do holossoma da consciência humana.

Somática – Especialidade da Conscienciologia aplicada ao estudo do soma ou corpo humano dentro do holossoma, ou em relação aos outros veículos de manifestação da consciência, em sua evolução multidimensional.

Subcérebro abdominal – O umbilicochacra *(centro de energia consciencial acima do umbigo),* quando escolhido inconscientemente pela conscin, ainda de evolução medíocre, para sede de suas manifestações. O cérebro abdominal, *pseudo*cérebro abdominal, ou *sub*cérebro abdominal é a *eminência parda* do cérebro natural, encefálico (coronochacra e frontochacra); um embaraço indefensável na autoevolução consciente.

Tacon *(ta + con)* – Tarefa da consolação, assistencial, pessoal ou grupal, primária.

Taquipensene *(taqui + pen + sen + ene)* – O pensene de fluxo rápido, próprio da conscin taquipsíquica.

Tares *(tar + es)* – Tarefa do esclarecimento, assistencial, pessoal ou grupal, avançada. Plural: tarefas do esclarecimento.

Teática *(te + ática)* – Vivência conjunta da teoria e da prática por parte da conscin ou da consciex.

Tenepes *(t + ene + pes)* – Tarefa energética pessoal, diária, multidimensional, com assistência permanente de amparadores, a longo prazo ou para o restante da vida intrafísica. Expressão popular: *passes-para-o-escuro.*

Trafal *(tra + fal)* – Traço faltante ou a condição de ausência de determinado trafor, básico para a personalidade da consciência completar o quadro pessoal, razoável, conscienciométrico, do próprio nível evolutivo.

Trafar *(tra + far)* – Traço-fardo da personalidade da conscin; componente negativo da estrutura do microuniverso consciencial que a consciência ainda não consegue alijar de si ou desvencilhar-se até o momento.

Trafor *(tra + for)* – Traço-força da personalidade da conscin; componente positivo da estrutura do microuniverso consciencial que impulsiona a evolução da consciência.

Tridotação consciencial – Qualidade dos 3 talentos conjugados mais úteis ao conscienciólogo: a intelectualidade, o parapsiquismo e a comunicabilidade; tridotalidade consciencial.

Umbilicochacra *(umbilico + chacra)* – O chacra umbilical (acima do umbigo) ou relativo à fisiologia e parafisiologia (abdominais) da consciência humana.

Universalismo – Conjunto de ideias derivadas da universalidade das leis básicas da Natureza e do Universo e que, através da evolução natural da consciência, torna-se inevitavelmente, a sua filosofia dominante; cosmismo.

Varejismo consciencial – Sistema primário de comportamento individual caracterizado pela ação através de atos conscienciais menores, isolados e de mínimo resultado produtivo ou efeito evolutivo magno.

Veículo da consciência – Instrumento ou corpo pelo qual a consciência se manifesta na intrafisicalidade *(conscin)* e nas dimensões extrafísicas *(conscin projetada e consciex).*

Verbação *(verb + ação)* – Interação prática do verbo e da ação no comportamento coerente da consciência; resultado da palavra ratificada pelo exemplo através dos testemunhos vividos pela conscin.

Verbaciologia – É a Ciência aplicada aos estudo da interação prática do verbo e da ação integrada, ou verbação, ou o conjunto das ações ou realizações vivenciadas, *primeiro,* e do verbo (palavra, afirmação, discurso, promessa, revelação), ou da exposição dos fatos, *depois,* dentro do comportamento coerente do homem ou da mulher, quando lúcidos relativamente à condição do resultado da palavra ratificada pelo exemplo, através de testemunhos vivos e vividos dentro da Socin.

Verpon *(ver + pon)* – A *ver*dade relativa de *pon*ta é o conhecimento resultante das perquirições de vanguarda, própria da Ciência, sujeita às refutações de todas as procedências e naturezas, contrária à verdade absoluta (dogma).

Vínculo consciencial – Ligação cosmoética, autolúcida, voluntária e policármica, entre o colaborador e uma instituição. O vínculo consciencial se situa além do vínculo empregatício.

Vivência pessoal (VP) – Experimentação prática, pessoal, direta, intransferível, da conscin em seu caminho evolutivo.

Voliciologia – Ciência aplicada ao estudo da vontade e suas consequências evolutivas.

Xenopensene *(xeno + pen + sen + ene)* – O pensene intrusivo do assediador nas ocorrências de intrusão pensênica ou assedialidade; a *cunha mental;* a *unidade de medida* do assédio interconsciencial, segundo a Conscienciometria.

Índice Remissivo

A

Abertismo, 123, 189, 194, 207
  consciencial, 4, 61, 95, 140, 157, 169, 195
Abnegação, 225
Abordagem
  atacadista, 203
  varejista, 203
Abordagens, 186, 203
Abstinência, 178
Abuso, 129
Ação, 142, 250
Acertos grupais, 29
Achismos, 194, 198
Acobertamento(s), 37, 136, 144, 242, 245
  anticosmoéticos, 187
Ações policármicas, 220
Acomodação, 246
  evolutiva, 200
Acordo tácito anticosmoético, 64
Acriticidade, 206
Acumpliciamentos aéticos, 201
Adeptos, 53, 154
Administração participativa, 140
Admiração-discordância, 61
Adorações, 186
Advogados, 46
Afinidade(s), 28, 177, 206
patológicas, 177
Afirmação, 136
Agente
  da tares, 223
  do poder, 82
  retrocognitor, 223
Agiotas, 46
Aglutinador, 130
  evolutivo, 186
AIDS, 103
Alcoólicos Anônimos (AA), 256
Aliciamento, 44, 136
Alienação consciencial, 119
Alimentação hipoprotéica, 167
Altruísmo, 225, 227
Altruísta mentalsomático, 255
Alunos, 53
Amadurecimento, 197
Ambição, 135
Amizades, 179, 216
Amor-próprio, 41
Amoralidade, 44
Amparador(es), 77, 93, 243, 264
  extrafísico(s), 116
Amparalidade mútua, 180
Amparo, 50
Anacronismo, 210
Androssomática, 93
Anotações, 184
Ansiedade, 117
Antagonismo, 152, 226, 232
Antiempatia, 128
Antirrecéxis, 153
Antirrecins, 153
Antissectarismo, 228
Antisseriéxis, 153
Antissexossomática, 153
Antiabertismo consciencial, 153
Antiassistencialidade, 44
Antiautocrítica, 153
Antiautoritarismo, 85
Anticonflituosidade, 180
Anticorruptibilidade, 174
Anticosmoética, 113, 135
Antidemagogia, 227

Antidemocrático, 112
Antidireito, 112
Antidiscernimento, 37, 153, 170
Antiegoísmo, 225
Antiepicentrismo, 153
Antievoluciologia, 152
Antiexemplarismo, 253
Antiexperimentologia, 153
Antifraternismo, 170
Antiguidade, 137, 209
Anti-informação, 107
Anti-invéxis, 153
Antiparapsiquismo, 153
Antipensene, 152
Antipesquisa, 153, 170
Antipolicarmalidade, 153
Antiprofissionalismo, 174
Antitransparência, 153
Antiuniversalismo, 153
Antiverponologia, 153
Antiviolência, 233
Antivoliciologia, 153
Anúncio publicitário, 143
Apelo à autoridade, 144
Aplauso, 66, 68
Apocalipse, 167
Apoio divino, 152
Apreensão, 173
Aprendizagem, 59, 176, 197
Apriorismo(s), 36, 232
  patológico, 198
Aprovação, 66, 117
Argumentação(ções), 97, 106, 112, 138, 156, 192, 194, 195
  energossomática, 98
  fraternas, 99
  ilógicas, 100
  mentalsomática, 98
  paralogística, 99
  psicossomática, 98
  publicitária, 98
  sólida, 233
Argumentador cosmoético, 98
Argumento(s), 98, 195
  de autoridade, 156
  publicitários, 142
Arrebanhamento, 166
Arrimo interconsciencial assistencial, 86, 226, 261
Arrivismo, 136
Arrogância, 44, 57, 58-62, 136, 186
  intelectual, 178
Arte(s), 216
  cênicas, 36, 108
  plásticas, 108
Artefatos do saber, 185
Articulação, 33, 107, 108
  cosmoética, 36
  evolutiva, 65
  lúcida, 37
Artifícios, 113, 127, 144, 178
Artimanha(s), 33, 37, 43, 50
  anticosmoéticas, 136
Assediador(es), 33, 48, 52, 132, 164, 205, 206
  carismático, 164
  extrafísicos, 52, 69, 154
Assediadores-líderes, 52, 227
Assediados crônicos, 53
Assédio(s), 33, 154, 164
  interconsciencial(ais), 39, 67, 98, 204-206
  mentalsomático, 205
Assimetria, 80, 126
Assimilações patológicas, 202
Assinatura pensênica, 109
Assistência, 21, 36, 87, 160, 180, 213, 224, 233, 254
  interconsciencial, 24, 62, 73, 204, 213
  policármica, 170
Assistencialidade, 49, 61, 73, 95, 129, 132, 180, 207, 262
Assistencialismo, 221, 222
Assistenciologia, 24, 32, 33, 35, 44, 74, 93, 114, 134,

160, 162, 180, 218, 221, 233, 262
Assistente multidimensional anônimo, 82
reeducador lúcido, 228
Associação(ões), 111
das Famílias para Unificação e Paz Mundial, 167
de ideias, 61, 115, 173, 233
Astúcia, 136
Atacadismo consciencial, 61, 203, 231
Ataque de vírus cibernéticos, 85
Atenção, 115, 142
Atitude(s)
antievolutiva, 99
ardilosa, 38
prepotente, 58
profilática(s), 148, 191, 202, 207
Atores, 14, 46
Atributo(s), 13
conscienciais, 22, 41, 42, 105, 115, 212, 215, 239, 258
mentaissomático(s), 39, 69, 98
Autenticidade, 95, 116, 242, 249
Autoabertismo, 174
Autoanálise(s), 184, 214, 246, 260
Autoaprendizagem, 197
Autoassédio(s), 73, 205, 207, 208
Autoassistência, 200
Autoavaliações, 185
Autoenfrentamento(s), 53, 73, 153, 196, 197, 222, 245, 250
Autoengano(s), 213, 246
patológicos, 245
Autoestima, 53, 178, 179, 197, 200
Autoevolução, 25, 65, 196, 222
Autoexame, 184
Autoexclusão, 23
Autoexemplarismo cosmoético, 175
Autoexemplo, 224
Autoexperimentação, 19, 152
Autoexposição, 109
Autoimagem(ns), 66, 70, 77, 109, 202, 213, 245, 260
Autoimperdoador(a), 25, 208, 260
Autoincorruptibilidade, 55, 250
Auto-organização, 175, 239, 241
Autoparapsiquismo, 161
lúcido, 160, 216
Autopesquisa(s), 19, 115, 161, 184, 185, 187, 232, 253
Autorreeducação, 175, 214
Autorreflexão, 55, 194, 251
Autorrenovações, 214, 255
Autorrevezamento, 217
consciencial, 218, 299
Autossegurança, 200
Autossoluções, 200
Autossuficiência, 200
consciencial, 197
evolutiva, 24, 25, 63, 65, 89, 200
Autossuperação(ões), 26, 73, 86, 197, 256, 258
Autossustentabilidade, 232
Autocorrupções, 55, 63, 73, 94, 99, 109, 161, 206, 213, 228, 244-249, 254, 260, 262
Autodesinculcações, 175
Autobibliofilia, 174
Autobiografia, 99
Autocentramento, 199
Autocoerência, 174, 199
Autocompetência, 200
Autoconceito, 197
Autoconfiança, 74, 130, 197, 200, 262
Autoconhecimento, 61, 71, 185, 200, 214, 222, 224, 232
Autoconsciência, 23, 130, 225, 227
Autoconsciencialidade, 213, 226, 242
Autoconscienciometria, 185, 242, 261
Autoconscientização, 44, 51, 130, 228

multidimensional (AM), 19, 37, 93, 231
Autocontrole, 55
Autoconvicção(ões), 197
lúcidas, 198
sadias, 197
Autocorrupção(ões), 55, 63, 70, 73, 94, 99, 109, 161, 203, 206, 213, 228, 244-249 254, 260
delaradas, 244
intelectuais, 99
ocultas, 244
Autocorruptos, 248
Autocracia, 82, 122
Autocrítica(s), 49, 58, 59, 61, 68, 72, 153, 156, 174, 184, 186, 191, 192, 213, 239, 240, 247, 249
Autoculpa, 246
Autocura, 73, 131, 196, 207
Autodecisão, 200
Autodefesa, 131, 200
energética, 203
Autodeliberação, 200
Autoderrotismo(s), 72, 208
Autodesassedialidade, 208
Autodesassédio, 207
Autodesempenhos, 200
Autodeslavagem, 210
cerebral, 175, 210
paracerebral, 210
Autodesorganização, 69
Autodesrepressão consciencial, 175
Autodeterminação, 55, 80, 85, 89, 130, 200, 256
Autodidatismo, 173, 175, 199
Autodiscernimento, 23, 49, 55, 72, 119, 153, 175, 188, 189, 190, 212, 214, 216, 218, 220, 249, 253, 260
consciencial, 190
teático, 196
Autodomínio, 74, 200
bioenergético, 161, 227
consciencial, 74, 83
energético, 55, 198
Autoevolução, 25, 65, 131, 196, 216, 222, 244
Autofirmeza, 200
Autolavagem, 198
Autolucidez consciencial, 156
Automanipulação, 245
Automaturidade, 175
Automimeses, 24, 160
Automotivação, 120, 130, 132, 176, 197
Autonomia, 53, 80, 198, 228
assistencial, 198
consciencial, 73, 196, 197, 198, 199, 200
educativa, 199
financeira, 199
parapsíquica, 199
pensênica, 199
Autoparapsiquismo, 199, 210
lúcido, 160, 216
vivenciado,, 161
Autopensene(s), 20, 54, 205
Autopensenidade, 55, 61, 193, 198
doentia, 205
Autopensenização, 199
Autopercepção, 197
Autopesquisa(s) , 19, 115, 161, 184, 187, 232, 253
Autopesquisologia, 232
Autoposicionamento, 202
Autoprofilaxia, 115
Autor
de gestações conscienciais, 175
de obras libertárias, 255
de tratado, 256
Autor-pesquisador-professor, 96
Autoridade(s), 64, 81, 85, 87, 88, 125, 132, 154, 168, 186, 254
carismática, 126
moral, 76, 83, 129, 130, 254
pessoal, 126, 128, 129, 132, 186

racional-legal-profissional, 125
tradicional, 125
Autoritarismo, 85, 128
Autovalorização, 168
Autoverbação, 200, 223
Autovigilância, 200, 203
Autovitimização(ões), 85, 161, 203, 261
Aventura, 110

B

Bagagem consciencial, 185
Bagulhos energéticos, 86, 216
Bailes, 158
Bairrismos, 234
Barganha, 136
afetiva, 66
eleitoreira, 136
Barreiras
culturais, 234
idiomáticas, 234
Belicistas, 46
Betapensene, 39
Bibleman, 159
Bifrontismo, 33, 45
Bigorexia, 216
Bigoréxico, 83
Binômio, 80
admiração-discordância, 61, 85, 180, 191
aquisição-retribuição, 262
autopesquisa-heteropesquisa, 185
conteúdo-forma, 107, 108
diálogo-desinibição, 180
imposição-dependência, 80
mando-obediência, 80
verdade-limite, 229
Bioenergética, 18, 92, 147, 227
Bioenergias, 95
Birra, 33, 40, 66
Bispos, 157
Blefadores, 47
Blogs, 150
Bloqueios, 68, 69
Boa intenção, 113, 190, 228, 238, 239
Boatos, 84, 115
Bom exemplo, 255
Buscador borboleta, 216
Bússola 13, 55, 66

C

Cabeceira da mesa, 86
Calúnias, 136
Câmara de reflexão, 185
Campanha(s), 136
A Gota que Salva, 145
"Clean up the World", 145
de Prevenção contra AIDS, 146
Diga Não às Drogas, 146
Fique de Olho, 146
Povo Desenvolvido é Povo Limpo, 146
VivaLeitura, 146
Camuflagem(ens), 38, 213, 242
Candidato(s) político(s), 47, 104
Cangas, 154, 162
Capacidade de decisão, 178
Capital intelectual, 87
Capitalismo, 112, 141
Carecedoras, 67
Carência(s), 45, 168
afetiva, 66
de coragem, 70
energética, 67
generalizadas, 262
intelectual, 69
intraconsciencial(ais), 57, 63, 66, 74, 258
multifacetadas, 142
sexual, 68, 69, 207
Carente(s), 24, 63, 65-67, 69, 70, 73, 160, 221
Carisma, 40, 50, 83, 126, 186
Cartéis, 85
Casal incomum, 180
Catalisador(es)

conscienciais anticosmoéticos, 57
da manipulação consciencial, 56
Catequese(s), 33, 39, 172
Catequizador(es), 155
Catolicismo, 131
Caudilhismo, 129
CCCI, 169
CDs, 158
Celular, 159
Censores, 123
Censura, 32, 117, 121, 122, 129
política, 122, 123
Centro de Altos Estudos da Conscienciologia (CEAEC), 211
Cerimônias intrafísicas, 186
Certezas, 168
Ceticismo radical, 192
Cético, 192
Chantagem(ens), 45, 178, 179, 180
emocional(ais), 33, 40, 45, 66, 85, 179, 222
Chantagistas, 47
Ciclo multiexistencial, 94, 187, 214
Ciência, 14, 18, 19, 21, 83, 92, 97, 209, 217, 234
materialista, 217
Colégios Invisíveis da Conscienciologia, 234
Clareza, 49, 95, 188
Clichês, 144, 167
Clima interconsciencial, 180
CNBB – Conferência Nacional dos Bispos do Brasil, 160
Co-dependência(s), 224
patológica, 228
Coerção, 33, 81, 156
Coerção-punição-controle, 178
Coerência, 33, 175, 250
Colecionismo, 216
Coleiras do ego, 202
Colonização, 60
Coloquialismo, 34
Comandos, 81
Comerciantes, 47
Comodismo, 110, 142, 161
consciencial, 160
Companheirismo evolutivo, 181
Companhias, 70, 160, 189, 192, 216
Compensações, 65
Competitividade, 112, 186, 226
intrafísica, 186
Completista, 256
Compléxis, 219, 258
Compulsoriedade, 27
Comunicação, 93-95, 108, 112, 113, 144, 129, 234
aberta, 123
energética, 93
ética, 112
de massa, 122
interconsciencial, 92-95, 107, 186
parapsíquica, 93
Comunicador, 68, 116
Comunicologia, 14, 32-34, 37, 45, 49, 92, 93, 99, 107, 108, 112, 114, 121, 148, 161, 180, 186, 193, 221, 223, 228, 233, 234
Comunicólogo(s), 47, 253
Comunidades dogmáticas, 169
Conceito(s), 108, 156, 170, 212
ambíguos, 101
anacrônicos, 223
enraizado, 114
envilecido, 233
filosóficos, 87
fundamentais, 20
sociais, 187
universais, 139
Conceitos universais, 139
Concentração, 115
Concessões, 61, 231, 239

cosmoéticas, 181
lúcidas, 181
Concórdia, 201
Concorrência, 186
Condicionamentos, 154, 184, 231
Condutas anacrônicas, 161
Confiança, 71, 72, 126, 129, 179, 207
Confissão, 166
Confor, 49, 118, 145, 221
Conformática, 114
Conformismo(s)
antievolutivo, 152
intelectuais, 193
Conhecimento, 18, 64, 80, 87, 95, 108, 117, 142, 144, 151, 152, 163, 173-175, 186, 191, 194, 197, 211, 217, 233, 234
descartável, 175,
dogmático, 210
específico, 173
generalista, 173, 175
maior, 192
multidisciplinar, 194
original, 233
prático, 210
prioritário, 174, 186, 220, 223
universal, 234
útil, 174, 175
Cons, 72, 175
recuperação de, 73, 70, 86, 157, 212, 218
Consciência(s), 18, 23
energívora, 45, 67
imaturas, 24, 49, 119, 126, 213, 220
manipulada(s), 28, 191
manipuladora(s), 28, 191
anticosmoética, 43, 44
manipulável(eis), 51-53, 198
política universalista, 140
refutadoras, 25
trafarista, 213
universalista, 232, 233
Conscienciograma, 184
Conscienciologia, 9, 10, 14, 18, 19, 20-22, 67, 73, 92, 93, 96, 147, 238
Conscienciometria, 22, 44, 46, 49, 64, 65, 71, 73, 109, 115, 126, 135, 224, 232, 242, 246, 260, 261
Conscienciotерapia, 73
Consciex(es), 23, 28, 71, 106, 115, 153, 245
afins, 35
desequilibradas, 69
enfermas, 119
energívoras, 37
incautas, 51
patológicas, 69
Conscin(s), 22, 28, 66, 67, 72, 74, 77, 106
acolhedora, 61
acomodada, 261
acrítica, 24
aética, 115
afins, 23
altruísta intelectual, 186
amorais, 160
antifraternas, 44
antissectária, 176
ansiosa, 238
assistencial, 25
autêntica, 242
autocoerente, 25
autocorrupta, 246
autocrítica, 25
autodiscernidora, 25
autolúcida, 25
autônoma, 25
autoritária, 125
autossuficiente, 51
autossuperadora, 255
autovigilante, 203

autovitimizada, 73
auto-organizada, 208
bem-intencionada, 50, 241
bifronte, 47, 214
carente(s), 41, 160
carismática, 126
condicionada, 24
crédula, 24
cultas, 70
dependente, 24
desavisadas, 45
desesperadas, 160
despojada, 242
desrepressora, 26
desassediadora assistencial, 37
discernidoras, 188
doutrinadora, 24, 45
energívora, 24
esclarecedora, 26
espontânea, 115
exemplarista, 256
experientes, 25
extrafísicas, 22, 252
fanática, 24
fingidas, 47
geniais, 259
genuflexa, 24
idólatra, 24
ignorantes, 77
imatura, 24
impressionável, 25
inautêntica, 242
incautas, 51, 128, 253
incorrupta, 26
incrédula, 26
inculcadora, 25
inexperiente, 63
insegura, 71
íntegra, 43
inteira, 92
idênticas, 22
influenciável, 25
intrafísicas, 22, 67, 252
irracional, 25
irrefletidas, 185
jovem, 202
lavadas cerebralmente, 54
lúcida(s), 76, 254, 255
madura(s), 62, 222, 231
manipulada(s), 53, 258
manipuladora(s), 49, 233, 258
manipuladoras-manipuladas, 213
manipulável, 55
moralista, 232
multidimensionais, 209
neofóbica, 193
parapsíquica, 26
paroquial, 242
persuasora, 25
polivalentes, 214
pré-serenona, 65
projetada, 23
pusilânimes, 70
questionadora, 193
racional, 26
refutadora, 26
religiosa, 153
ressomadas, 23
sadias, 131
satélites assediadoras, 227
sedutora, 68
singular, 262
sonegadora de ideias, 186
subjugada, 178
superdotadas, 215, 259
teoricona(s), 219, 259
traforista, 62, 259-261
universalista, 26, 232
vampirizadora, 67
vulgar, 261
Conscin-modelo, 255
Conscins-boba, 53
Consener(es), 67, 69
Consenso(s), 83, 97, 106, 138
medíocres, 97
pluralista, 97
prioritários, 99

social, 195
viável, 36
Conservantismos antievolutivos, 174
Constructos, 108, 114, 160, 194
deslocados, 39
Consumidor(es), 53, 141, 142, 144, 145
Consumismo, 143, 216
Conta corrente
holocármica, 20, 29, 222
policármica, 218, 219, 256
Contágio psicológico, 193
Conteúdo, 107, 108, 221
libertário, 114
Continuísmo consciencial, 200, 241
Contra-argumentos, 98, 105
Contrafluxo, 190, 261
Controle, 40, 121, 178, 245
da informação, 122
de assediador, 52
de terceiros, 28
físico, 166
mental, 167, 232
Convencimento, 97, 103, 110, 112, 141, 186, 223
Conversão, 155, 166, 223
Convicções, 194, 209
pessoais, 195
Convivialidade, 49, 61
Conviviologia, 27, 33, 40, 44, 93, 95, 97, 98, 191, 202, 218, 225, 232, 250
Corrupção(ões), 137, 149, 244
Cosmoética, 14, 20, 33, 44, 53, 74, 93, 113, 132, 144, 145, 148, 148, 161, 180, 189, 192, 203, 207, 208, 214, 218, 220, 227, 228, 232, 238, 239, 240, 242, 249, 253, 259-262
Cosmos, 169, 214
Cosmovisão, 105, 175, 189, 242
Credulidade, 152, 167, 217
ingênua, 192
Crédulo, 192
Crença(s), 99, 156, 179, 194, 195
cega, 97
irracionais, 198
Crianças, 47, 143
Criatividade, 173, 178
cosmoética, 145
mental útil, 173
Crise de identidade, 167
Crítica, 173, 239
cosmoética, 150
Criticidade, 55, 105, 149, 150, 174, 188, 193, 207
cosmoética, 25
sadia, 233
Culpa, 52, 179
Culto às inutilidades, 119
Cultura, 72
da impunidade, 149
inútil, 118
útil, 118
Curiosidade, 72, 194
Curso(s) Intermissivo(s), 154, 223

D

Dardanologia, 85
Debate, 70, 82, 97, 106, 112, 193
Decidofobia, 71,
Decidofóbica, 201, 215
Decisão, 85, 176, 191, 208
Deficiência, 69
cerebral, 70
Delírios intelectuais, 108
Demagogia, 32, 33, 111
Demagogos, 47
Democracia, 34, 138, 139, 148
Dependência(s), 63, 166, 168
patológica(s), 63, 242
Depreciação, 179
Deprimido, 68
Desaprovação, 71
Desassedialidade, 205, 227
Desassédio, 69

  interconsciencial, 98, 204, 207
  mentalsomático, 108, 109, 262
Desassimilação, 202
Desatenção, 206
Descaridade, 128
Descaso, 117
Descondicionamento, 184
Desconforto, 81
Descongelamento, 167
Descontextualização, 149
Descrença, 190
Desgraça, 118
Desilusão, 168
Desinformação, 39, 107, 187
Deslavagem cerebral, 26, 34, 105, 223
Desordem Social, 138
Desperticidade, 77
Desperto, 131
Despertologia, 208
Despojamento, 187, 242, 249, 262
Despriorização, 205, 215
Desrespeito, 58, 136
  interconsciencial, 37
Desviacionismo, 41, 193
  consciencial, 203
Desvio(s), 193, 241
Detalhismo, 184, 250
Determinismo, 84
Deveres, 240
Dicionário cerebral, 233
Diplomacia, 139
Diplomata cosmoético, 36
Direito(s), 199, 227, 234, 240, 253
  conscienciais, 28, 36, 189, 227
  de discordar, 169
Diretores
  de consciência, 228
  espirituais, 228
Discernimento, 36, 78, 113, 129, 149, 157, 161, 170, 191, 195, 220, 223, 224, 227, 240, 253, 259
  cosmoético, 188
  lógico, 217
Discernimentologia, 189
Disciplina, 130, 250
Discriminação, 190
Discurso(s)
  de persuasão autoritária, 112
  irreversível, 156
  persuasivo, 111, 138
  político, 137
  prolixo, 138
  publicitários, 143
  religioso, 98
Dispersão, 69
Displicência, 262
Disponibilidade, 40, 45, 262, 227
Dissidência, 202
Dissimulação, 138, 242
Distorções
  da realidade, 149
  de informações, 99, 136, 137
  de autoimagem, 213
  de fatos, 95, 137
Ditadores, 77
Ditadura, 129
Divergências ideativas, 106
Diversão, 119
Diversificação, 149
Divertimento nocivo, 119
Divinização, 151
Doador, 130
Dogma(s), 39, 152
Dogmatismo, 97
Dominação, 136, 179
Dominadores, 64
Dominados, 64
Domínio, 178
  das emoções, 219
  do subcérebro abdominal, 208
Dor, 118, 156
Doutrina(s), 162
  da Segurança Nacional, 123
Doutrinação(ões), 39, 45, 83, 186,

255
religiosa, 151, 152, 157
Dromomania, 217
Dupla evolutiva, 61, 177, 179, 180, 181, 218

E

Ecologia, 234
Economia, 129, 172
ECs, 130, 131, 197
Ectopia(s), 109, 169
Editores, 47
Educação, 123, 129, 157, 171
Educador(a), 36, 224, 256
lúcido, 174
Egocarmalogia, 44, 58, 99, 191, 218, 225, 253
Egocentrismo(s), 168, 240
Infantil(is), 187
Egocídio, 225
Egoísmo, 142, 230, 231
Egolatria, 99
Egotismo, 86
Eleitores de cabresto, 54
Eletronic Frontier Foundation (EFF), 123
Elitismo, 165
Eloquência, 113
Eminência(s) parda(s), 47, 82, 130
Emocionalismo(s), 156, 161, 206, 245
Emoções, 188, 205, 221
Empatia, 23, 98
Empresários do jogo, 47
Energia(s), 64, 69, 155, 189, 207
conscienciais, 90, 155, 255
Energívora, 45
Energizador lúcido, 255
Energossoma, 67
Energossomática, 73, 178, 189, 202, 216, 218
Entretenimento, 119
Entusiasmo, 41, 52
Epicentrismo
docente, 174
consciencial, 77
Epicentro, 255
consciencial lúcido, 255
lúcido, 242
Epicon, 131
Equanimidade, 129
Equilíbrio, 207
Erros de abordagem, 108
Esclarecimento, 106, 114, 124, 186, 221, 222, 223, 225, 255, 256
Escola
da interassistencialidade, 221
de Projetores, 211
Escolha, 190
Esforço, 161
Esoterismo, 217
Espiões, 47
Espírito crítico, 97, 173
Espontaneidade, 115
Esportes Radicais, 217
Esquecimento, 117
Essencial, 188
Estado, 139
Estado vibracional (EV), 131, 218
Estratégias, 143
persuasivas, 110, 142
Estrutura Circular, 144
Estudo, 72, 150
Estupros evolutivos, 131, 226
Ética, 174
cósmica, 36
Eufemismo, 45
Euforex, 29, 78
Euforin, 29, 78, 187
Euro, 139
Evangélicos, 158
Evidências, 194
Evocações, 69, 206
Evolução, 27, 170
Evoluciologia, 23, 62, 80, 161, 188, 207, 254, 260

Ex-alcoólatra, 256
Exatidão, 95
Exemplarismo, 76, 224, 233, 239, 240, 254, 255
  cosmoético, 252
  sadio, 176
Exemplo(s), 253
  parapedagógicos assistenciais, 228
Exopensene, 39
Expansão da consciência, 106
Experiência pessoal, 190
Experimentologia, 37, 69, 74, 76, 95, 107, 116, 121, 126, 130, 152, 161, 173, 185, 190, 197, 198, 224, 250
Explicitação objetiva, 186
Exposição, 71
Extrafisicalidade, 162, 211
Extrafisicologia, 23, 94, 155, 249
Extrapolações anticosmoéticas, 135
Extroversão, 95

F

Factoides, 108
Falácia(s), 39, 99, 100
  ad hominem, 100
  da Anfibologia, 100
  da Composição, 100
  da Correlação de coincidência, 100
  da Ênfase, 101
  da Equivocação, 101
  da Esperança, 101
  da Falsa Analogia, 101
  da Falsa Causa, 101
  da Generalização Precipitada, 101
  da História Just So, 101
  da Indução Preguiçosa, 101
  da Linguagem Preconceituosa, 102
  da Omissão de Provas, 102
  da Questão Complexa ou Pergunta Capciosa, 102
  da Redução ao Absurdo, 102
  da Supersimplificação, 102
  da Troca do Efeito pela Causa, 102
  de Apelo à Autoridade *(ad verecundiam),* 102
  de Apelo à Autoridade Anônima, 103
  de Apelo à Força, 103
  de Apelo à Ignorância, 103
  de Apelo à Misericórdia, 103
  de Apelo à Tradição, 103
  de Apelo ao Novo, 103
  de Apelo ao Público, 103
  de Apelo ao Ridículo, 104
  de Apelo às Consequências, 104
  de Relevância, 104
  do Argumento Circular, 104
  do Declive Escorregadio, 104
  do Equívoco, 104
  do Espantalho, 104
  do Falso Dilema, 105
  Non Sequitur, 105
  Red Herring, 105
  lógicas, 39, 193
Falcatruas, 137
Falsa(s)
  hipóteses, 39
  imagem, 245
  promessas, 137
Falsidade(s), 108, 144
Falsificação, 40
Falsificadores, 47
Falsos
  conceitos, 108
  conteúdos, 108
Fama, 77, 217
Fanáticos, 47, 54
Farmacêuticos, 47
Fascinação, 77
Fascínio carismático, 46

Fato(s), 112, 147, 150, 198, 221
insólito, 118
jornalísticos, 147
não-jornalísticos, 147
Fatuística, 112
Favoritismos, 36
Fé, 152, 156, 157, 161, 217
Fechadismo consciencial, 189
Fenômenos anímico-parapsíquicos, 93
Ficha
evolutiva pessoal (FEP), 23, 76, 94, 129, 132, 256
holobiográfica, 109
Fiéis, 54, 158
Figuras de autoridade, 174
Finanças, 178
Fissuras, 135
pessoais, 63
conscienciais, 63
Fixador psicofisiológico, 160
Fluxos pensênicos, 114
Fobias, 166
Fofoca, 115,
Fogo-fátuo, 70
Fôlego evolutivo, 228
Fontes de poder, 80
Força, 81
pessoal, 76
presencial, 77, 94, 126, 186, 254
cosmoética, 83
Forma(s), 107, 144, 221
holopensênica, 87
autocorrupta, 246
platológica, 246
Fóruns sociais, 234
Fossilização evolutiva, 170
Fracasso, 242
Fragilidade(s), 71
pessoal(is), 47
Fragilização, 202
Fragmentação, 149
Frases feitas, 144
Fraternidade, 132, 208
Fraternismo, 99, 135, 140, 220, 228, 242
Fronteiras, 187
Frustração, 168
Fuga(s), 64, 70, 109, 110

G

Ganância, 77, 136
Ganhos secundários, 245, 247
Generalismo, 175, 189
Generalista, 173
Genialidade, 259
Gescon, 223
Gestação(ões)
consciencial(ais), 69, 109, 124, 175, 262
libertária, 223
lúcidas, 220
escritas, 109
humana, 87
policármicas, 263
Ginossomática, 94
Glasnost, 242, 251
Glicopensene, 39
Governo, 129
Grafopensene, 94, 218
Gratificação, 81
Grécia, 114, 137
Gregário, 166
Grupalidade, 199
Grupo
de Desenvolvimento da Projetabilidade Lúcida, 211
evolutivo cosmoético, 218
Grupocarma, 192
Grupocarmalogia, 180, 189
Guerra, 60, 111
Guetização, 169
Guetos, 169
Guia(s), 163

cegos, 52, 154
cegos-líderes, 52
Guiness Book, 215
Gurulatria(s), 163, 186
Gurus, 47, 127, 192

H

Hábitos saudáveis, 175
Hedonismo, 143
Herança paragenética, 257
Heteroassédio(s), 73, 205
Heterocorrupção, 206, 248
Heterocorruptos, 248
Heterocrítica(s), 15, 61, 109, 192, 201, 207
Heteroenganos, 213
Heteropesquisa, 160
Heteroquestionamento, 194
Heterossugestões doentias, 39
Heurística, 254
Higidez consciencial, 254, 259
Higiene, 119, 207
consciencial, 119, 218
Hino, 84
Hipegiafobia, 71
Hiperacuidade, 72, 200, 261
Hiperinteratividade, 92
Hipnotizadores, 47
Hipocondria, 66
Hipocrisia, 45
Hipócritas, 47
Hipolucidez, 28
Hipóteses, 194
História da Humanidade, 60
Histrionismo, 36, 98
Holocarma, 214
Holocarmalogia, 20, 94, 161, 218, 222, 256
Holochacralogia, 45, 94
Holomaturidade, 161, 220, 256
Holomaturologia, 21, 23, 25, 33, 45, 49, 113, 193, 215, 238, 250, 260
Holomemória, 87, 185
Holopensene, 20, 59, 119, 153, 172, 190, 193, 243
antiuniversalista, 164
patológico, 164, 192
sectário, 170
Holossomática, 39, 92, 147, 197, 221
Holoteca, 185
Homens, 47
Homeostase holossomática, 74
Homeostática, 120, 242, 259
Homo sapiens
manipulator, 44
reurbanisatus, 21
submissus, 51
universalis, 230
Honestidade, 194
intelectual, 195
Humilhação, 58, 82
Humorista(s), 47, 68

I

Ideia(s), 205
anacrônicas, 225
libertárias, 124, 152
original(ais), 99, 108
Identidade, 167, 168
Ideologia(s), 50, 53, 60, 121, 127, 162, 172, 201, 218, 250
Ideológica, 205
Ideólogos, 48
Idiotismo(s) cultural(ais), 174, 217
Idolatria(s), 186, 202
Ídolos, 86
Ignorância, 28
Igrejas Evangélicas, 158
Igualdade, 139
Ilogicidade, 62
Ilógico, 152
Ilusão(ões), 52, 143, 179

Imaginário coletivo, 137
Imaturidades pessoais, 196
Imediatismo, 77
Imitações, 253
Imoralidade, 111
Imortalidade, 209
Impactopensene, 247
Impactoterapia, 73, 213
  cosmoética, 213
Imparcialidade, 148
Imprecisão, 138
Imprensa, 122, 147, 150
  marrom, 129
  rosa, 129
Impressionabilidade, 187
Impulsividade, 114, 115
Incompatibilidade pensênica, 23
Incompléxis, 203
Incorruptibilidade, 185, 192, 194, 200, 228, 238, 240, 244, 249, 250, 260
Inculcação(ões), 39, 124, 142, 221, 255
  demagógicas, 229
Independência, 210
  alienante, 62
Indignação, 117
Individualidade, 169
Individualismo egoísta, 199
Indivíduos
  autoimunes, 173
  autodiscernidores, 173
  autônomos, 173
  críticos, 171
Indução, 221
Indústria
  cultural, 83
  da fé, 157
  do entretenimento, 83
  e comércio, 129
  tabagista, 47
Industrialização, 141
Infantilismo(s), 154, 161, 222
  conscienciais, 154
Inflexibilidade, 70
Influência(s), 13, 35, 36, 40, 44, 52, 82, 137, 178, 198, 208
Influenciar, 155, 192, 202
Infocomunicologia, 94, 193
Informação(ões), 39, 113, 114, 121 122, 123, 124, 148, 149, 193, 195, 223, 229
  esclarecedora, 148, 224
  aliciadora, 39
  midiáticas, 187
Inimigo, 111, 138
Inocentes-úteis, 52, 54
Inovação, 173
Insatisfação sexual, 69
Insegurança, 71, 117, 128
  pessoal, 258
Inseparabilidade, 29
Insights, 194
Insinuação de culpa, 66
Inspirações extrafísicas, 37
Instintos trafarísticos, 56
Instituições Conscienciocêntricas (ICs), 211
Instituto Internacional de Projeciologia e Conscienciologia (IIPC), 211
Instrumentos de dominação social, 129
Intelectualidade, 178
Inteligência(s), 97, 98, 186
  evolutiva (IE), 129, 188, 220, 247
Intenção(ões), 137, 186, 189, 201, 223, 241, 242, 243, 245, 250, 253
  patológica, 208
  qualificada, 56
Intencionalidade, 38, 55, 63, 78, 95, 185, 186, 214, 241, 242, 245, 259

patológica, 37, 112, 135
Intencionologia, 74, 201
Interação(ões), 27, 28
critério-discernimento, 85
pensênica, 35
Interaprendizagem, 13
Interassistencialidade, 13, 62, 140, 207, 225, 227
Interatividade, 92
Intercâmbio(s)
de ideias, 173
conscienciais, 27
Intercompreensão, 62
Interconectividade, 94
Interdependência, 62, 222
evolutiva, 199
grupocármica, 196
Interdisciplinaridade, 233
Interesse(s), 142, 172
Interiorose(s), 189, 234
Interlocutores, 150
International Academy of Consciousness (IAC), 211
Internet, 123, 193, 234
Interprisão(ões), 109, 169, 202
grupocármicas, 28, 135, 148, 169, 189, 192, 202, 222
Intrafisicalidade, 14, 50
Intrafisicologia, 23, 46, 59, 68, 72, 80, 120, 154, 188, 201, 202, 218, 222, 255
Introspecção, 185
Intrusões, 205
Inveja, 52
Inverificabilidade, 156
Inversão, 149
Inversor, 255
existencial, 255
Investidores, 54
Invexologia, 202, 218
Invigilância, 206
Invulgaridade, 254
Irracionalidades, 143
Irreflexão, 114, 205
Irresponsabilidade, 64
Irreversibilidade, 156
Isenção, 147
cosmoética, 223
pessoal, 260
Isolamento, 166
Interdependência consciencial, 225

J

Jejum, 167
Jogo de cena, 98
Jornalismo, 129
Jornalistas, 47
Juízo crítico, 41, 52, 77, 99, 115, 152, 157, 188, 191, 193, 213
Jurisprudência, 129, 174
Justiça, 111
Justificativas, 138

K

Know-how, 74

L

Laicidade, 157
Laranjas, 48
Laringochacra, 106, 114, 115
Lavagem(ens)
cerebral(ais), 83, 155, 167, 170, 189
paracerebral, 83, 154
Lazer sadio, 120
Legitimidade, 81
Lei
de causa e efeito, 28
menor esforço, 261
Leitores, 54
Leitura, 72
Liberdade, 40, 97, 111, 123, 139,

169, 223
consciencial, 198
da expressão, 233
de expressão, 155, 148, 178, 179, 189
de pensamento, 172
Libertação, 131
Líder(es), 163, 168
anticosmoético, 126
carismático, 83, 127
de opinião pública, 48
Liderados, 126
Liderança(s), 46, 186, 242
Linearidade, 95
Linguagem, 137, 167
autoritária, 144
científica, 161
da decisão, 137
do poder, 137
figurada, 39
melíflua, 39
política, 137
Literatura, 109
Livre-arbítrio, 36, 44, 53, 58, 62, 153, 155, 178, 186, 189, 199, 202, 228
Lixo pensênico, 119
Lobismo, 85, 137
Lobistas, 48
Loc, 66, 198
externo, 66
interno, 199
Lógica, 188, 224
Logomaquia, 84
Lucidez, 132, 189
Ludopatia, 217

M

Macacas(os) **de auditório,** 54
Machismo, 68
Mães, 48
Magnetismo, 126
Maníaco, 218
Manipulação(ções), 41, 63, 82, 107, 108, 127, 128, 148, 166, 168, 171, 173, 178, 191, 194, 202, 239, 246, 255, 262
afetiva, 39
anticosmoética(s), 32, 37-41, 52
consciencial(is), 258
das pesquisas eleitorais, 137
energossomática, 40
generalizadas, 202
Manipulador(es), 192
anticosmoético(s), 46, 77, 125
conscienciais, 28, 189, 213, 232, 248
Manipulados conscienciais, 185
Manobras, 70, 137
Maquilagens, 222
Maria-vai-com-as-outras, 191
Marketing, 142, 157, 159, 248
Mascaramento, 41
Massa de manobra, 174, 222
Mata-burros, 193
Materialismo, 143, 217, 226
Materpensene, 23, 152, 247
Maturidade, 21, 23, 25, 126, 196
consciencial, 54, 73, 113, 162, 250
Mau exemplo, 253
Maximorexista, 256
Mecanismos de defesa do ego (MDE), 202
Médiuns, 192
Medo(s), 52, 110, 166, 202, 245
da morte, 110
de rejeição, 110
irracionais, 202
Megaempreendimentos conscienciais, 263
Megaexemplo, 207

Megafraternidade, 140, 235, 264
Megainvestidores, 48
Megapensene, 58
Megaprioridades evolutivas, 49
Megatrafar(es), 41, 185, 254
  composto, 42
Megatrafor(es), 177, 185, 228, 260
Meios
  cosmoéticos, 140
  de comunicação, 148
    de massa, 122
Melex, 29, 78
Melin, 29, 78
Melindres, 202
  antievolutivos, 180
Meloterapêutica, 88
Mendigos, 48
Mensagem, 116
Mental(ais)ssoma(s), 115, 119, 150, 205
Mentalsomática, 25, 29, 33, 50, 74, 94, 108, 114, 161, 188, 194, 201, 213, 219, 225, 233, 259
Mentira(s), 39, 179, 193, 245, 246
  dissimuladas, 39
Mesmice, 215
Meta(s) prioritária(a), 21, 193
Metacognição, 194
Microuniverso consciencial, 174
Mídia, 84, 136, 158
Minipeça, 62, 223, 240
  assistencial, 255
  no maximecanismo assistencial, 223
Miopia, 71
Missão, 168
Místicos, 48, 54
Mnemossomática, 185
Modelagem, 38
Modéstia, 61
Modismos, 186, 195, 198, 218
Modus operandi, 152
Monoideísmos, 206, 207
Monopólios, 85
Moral corrente, 152
Moralismo(s), 232
  humanos, 232
Movimentos, 234
Muletas psicofisiológicas, 154, 202
Mulheres, 48
Multicompletista existencial, 256
Multiculturalismo, 234
Multiculturalista, 176
Multidimensionalidade, 20, 35, 92, 186, 216, 217, 225
Multidisciplinar, 173
Multidisciplinaridade, 195
Multiexistencialidade, 216
Murista, 45, 202
Musicoterapia, 88

N

Narcisismo, 143
Narcoguerrilhas, 88
Narcotraficantes, 48, 88
Necessidade, 140
Negação, 138
Neocolonialismo, 60
Neoconstructos, 161
Neofilia, 175, 195
Neofobia, 70, 71, 153, 193
Neoideias, 114
Neologismos, 14
Neossinapses, 61, 74, 114, 161, 175, 233
Neotrafor(es), 65, 74
Neutralidade, 147
Nível
  de consciencialidade, 140
Nivelamento evolutivo, 23
Nomadismo, 62
Notoriedade, 76
Novas ideias, 115

Novo Testamento, 159
Numerários, 155

O

Obediência, 81, 82
Objetividade, 95
Obras
  científicas libertárias, 94
  libertárias, 262
Ocultação, 149
Ofiex, 218, 225
Omissão(ões), 117, 131, 192
  deficitárias, 131, 203
Omnipoder, 87
ONGs, 146
  Repórteres sem Fronteiras (RSF), 122
  do Bem, 169
ONU, 139
Ônus, 64
Opinião(ões), 149, 195
  pública, 186, 194, 198
Oportunismo, 115, 117
Oportunistas, 48
Opus Dei, 155
Orador lúcido, 113
Ordens, 81
Órgão censório, 121
Ortopensene, 247
Ortopensenidade, 73, 218, 259
Ousadia, 262

P

Paciente(s), 48, 54
Pacificação íntima, 232
Padrão holopensênico, 246
Padres, 157
Paixão, 52, 205
Palavras, 114
Palestrante, 256
Palpites, 198
Papa-passes, 68
Para-história, 127
Parábolas, 156
Paracérebro, 154
Paradigma
  newtoniano-cartesiano, 92
Paradigma(s)
  Consciencial, 19, 196
  pessoais, 112
Paradiplomacia, 36
Paradoxo, 92
Paraeducador, 223
Parafatos, 112, 198
Parafenomenologia, 20, 192, 218
Paragenética, 154, 257
Paralisia evolutiva, 203
Paralogismo, 99
Paranormalidade, 88
Parapatologia, 41, 45, 67, 94, 114, 119, 163, 253, 261
Parapedagogia, 33, 36, 45, 59, 85, 94, 145, 148, 171, 174, 197, 221, 255
Parapercepciologia, 33, 94, 117, 192, 216, 232, 246
Parapercepções, 115, 232
Parapolítica, 148
Paraprofilaxia, 29, 54, 56, 72, 73, 85, 95, 149, 168, 247, 253
Parapsíquicos, 48
Parapsiquismo, 20, 62, 72, 93, 95, 117, 161, 185, 192, 262
Parasitismo, 198
Parassemiologia, 94
Parassinapses patológicas, 154
Parassintomas, 94
Parassociologia, 46, 80, 134, 139, 145, 160, 171, 253
Paraterapêutica, 61, 65, 73
Pastoral da Criança, 160
Pastores, 157
Patologia, 177
Patopensene, 39

Patopensenidade, 205, 207, 242
Pátria, 111
Penalidade, 81
Pensamento, 174, 194
  crítico, 167
  lógico, 174, 194
  lúcido, 174
  retilíneo, 114, 175
Pensene(s), 35, 190, 198, 241, 243
  homeostáticos, 208
Pensenidade, 96, 206
Pensenização nociva, 208
Pensenologia, 20, 28, 38, 50, 52, 59, 73, 76, 94, 98, 119, 147, 152, 154, 193, 198, 218, 247, 250, 259
Percepções extrafísicas, 193
Perfeccionismo, 71
Perfil conscienciométrico, 22
  do consumidor, 142
Personalidade carismática positiva, 129
Perspicácia, 46, 55, 194
Persuasão, 46, 50, 110, 112, 138, 186, 224
Persuasor convicto, 112
Pesquisa(s), 137, 142
Pesquisadores da Opinião Pública, 48
Pessoa
  débil, 202
  sectária, 169
Pitboy, 83
Planeta Hospital-escola, 222
Plano, 172
Poder(es), 38, 75, 77, 80, 89, 148, 152, 154, 157, 168, 187
  absoluto, 82
  androssomático, 82
  anônimo, 82
  aquisitivo, 82
  argumentativo, 82
  armado, 82
  arquitetônico, 82
  arrogante, 82
  assistencial, 82
  autossugestivo, 82
  bélico, 82
  bioenergético, 83
  burocrático, 83
  capitalista, 83
  carismático, 83
  científico, 83
  civil, 83
  coercitivo, 83
  compensatório, 83
  condicionado, 83
  consciencial, 80, 83
  contrário, 83
  corporal, 83
  cosmoético, 83
  cultural, 83
  da fé, 84
  da genética, 84
  da imagem, 84
  da imprensa, 84
  da informação, 193
  da interprisão, 84
  da lábia, 84
  da máfia, 84
  da mentira, 84
  da Natureza, 84
  da palavra, 84
  da própria vivência, 84
  da química, 84
  da sedução, 84
  das emoções, 84
  das multidões, 84
  de barganha, 84
  de contaminação, 85
  de crítica, 85
  de cura, 85
  de decisão, 85
  de defesa, 85

de esclarecimento, 85
de influência, 85, 136
de polícia, 85
de venda, 85
democrático, 85
despótico, 85
ditatorial, 85
divino, 85
do choro, 85
do gesto, 86
do local, 86
do mantra, 86
do mito, 86
do objeto, 86
do olhar, 86
do riso, 86
do trafor, 86
do vício, 86
econômico, 86
educacional, 86
egoico, 86
energético, 86
estatal, 87
ginossomático, 87
hierárquico, 87
holopensênico, 87
ideológico, 87
institucionalizado, 87
intelectual, 87
intraconscienciais, 239
intrafísico, 129, 187
jurídico, 87
legitimado, 87
liberatório, 87
máximo, 87
medicamentoso, 87
mental, 87
militar, 87
mnemossomático, 87
musical, 88
nacional, 88
paragenético, 88
paralelo, 88
parapsíquico, 88
político, 88, 135
público, 88
religioso, 88
simbólico, 88
sindical, 88
soberano, 88
social, 88
tecnológico, 88
temporal, 80, 88, 130
tradicional, 88
volitivo, 89
Poder-posição-prestígio, 57, 76, 77, 110, 143
Policarma, 256
Policarmalidade, 132
Polícia, 129
policiais, 48
Poliglotismo, 96, 234
Polimatia, 175
Polinômio reanálises-reoganizações-reciclagens-reprogramações, 175
Política(s), 129
antiuniversalista, 134, 135
atacadistas, 140
educacional, 172
regressivas, 140
Politicamente corretos, 136
Político(s), 48, 256
Politicologia, 33, 122, 127
Ponderação, 115
Ponteiro, 188
Pop star, 86
Porão consciencial, 44, 142, 246, 258, 261
Porta-assistidos extrafísico, 226
Posição, 75, 155
Posicionamento, 106, 185, 186, 187, 189, 194, 262
consciencial cosmoético, 203

energético, 202
franco, 124, 202
lúcido, 201, 202
pessoal, 185, 201
Possessão maligna, 226
Praxipensene, 247
Prazer, 110
Preconceitos, 186, 232
Preguiça, 70, 194
mental, 70
Prelazia da Igreja Católica, 155
Preocupação, 117
Pressão holopensênica, 172
Prestígio, 75, 77, 85, 88, 136, 217
extrafísico, 77
Princípio(s), 180, 203
antiuniversalistas, 162
da Descrença, 19, 169, 192
da interdependência consciencial, 62
Priorização, 219, 243
evolutiva, 193, 215
útil, 216
Priorologia, 190
Procedência extrafísica, 162
Processo ensino-aprendizagem, 173, 175
Produtividade, 262
Proéxis, 53, 227
Proexologia, 53, 119, 193, 203, 216, 219, 227
Professor(es), 48, 173, 196
-pesquisador-autor, 255
Profilaxia, 13, 14, 138, 142, 149, 156, 171, 203, 255, 260
às manipulações das seitas, 166
da sedução comunicacional, 142
das manipulações conscienciais, 56, 204
Profissão, 187, 189
Profissional(ais)
de *marketing*, 48
persuasor, 112
vencedor, 112
Programação existencial, 56
Projeção(ões), 162
consciente, 209
desassediadora lúcida, 226
lúcidas, 211
Projeciografia, 94
Projeciologia, 14, 20, 73
***Projectarium*,** 211
Projetabilidade, 226
lúcida, 72, 218, 246
Projetor consciente veterano, 211
Prolixidade, 138
Promessas, 137
Promiscuidade, 46
Promotores de venda, 49
Propaganda ideológica, 127
Proselitismo, 161
Protagonismo, 72, 231
Protecionismo, 129
Pseudopensene, 39
Psicológicas, 168
Psicólogos, 49, 104
Psicossomática, 33, 45, 187, 193, 202, 219
Publicidade, 141
ética, 145
persuasiva, 141
informativa, 145
Publicitários, 49
Pusilanimidade, 72

Q

Qualipensene, 247
Quarto poder, 84
Queixa, 260
Questionamento, 19, 65, 80, 112, 119, 173, 174, 201, 221, 228

R

Raciocínio(s), 99, 115
  distorcidos, 39
  lógico, 52
Racionalidade, 25, 99, 106, 157, 174, 175, 188, 206, 217, 200, 224, 225, 227, 247, 260
Raciopensene, 247
Radicalismo, 97
Radiotas, 54
Rapport, 129, 206, 228
Recéxis, 223
Recexologia, 49, 73, 197, 212, 219, 223, 239, 256
Reciclagem(ens), 59, 72, 196, 197, 212, 213, 239, 246
  assistencial, 225, 229
  cirúrgicas, 212
  de vida, 242
  existenciais, 72, 73
  intraconsciencial(is), 29, 212, 261
Reciclante, 255
Reciclopensene, 248
Recin(s), 214, 223, 228
Recomposição, 222
Reconciliação
  interconsciencial, 29
  grupocármicas, 84
Recongelamento, 168
Recrutadores, 49
Recrutamento, 166
Recuperação de cons, 157
Recursos financeiros, 154
Redes, 169, 235
Reeducação, 13, 145, 214
  assistencial, 227
  consciencial, 169
  parapsíquica, 93
Reeducador-assistente, 224
Reeducar, 223, 224
Reflexão, 29, 55, 113, 115, 117, 170, 201, 207, 213, 227, 228
  íntima, 185
Refratariedade
  consciencial, 200
  sadia, 208
Refutação(ões), 97, 112, 193
  lógica, 19, 105, 106, 152, 221
Refutaciologia, 233
Regimes
  autocráticos, 148
  autoritários, 127
Regressão(ões), 52
  pensênica(s), 154, 222, 260
Relação(ões)
  de dependência, 64
  de poder, 126
  interconscienciais, 27
  públicas, 127
Relacionamentos
  interconscienciais, 35, 68, 187
  patológicos, 178
Religare, 151
Religião(ões), 127, 155, 172
Religiosos, 49
Rememoração ectópica, 154
Rendimento pessoal, 29
Renovação(ões), 139, 161, 175, 213, 222
  conscienciais, 59, 261
  intraconscienciais, 219, 246
  pensênicas, 224
Repercussões, 35, 239
Repórteres sem Fronteiras (RSF), 123
Repressão(ões), 129, 154, 189
Reprovação, 117
Resgastes extrafísicos, 226
Respeito, 62, 76, 98, 187, 189, 228, 240
  interconsciencial, 13, 181
Responsabilidade, 130, 154, 161, 169, 179, 196, 222, 240, 250, 252, 260, 262
  assistencial, 220
  social, 145, 173

Retórica, 156, 186
Retribuição, 220
Retroalimentação, 69
Retrocognição(ões), 223, 246
Revista, 159
  Revolve, 159
Revolta, 117
Revolução(ões), 113, 239
Revolucionários, 127
Rigidez, 167, 168
  mental, 129
Rituais, 186
  místicos, 154
Robotização, 119
Rolo compressor, 189
Rotinas úteis, 175
Ruídos de comunicação, 95

S

Sacralizações, 154, 186
Sagacidade, 136
Satélites de assediadores, 52
Saúde, 120, 259
Sectarismo(s), 161, 170, 203
Sedução, 50, 141
  demagógica, 111
  holochacral, 98,
    antiética, 178
  publicitária, 141, 143
Sedutor, 68
Segunda intenção, 39
Segurança, 168
Seita(s), 127, 163
  "Ensino da Verdade Suprema", 165
  mortíferas, 164
  "Movimento para a Restauração dos Dez Mandamentos de Deus", 165
  "Ordem do Templo Solar", 164
  "Porta do Céu" (Heaven's Gate), 165
  "Ramo Davidiano", 164
  "Templo do Povo", 164
Semi-informação, 107
Semipensene, 39
Sensacionalismo, 118, 119
Sensacionalistas, 119
  anticosmoéticos, 192
Senso
  comunitário, 231
  crítico, 193
  de equipe, 180
  de fraternismo, 61
  de universalidade, 135
  familiar, 231
  universalista, 170, 230, 231, 233, 235
Sentimento(s) de culpa, 45, 52
Ser desperto, 131, 203
Servilismo, 71, 200
Sexochacra, 46
Sexossomática, 46, 50, 94, 219
Sexualidade, 144, 178, 207
Show-missa, 157
Silêncio, 116, 117, 138, 149
Símbolos, 157
  -chave, 139
Sinalética parapsíquica pessoal, 185
Sinceridade, 243, 250
Síndrome do Pânico, 256
Sinergismo, 179
Singularidade, 262
Sistema(s), 172
  doutrinário, 152, 163
Site, 159
Slogans, 144, 158
Social, 145, 168
Sociedade(s), 122, 134, 149, 151, 152, 166, 171, 190
  aberta, 148
  avançada, 97
  civil, 149

da informação, 145
democráticas, 148
de capitalismo selvagem, 112
de consumo, 141
do conhecimento, 84
extrafísicas, 28
global, 80
heterogênea, 80
humana, 20
intrafísica, 28, 59, 80, 119, 155, 222
local, 68
organizadas, 146
retrógradas, 123
Socin, 129, 180, 189, 191
Sofismas, 99
Sofistas, 114
Sofística, 39
Sofrimento humano, 118
Soldados, 54
Solidariedade, 145, 220
Somática, 94
Somatização, 66
Status, 77, 78, 168
Status quo, 45, 64, 76, 99, 121
Striptease, 109
Subcérebro, 70
abdominal, 71, 110, 187, 245, 261
Subinformação, 107, 187
Subjugação, 200
Subliminar, 144
Submissão, 71, 174
Subnível existencial, 261
Subnivelamento consciencial, 260
Subterfúgios manipuladores, 148
Subumanidade, 119
Sufocações, 180
Sugestão, 186
Sugestionabilidade, 187
Sugestionador de massas, 186
Suicídios coletivos, 164
Sujeição, 71
Superação, 74, 202
Superdotadas, 259
Superficialidade, 143
Superioridade, 59
científica, 59
cultural, 59
econômica, 59
étnica, 59
evolutiva, 81
ideológica, 59
intelectual, 59
militar, 59
moral, 59
política, 59
profissional, 60
religiosa, 60
Supermemória, 87
Surtos
de imaturidade, 175, 187, 208, 251
de vaidade, 187
Suscetibilidades energéticas, 187

T

Tacon, 160, 222, 226
Talento(s), 186
pessoais, 41, 145
Tanatofobia, 72
Tarefa
da consolação, 221, 262
do esclarecimento, 21, 151, 218, 220-256
Tares, 21, 109, 114, 218, 222, 224, 225
Tautologia, 156
Taxologia, 82, 205
das carências intraconscienciais, 66
do poder, 80
Teática, 116, 249, 252, 256, 259
Técnica(s), 19, 156

projetivas, 210
publicitárias, 145
Tecnologias da comunicação, 123
Temor, 156
Tendências, 149
Tendenciosidade(s), 99, 149
inadequadas, 36
Tenepes, 162, 207, 218, 225, 226, 251
Tenepessista, 255
Teoeletrônica, 159
Teoterroristas, 54
Terapeuta(s), 49, 196
Terroristas, 49
Testosterona, 82
Tipologia, 81
Tirania, 46
Torturadores, 49
Traços pessoais imaturos, 196
Traços-fardo, 260
Traços-força, 260
Tradicionalismo(s), 172, 186, 218, 202
Trafal, 65
Trafar(es), 24, 41, 56, 177, 192, 205, 213, 218, 242, 260-262
Trafarismo, 70
Trafarista(s), 242, 254
Trafor(es), 25, 41, 61, 65, 73, 179, 242, 257, 260, 261, 263
Traforismo, 25, 62, 130, 199, 200, 240, 257, 258, 259
Tra*fo*rologia, 130
Tragédia, 118
Transparência, 187, 214, 242, 251
consciencial, 180
Tratados, 21
Treinamento, 166
Três
pês, 78
anticosmoéticos, 77, 78
cosmoéticos, 76, 77, 78, 79
Poderes, 87
Trinômio
docência-pesquisa-autoria, 175
motivação-trabalho-lazer, 120
poder-posição-prestígio, 57, 75, 76, 77
tempo-prioridades-esforço pessoal, 216
vontade-intencionalidade-auto-organização, 83
Tropopensene, 39

U

União Europeia (UE), 139
Unidade
de medida, 37
de lucidez, 72
Universalidade, 161, 187
Universalismo, 36, 55, 161, 169, 176, 214, 228, 230
Universo, 151
cognitivo, 108
Utópico protagonismo grupal, 169

V

Vaidade, 41, 136, 143, 187, 193
Válvula de escape, 117
Vampirização, 178
energética, 68
Vampirizadoras, 67
Vampiro energético, 45
Varejismo, 161
Variáveis, 172
Velas, 159
Vendedores, 49
Verbação, 243, 249, 251, 254, 256
Verbaciologia, 200
Verborragia, 114, 115
Verdade(s), 114
absoluta(s), 152, 162, 168
inquestionáveis, 39, 223
estabelecidas, 193
-limite, 229

relativa de ponta, 108, 114, 162, 220, 221, 225
ultrapassadas, 170
Verpon(s), 98, 106, 114, 162, 176, 221, 223
Viagens, 72
Videotas, 54
Videotismo, 218
Vigilância, 122
Vínculo(s), 169, 177
afetivo-sexual, 179
do amor comunitário, 166
emocional, 165
Violência, 122
Viragem de mesa, 213
Vítima(s), 69
-algoz, 69
de golpes, 54
Vitimização, 179
Voliciologia, 89
Voluntário, 255
Vontade, 130, 178, 251
ferrenha, 56
pessoal, 35
Voto, 139
Vulnerabilidade, 187

X

Xenofobia, 62
Xenopensene(s), 39, 199
patológicos, 205

Z

Zeitgeist, 198

Instituições Conscienciocêntricas

ICs. As Instituições Conscienciocêntricas – ICs – são organizações cujos objetivos, metodologias de trabalho e modelos organizacionais estão fundamentados no *paradigma consciencial.* A atividade principal das ICs é apoiar a evolução das consciências através da *tarefa do esclarecimento* pautada pelas *verdades relativas de ponta,* encontradas nas pesquisas no campo da ciência Conscienciologia e respectivas especialidades.

Voluntariado. Todas as ICs são associações independentes, de caráter privado, sem fins de lucro e mantidas predominantemente pelo trabalho voluntário de professores, pesquisadores, administradores e profissionais de diversas áreas.

CCCI. O conjunto das Instituições Conscienciocêntricas e dos voluntários da Conscienciologia no planeta compõem a *Comunidade Conscienciológica Cosmoética Internacional* – CCCI – formada atualmente por 17 ICs, incluindo a *Associação Internacional Editares.*

AIEC – Associação Internacional para Expansão da Conscienciologia

Fundação: 22/04/2005
Sede: Av. Felipe Wandscheer, 5.100, sala 111, Cognópolis, Foz do Iguaçu, Paraná, Brasil, CEP 85856-530
Tel.: (45) 2102-1411
Site: www.worldaiec.org
Contato: aiec.comunicacao@gmail.com

APEX – Associação Internacional da Programação Existencial

Fundação: 20/02/2007
Sede: Rua da Cosmoética, 1.511, Cognópolis, Caixa Postal 921, Foz do Iguaçu, Paraná, Brasil, CEP 85851-000
Fax: (45) 3525-5511
Site: www.apexinternacional.org
Contato: contato@apexinternacional.org

ARACÊ – Associação Internacional para Evolução da Consciência

Fundação: 14/04/2001
Sede: Rua Goiás, 28, Vila da Mata, Caixa Postal 16, Venda Nova do Imigrante, Espírito Santo, Brasil, CEP 29375-000
VoIP: (11) 3522-9190
Representação: Av. Felipe Wandscheer, 5.100, sala 102, Cognópolis, Foz do Iguaçu, Paraná, Brasil, CEP 85856-530
Tel.: (45) 2102-1410
Site: www.arace.com.br
Contato: associacao@arace.com.br

ASSINVÉXIS – Associação Internacional de Inversão Existencial

Fundação: 22/07/2004
Sede: Av. Felipe Wandscheer, 5.100, sala 106, Cognópolis, Foz do Iguaçu, Paraná, Brasil, CEP 85856-530
Tel.: (45) 2102-1406
Site: www.assinvexis.org
Contato: contato@assinvexis.org

CEAEC – Associação Internacional do Centro de Altos Estudos da Conscienciologia

Fundação: 15/07/1995
Sede: Rua da Cosmoética, 1.511, Cognópolis, Caixa Postal 921, Foz do Iguaçu, Paraná, Brasil, CEP 85851-000
Tel.: (45) 3525-2652 / **Fax:** (45) 3525-5511
Site: www.ceaec.org
Contato: ceaec@ceaec.org

COMUNICONS – Associação Internacional de Comunicação Conscienciológica

Fundação: 24/07/2005
Sede: Av. Felipe Wandscheer, 5.100, sala 206, Cognópolis, Foz do Iguaçu, Paraná, Brasil, CEP 85856-530
Tel.: (45) 2102-1409
Site: www.comunicons.org.br
Contato: comunicons@comunicons.org

CONSCIUS – Associação Internacional de Conscienciometria Interassistencial

Fundação: 24/02/2006
Sede: Rua da Cosmoética, 1.511, Cognópolis, Caixa Postal 921, Foz do Iguaçu, Paraná, Brasil, CEP 85851-000
Tel.: (45) 3525-2652 / Fax: (45) 3525-5511
Site: www.conscius.org.br
Contato: conscius@conscius.org.br

DISCERNIMENTUM – Polo Conscienciocêntrico Discernimentum

Fundação: 14/10/2007
Sede: Av. Felipe Wandscheer, 5.100, sala 201, Cognópolis, Foz do Iguaçu, Paraná, Brasil, CEP 85856-530
Tel.: (45) 2102-1400
Contato: contato@discernimentum.org

EDITARES – Associação Internacional Editares

Fundação: 23/10/2004
Sede: Av. Felipe Wandscheer, 5.100, sala 107, Cognópolis, Foz do Iguaçu, Paraná, Brasil, CEP 85856-530.
Tel.: (45) 2102-1407
VoIP: (45) 4053-9538
Livraria virtual: www.shopcons.com.br
Site: www.editares.org
Contato: editares@editares.org

EVOLUCIN – Associação Internacional de Conscienciologia para Infância

Fundação: 09/07/2006
Sede: R. Barão do Triunfo, 419, sala 302, Porto Alegre, Rio Grande do Sul, Brasil, CEP 90130-101
Representação: Av. Felipe Wandscheer, 5.100, sala 102, Cognópolis, Foz do Iguaçu, Paraná, Brasil, CEP 85856-530
Tel.: (51) 3012-2562
Site: www.evolucin.org
Contato: evolucin@gmail.com

IAC – *International Academy of Consciousness*

Fundação: 28/10/2000

Sede: Campus IAC, Herdade da Marmeleira, EN 18, Km 236, Caixa Postal 06, Evoramonte, Estremoz, Portugal, 7100-500

Representação no Brasil: Av. Felipe Wandscheer, 5.100, sala 204, Cognópolis, Foz do Iguaçu, Paraná, Brasil, CEP 85856-530

Tel.: (45) 2102-1424

Site: www.iacworld.org

Contato: brasil@iacworld.org

IIPC – Instituto Internacional de Projeciologia e Conscienciologia

Fundação: 16/01/1988

Sede: Av. Felipe Wandscheer, 5.100, sala 103, Cognópolis, Foz do Iguaçu, Paraná, Brasil, CEP 85856-530

Tel.: (45) 2102-1448

Site: www.iipc.org.br

Contato: iipc@iipc.org.br

INTERCAMPI – Associação Internacional dos Campi de Pesquisas da Conscienciologia

Fundação: 23/07/2005

Sede: Av. Antonio Basílio, 3006, sala 602, Lagoa Nova, Natal, Rio Grande do Norte, Brasil

Representação: Av. Felipe Wandscheer, 5.100, sala 102, Cognópolis, Foz do Iguaçu, Paraná, Brasil, CEP 85856-530

Tel.: (84) 3211-3126

Site: www.intercampi.org

Contato: intercampi@intercampi.org

OIC – Organização Internacional de Consciencioterapia

Fundação: 06/09/2003

Campus: Av. Felipe Wandscheer, 5.935, Cognópolis, Foz do Iguaçu, Paraná, Brasil, CEP 85856-530

Tel.: (45) 3025-1404 / 2102-1402

Site: www.oic.org.br

Contato: aco@oic.org.br

REAPRENDENTIA – Associação Internacional de Parapedagogia e Reeducação Consciencial

Fundação: 21/10/2007
Sede: Rua da Cosmoética, 1.511, Cognópolis,
Caixa Postal 921, Foz do Iguaçu, Paraná, Brasil,
CEP 85851-000
Tel.: (45) 3525-2652 / Fax: (45) 3525-5511
Site: www.reaprendentia.org
Contato: contato@reaprendentia.org.br

UNICIN – União das Instituições Conscienciocêntricas Internacionais

Fundação: 22/01/2005
Sede: Av. Felipe Wandscheer, 5.100, sala 105, Cognópolis,
Foz do Iguaçu, Paraná, Brasil, CEP 85856-530
Tel.: (45) 2102-1405
Site: www.unicin.org
Contato: unicin@unicin.org

UNIESCON – União Internacional de Escritores da Conscienciologia

Fundação: 23/11/2008
Sede: Av. Felipe Wandscheer, 5.100, sala 109, Cognópolis,
Foz do Iguaçu, Paraná, Brasil, CEP 85856-530
Site: www.uniescon.org
Contato: uniescon@uniescon.org

Área de pesquisa:

Conviviologia,

Especialidade da Conscienciologia.

Princípio da Descrença:

Não acredite em nada, nem mesmo nas informações grafadas neste livro, o inteligente é fazer pesquisas pessoais sobre o tema.

www.ingramcontent.com/pod-product-compliance
Ingram Content Group UK Ltd.
Pitfield, Milton Keynes, MK11 3LW, UK
UKHW042005190726
13854UKWH00005B/2168